수만휘
수시 합격 바이블

수만휘 공식 멘토
김지원, 김주혁, 한정윤 외 서울대생 30인 지음

수만휘
수시 합격 바이블

다산
에듀

거친 대입의 길을
함께 걸으며

　대학 입시는 결코 혼자만의 힘으로 지날 수 있는 관문이 아닙니다. 바른길을 알려주는 이가 없다면, 빠른 길로 이끌어주는 이가 없다면 우리는 쉽게 길을 헤매고 귀중한 시간을 허무하게 흘려보낼 수밖에 없습니다.

　다행히도 우리에게는 먼저 그 길을 지나온 선배들이 있습니다. 그런 방식으로는 대입에 성공하기 어렵다는 따끔한 직언부터, 이렇게 해보면 어떻겠냐는 따뜻한 제안까지. 저 역시 선배들의 귀중한 가르침 덕에 입시에 도움이 되는 것과 아닌 것을 판단할 혜안을 가질 수

4

있었고, 크고 작은 탐구 활동 하나하나가 생활기록부 전체 지형에서 갖는 의미를 파악할 수 있었습니다.

그 덕에 이리저리 휘갈긴 낙서의 형태였던 제 생기부는 하나의 선으로 이어진 잘 짜인 글로 완성될 수 있었습니다. 그리고 이를 바탕으로 서울대학교, 진학을 희망하던 학과에 합격했습니다. 제게 손을 내밀어주는 사람이 없었더라면 모두 불가능했을 일입니다.

그리고 어리기만 했던 한 학생이 선배들에게 받은 도움에 감사하는 마음으로 이 책을 기획했습니다.

"생기부는 어떻게 써야 하나요?" "수시에 합격하려면 무얼 준비해야 하나요?" 후배들의 입시를 도와줄 때면 생활기록부 작성과 관련한 질문을 유독 많이 받습니다. 아이들이 직접 검색하고 묻고 찾은 정보는 대부분 광고뿐이고, 진짜 정보는 얻기 어려운 것이 현실이지요. 대학 합격을 위한 공부법은 넘쳐나는데 입시의 또 다른 축인 '생활기록부'와 관련한 정보를 알려주는 이는 어디에도 없다는 생각이 들었어요.

교육은 누구에게나 손을 내미는 것이어야 한다고 믿습니다. 적어도 아이들이 필요한 정보를 찾는 데 벽을 느끼지 않기를 바라는 마음으로 이 책을 집필했습니다.

이 책에는 서울대학교 합격자의 생활기록부와 그 안에 담긴 이야기가 고스란히 녹아 있습니다. 값으로 환산할 수 없는 조언과 온갖 시행착오를 통해 알아낸 실전 전략을 아낌없이 담았습니다. 그렇기에 입시를 준비하는 많은 후배들에게 이 책이 도움이 되리라 확신합니다.

마지막으로 우리가 후배들에게 꼭 전하고 싶은 말은, '모든 것을 혼자서 해내지 않아도 괜찮다'라는 것입니다. 그 무엇보다 이 책을 집필하며 담은 우리의 진심이 단 한 사람에게라도 닿기를 바랍니다.

기획저자

김지원, 김주혁, 한정윤

수능날 만점 시험지를 휘날리자!

입시는 누구에게나 부담스럽고, 혼자 감당하기엔 벅찬 일이기도 합니다. 무엇이 옳은 것인지 확신할 수 없는 순간이 이어지고, 정말 필요한 정보는 광고에 묻히기 일쑤입니다. 때로는 넘쳐나는 정보 속에서 시간을 낭비하기도 하고요. 하지만 그 길에 누군가 먼저 남긴 흔적이 있다면 조금 덜 헤매고, 더 빠르게 나아갈 수 있습니다.

'수만휘'는 그런 길을 함께 찾고자 시작된 공간입니다. 2004년, 수험생을 돕기 위해 정리한 자료를 게시판에 올리기 시작했고 그 작은 게시판에 하나둘 모인 학생들은 서로 질문하고 답하며 각자의 경험을 나누기 시작했습니다. 그렇게 도움을 받은 회원들은 '멘토'라는 이름으로 수만휘에 남아 수많은 후배들에게 도움을 주고 있습니다. 이는 20년 넘게 이어져 오는 '수만휘'만의 자랑스러운 전통이에요.

이 책은 그 흐름의 또 다른 시작입니다. 서울대학교에 진학한 33명의 수만휘 멘토가 자신의 고교 시절을 돌아보며, 입시를 준비하는 후배들에게 꼭 전하고 싶은 이야기를 한 권의 책에 담았습니다.

이 책은 단순한 정보의 모음이 아니라, 선배들의 진심 어린 마음과 경험이 응축된 결과물입니다. 바쁜 대학 생활 속에서도 흔쾌히 집필에 참여해 준 모든 멘토에게 진심으로 고마운 마음을 전합니다.

그리고 이 책은 한 번으로 끝나지 않습니다. 입시는 해마다 새롭게 시작되며, 그 때마다 새로운 고민과 방향이 생겨나기 때문입니다. 하여 앞으로도 지속적으로 책을 이어가며 매년 새로운 멘토의 목소리로 업데이트할 거예요.

지금 이 책을 읽고 있는 수험생이 원하는 대학에 합격한 뒤 수만휘의 멘토로, 그리고 다음 책의 저자로 돌아와 주기를 바랍니다. 그렇게 이 책은 계속해서 성장하고, 또 다른 누군가에게 길이 되어줄 것입니다.

수만휘는 언제나 그런 방식으로 이어져 왔습니다. 먼저 이 길을 걸은 선배가 손을 내밀고 그 손을 잡은 후배가 다시 다음 사람에게 손을 내미는 흐름. 이 책이 그 따뜻한 연결의 한 페이지가 되기를 진심으로 바랍니다.

수만휘 대표

윤민웅

CONTENTS

중3, 본격적인 입시 레이스의 출발선에 서다 | 1부

제3장 | 나에게 꼭 맞는 고등학교에 진학하려면

고등학교 3년, 치밀한 전략으로 높이 도약하라 | 2부

제6장 | 이제는 실전이다

전략적 원서 접수가 입시 성공의 첫 시작이다

수능 최저학력기준, 당락을 결정하는 필수 조건

유형별 면접 완벽 대비

논술고사 완벽 대비

INTRO

성공적인 수시를 위한 개념 정리

'열심히 공부만 하면 대학은 무조건 잘 가는 줄 알았는데, 뭐 이리 복잡한 거야?'

고등학교에 진학한 우리는 중학생 때와는 사뭇 다른 고민을 시작합니다. 말 그대로 열심히 공부만 하면 당연히 입시에 성공할 줄 알았는데 각오했던 것보다 알아야 할 것, 그에 맞추어 준비하고 대비해야 할 것이 너무나 많지요. 이에 갈피를 잡지 못한 채 하루하루가 흘러가는 듯해요. 그리고 이러한 상황은 우리를 불안하게 만들고 때론 깊은 어둠에 잠긴 느낌에 빠져들게 만듭니다.

우리를 더욱 힘들게 하는 것은 매번 반복되는 교육과정과 입시 제도의 변화입니다. 왜인지 우리가 체감하기에 교육과정과 입시 제도의 변화는 너무 자주 찾아오는 것 같아요. 이 변화가 무엇인지 파악하고 따라가는 것만으로도 지쳐버리곤 하지요.

하지만 무엇이든 이유 없는 변화, 목적 없는 변화는 없습니다. 변화에 적응해야 한다는 생각에 머리가 지끈거려도 이 변화를 제대로 분석하면 현명하게 대처해 나갈 방법이 보입니다.

지금부터 수시를 준비하며 자주 접하게 될 용어를 하나씩 설명합니다. 성공적인 대입을 위해 꼭 알고 있어야 하는 단어들이니 익숙하지 않더라도 꼼꼼하게 살펴봅시다.

수시란?

대학 입시에는 정시와 수시가 있습니다. 수시는 1997년에 처음 도입되었는데요. 대입을 위해 참고할 수 있는 지표가 수능 성적뿐일 때 발생하는 여러 부작용을 해소하기 위해 도입된 제도입니다. 수시 제도 덕분에 대학은 학생의 고교생활 전반을 살피고, 보다 다양한 각도에서 학생을 평가할 수 있게 되었습니다.

수시전형은 크게 두 가지로 나뉩니다. 먼저, 학생부교과전형은 학생의 내신 성적을 기준으로 선발합니다. 원점수와 표준편차, 성취도 등 숫자로 명확하게 드러나는 성적이 주된 평가 기준으로 쓰입니다.

하지만 이러한 방식은 지나치게 결과에만 중점을 두어 학생의 전인격적인 성장을 이끌어내지 못한다는 비판을 받아왔습니다. 이에 학생이 학업에 참여한 과정과 태도, 가치관을 두루 반영하는 학생부 종합전형이 도입되었습니다. 그 덕에 수치화할 수 없는 자료까지 평가에 반영되기 시작했습니다. 학생의 생활기록부에 기록된 학생의 활동과 교사의 의견을 꼼꼼하게 참고하기 시작한 것이죠. 그 결과, 공동체역량·학업역량·진로역량 등 기준을 잡기 어렵고, 수치로 환산하기 힘든 부분까지 학생 선발 과정에 종합적으로 반영되기 시작했습니다.

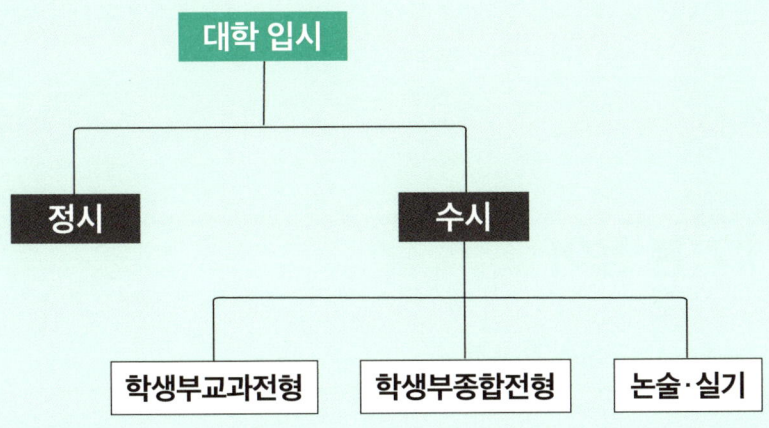

고등학교 3학년 2학기가 되면 자신에게 유리한 전형을 골라 수시 원서를 작성합니다. 수시의 경우 최대 6개까지 원서를 제출할 수 있고, 학생부교과전형과 학생부종합전형을 섞어서 지원할 수 있습니다. 이 외에도 수시에는 논술전형, 실기·특기자전형 등 다양한 전형이 있습니다.

서울대를 포함하여 서울에 위치한 대학들은 매년 약 60%의 신입생을 이러한 수시전형을 통해 선발하고 있습니다. 특히 최근에는 학생부종합전형의 비율이 높아지는 추세입니다.

수시 성공을 위한 개념 정리

고등학교나 대학교 입학 설명회에 가면 자주 듣게 될 용어들을 소개합니다. 수시를 준비하는 과정 내내 가장 흔하게 접할 내용이에요.
아래 내용을 살피며 내가 경험하게 될 대학 입시에는 어떤 종류의 전형이 있는지, 어떤 평가 방식을 통해 학생을 선발하는지 개념을 잡아봅시다.

#기본 용어

기본 용어 01 │ 생활기록부

일명 '생기부'라고 불리는 학교생활기록부는 교사가 학생의 학교생활을 관찰하여 학생의 행동과 특성을 기록하는 문서입니다. 학생이 학업·진로·공동체 생활에서 어떤 모습을 보였는지가 자세하게 적혀 있습니다. 이에 학생부종합전형에서 중요한 평가 요소로 활용됩니다. 초등학교·중학교·고등학교는 모두 학교생활기록부가 있지만, 고등학교에서 그 중요성이 특히 두드러집니다.

기본 용어 02 │ 입학사정관

대학에서 입학 업무를 수행하는 평가 전문가를 의미합니다. 내신 성적으로 줄세워 순서대로 합격과 불합격을 결정했던 과거와 달리 학생부종합전형의 시행에 따라 진로와 공동체역량이라는 수치화하기 어려운 평가 요소가 등장하였고, 이에 따라 함께 대두된 직업입니다. 입학사정관은 각 학교의 평가 기준을 토대로 학생의 생활기록부를 면밀히 검토하고 분석하여 점수를 매깁니다. 대학의 입학설명회에 가면 직접 만날 수 있을 것입니다.

기본 용어 03 │ **원점수**

시험을 봤을 때 내가 받은 점수 그 자체의 값을 의미합니다. 시험이 얼마나 쉬웠는지, 다른 사람이 얼마나 잘 봤는지와 무관한 절대적인 점수입니다. 내가 얼마나 점수를 잘 받았느냐에 좌우되는 '절대평가'에서 매우 중요합니다.

기본 용어 04 │ **표준점수**

시험을 봤을 때 내 점수와 다른 사람의 점수를 비교하여 그 상대적인 값을 계산한 점수를 말합니다. 시험의 난도가 어땠는지, 다른 사람이 얼마나 잘 봤는지와 관련 높습니다. 다른 사람보다 얼마나 점수를 잘 받았느냐가 중요한 '상대평가'에서 매우 중요한 점수이지요. 내신보다는 수능이나 모의고사에서 자주 확인할 수 있습니다.

기본 용어 05 │ **정량평가**

정량적인 지표를 활용하여 평가하는 것을 뜻합니다. '정량적'이란, 딱 떨어지는 수치로 정확하고 객관적으로 측정할 수 있음을 의미합니다. 원점수·표준점수·석차·등급을 활용하여 이루어지는 평가가 정량평가에 해당합니다.

기본 용어 06 | **정성평가**

정성적인 지표를 활용하여 평가하는 것을 뜻합니다. '정성적'이란, 정확하고 객관적으로 측정할 수 없어 평가자의 주관이 들어감을 의미합니다. 입학사정관이 학생의 생활기록부를 토대로 진로역량·교과역량·공동체역량을 평가하는 것이 정성평가에 해당합니다.

기본 용어 07 | **전형**

대학 입학에 지원하는 방식, 즉 신입생을 선발하는 기준이나 방법을 의미합니다. 모집 시기에 따라 수시와 정시, 평가 기준에 따라 학생부교과와 학생부종합 등 다양한 전형이 있습니다.

기본 용어 08 | **학생부교과전형**

학생들이 교내 교육과정을 통해서 얻은 학업성취 수준을 토대로 합격자를 선발하는 전형입니다. 원점수·표준편차·석차등급을 통해 정량평가를 실시한 후 성적에 따라 합격자를 선발해 내는 전형이며, 평가 기준이 매우 명확합니다. 학교에 따라 학생부교과전형일지라도 생활기록부의 일부 내용이나 면접이 평가에 반영되는 경우도 있습니다.

기본 용어 09 | **학생부종합전형**

학업 성적을 기준으로 하는 정량평가와, 학교생활기록부를 중심으로 하는 정성평가를 동시에 실시해 학생을 선발하는 전형입니다. 학생부종합전형의 핵심은 학교생활기록부인데요. 이를 통해 3년 동안 쌓인 학생의 활동과 학업에 임한 자세, 성장과정을 두루 살핍니다. 이때 수치화할 수 없는 역량과 잠재력은 각 대학의 입학사정관이 평가합니다.

기본 용어 10 | 고른 기회 전형

교육 불평등 해소를 위해 등장한 제도입니다. 농어촌 학생·저소득층 학생·다문화 학생·다자녀 학생 등 열악한 교육 환경에서도 최선을 다해 학업에 임한 학생을 선발하기 위한 전형입니다. 대학마다 지정한 명칭이 다르며, 대표적으로 서울대학교에서는 '기회균형' 전형이라고 부릅니다.

기본 용어 11 | 수능 최저학력기준

수시에 수능 성적을 함께 반영하는 방식으로, 각 과목에서 최소한 N등급 이상 받는 등의 조건을 제시합니다. 수능 최저학력기준을 충족하지 못할 경우에는 내신 성적이 아무리 뛰어나도 탈락하게 됩니다. 수능 최저학력기준이 있는 전형은 자신의 예상 수능 성적까지 고려해 전략을 세워 지원해야 합니다.

#대학별 고사

대학별 고사 01 | **면접**

학생의 자질과 역량을 보다 심층적으로 평가하기 위해 대학 자체 기준에 따라 실시하는 구술 평가 방식을 의미합니다. 심층 면접은 크게 생기부기반면접과 제시문기반면접으로 분류됩니다.

생기부기반면접은 생기부 내용의 진위 여부를 확인하고 학문에 대한 학생의 진정성을 파악하는 것이 주목적입니다. 반면 제시문기반면접은 주어진 제시문에 관한 학생의 답변을 듣고 그 논리와 전달력을 평가하는 데 중점을 둡니다. 이외에도 의과대학이나 사범대학의 경우 추가로 인성 면접을 실시하기도 합니다.

대학별 고사 02 | **논술**

대학에서 출제한 문제를 읽고 답안지를 제출하면 점수를 매기고, 그 점수를 기준으로 합격자를 선발합니다. 구술로 평가하는 심층면접과 달리 논술고사는 정해진 시간 내에 자신의 의견을 글로 명확하게 풀어내는 능력이 중요합니다.

대학별 고사 03 | **실기·특기자**

실기·특기자 전형은 주로 예체능 계열에 입학할 때 거치는 전형입니다. 실기고사는 악기 연주, 체력 측정 등 시험장에서 실기능력을 직접 평가합니다. 반면 특기자전형의 경우, 모집 분야와 관련해서 특출난 재능을 보유한 학생을 조기에 선발합니다.

생기부 용어

여러분이 고등학교 입학 후 생활기록부를 착실하게 채워나가는 과정에서 자주 접하게 될 용어입니다. 생활기록부는 어떤 구성으로 이루어져 있는지 살피는 것부터, 각 항목을 어떤 내용으로 채워야 하는지 찬찬히 알아봅시다.

#인적·학적사항

자신의 인적사항을 소개합니다. 이름과 생년월일을 시작으로 출신 중학교부터 고등학교까지 기입합니다.

학생정보	성명 : 성별 : 주민등록번호 : 주소 :
학적사항	2022년 2월 9일 ○○중학교 제3학년 졸업 2022년 3월 2일 □□고등학교 제1학년 입학 2025년 2월 6일 □□고등학교 제3학년 졸업
특기사항	

#출결상황

출결상황은 생활기록부 첫 번째 페이지에서 가장 주목해야 하는 부분입니다. 학생이 무단 조퇴나 결석 없이 성실하게 등교하여 학업에 임했는지가 모두 기록되기에 학생의 성실성을 평가하는 데 중요한 자료로 활용되기 때문입니다. 질병 조퇴나 결석의 경우 심각한 수준이 아니라면 평가에 부정적인 영향을 끼치지 않지만, 미인정 결석은 큰 감점 요인이 되니 주의하길 바랍니다.

학년	수업 일수	결석일수			지 각			조 퇴			결 과			특기 사항
		질병	무단	기타	질병	무단	기타	질병	무단	기타	질병	무단	기타	
1														
2														
3														

#수상경력

현재 수상경력은 대입 평가 요소에 반영되지 않습니다. 하지만 교내 대회에 도전하는 일은 자신의 실력을 점검하며 자긍심을 키울 수 있다는 점에서 적극 권장합니다.

학년 (학기)		수 상 명	등 급(위)	수상연월일	수여기관	참가대상 (참가인원)
1	1					
2	1					
3	1					

#자격증 및 인증 취득상황

고교생활 동안 취득한 자격증의 명칭과 취득연월일을 기록하는 항목입니다. 대학 평가 요소에는 반영되지 않습니다.

〈자격증 및 인증 취득상황〉

구 분	명칭 또는 종류	번호 또는 내용	취득연월일	발급기관
자 격 증				

〈국가직무능력표준 이수상황〉

학년	학기	세분류	능력단위 (능력단위코드)	이수시간	원점수	성취도	비고
			해당 사항 없음				

#창의적 체험활동상황(창체)

창의적 체험활동상황은 교과 외의 학업 활동, 즉 비교과활동을 기록하는 공간입니다. 크게 자율활동과 동아리활동, 진로활동으로 나뉘며 이를 줄여 일명 '자동진'으로 부르기도 합니다.

학년	창의적 체험활동상황		
	영역	시간	특기사항
1	자율활동		
	동아리활동		
	진로활동		

학년	봉 사 활 동 실 적				
	일자 또는 기간	장소 또는 주관기관명	활동내용	시간	누계시간
1					

창의적 체험활동상황(창체) 01 | **자율활동**

학교생활 중 참여한 교내활동을 기재하는 공간입니다. 수학여행·체육대회·학급 임원 및 전교 학생회장 선거 등 학급과 교내에서 진행되는 다양한 활동이 여기 포함됩니다. 학교와 학급에 따라 여러 특색 있는 활동이 진행되기도 하는데요, 모의UN이나 모의법정 등의 교육활동 혹은 학급 내 1인 1역할 맡기처럼 학생이 자율적으로 참여하고 선택하는 다양한 활동이 기재될 수 있습니다. 나에게 맞는 비교과활동에 적극적으로 참여하길 권장합니다.

창의적 체험활동상황(창체) 02 | **동아리활동**

동아리활동을 기재하는 공간입니다. 고등학교의 동아리는 정규동아리와 자율동아리로 나뉘는데, 일반적으로 대입에는 정규동아리 활동만 인정된다는 것을 참고하길 바랍니다.

나의 진로나 관심사에 따라 가입한 정규동아리일지라도 부원들과 함께 여러 활동을 기획하고 진행하는 과정에서 의견 차이가 발생하기 마련이죠. 이때 부원들과 효과적으로 협업하기 위한 방법을 고민하고 갈등을 조율하는 과정에서 공동체역량을 자연스레 키울 수 있습니다. 그리고 이러한 활동 내용과 과정이 자세하게 기록, 생기부에 반영할 수 있습니다.

자율 동아리의 경우 참여한 동아리의 이름과 시간만 간략히 기재되도록 제한된다는 점도 참고하세요.

창의적 체험활동상황(창체) 03 | 진로활동

교내·학년·학급 프로그램에 참여해 자신의 진로를 탐색하고 발전시킨 과정과 경험을 기재하는 공간입니다. 진로에 대한 열정과 탐구를 수행하는 역량, 전공에 대한 적합성을 가장 뚜렷하게 드러낼 수 있는 곳입니다. 실제로 자율과 동아리 항목이 최대 1500바이트까지 적을 수 있는 데 비해, 진로활동은 최대 2100바이트까지 적는 것이 가능하니 자세히 기술하기 바랍니다. 대학에서도 진로활동을 가장 유심히 살피니 성심성의껏 작성하도록 합니다.

창의적 체험활동상황(창체) 04 | 봉사활동 실적

기존에는 교외에서 수행한 개인별 봉사활동도 대입에 반영되었지만, 현재는 교내에서 수행한 봉사만 인정됩니다. 청소와 같은 환경정화활동부터, 학생주도형 봉사활동까지 다양한 봉사활동이 진행되며, 이를 통해 공동체역량을 드러낼 수 있습니다.

#교과학습발달상황

학년별로 어떤 교과목을 선택하고 이수했는지 보여주는 항목입니다. 교과목의 단위 수, 원점수와 평균·표준편차·성취도·등급이 표로 정리되어 기재됩니다.

학기	교과	과목	단위수	원점수/과목평균 (표준편차)	성취도 (수강자수)	석차등급	비고
이수단위 합계							

과목	세부능력특기사항

교과학습발달상황 01 | 단위 수

일주일에 몇 번의 수업이 진행되는지 보여주는 수치입니다. 전체 등급을 계산할 때 교과목의 등급에 단위 수를 곱한 점수를 반영하기 때문에 단위 수가 큰 과목에서 좋은 성적을 받는 것이 평균 등급을 높이는 데 유리합니다. 2025년 입학생부터는 '학점'으로 명칭이 변경됩니다.

교과학습발달상황 02 | 원점수·평균·표준편차

학생의 원점수와 함께 평균, 표준편차가 기재됩니다. 석차가 기재되지는 않지만 원점수가 공개됨으로써 학생의 석차를 유추할 수 있습니다. 표준편차는 특히 유의미한 지표인데, 학교 내신 수준을 파악하는 데 활용되기 때문입니다. 연세대학교의 경우 이 표준편차를 반영하는 자체적인 점수 체계를 보유하고 있기도 합니다.

교과학습발달상황 03 | 성취도

A, B, C, D, E 형태로 표기되는 절대평가 성취도 등급입니다. 상대평가인 내신등급과 병기됨으로써 각 평가 방식의 한계를 보완합니다.

교과학습발달상황 04 | 내신등급

기존 9개 등급으로 나뉘어 성적이 산출되었던 것과 달리, 2025년부터는 5등급제가 실시됩니다. 내신 상대평가 5등급제에서 1등급 비율이 기존 4%에서 10%로 확대되며, 2등급은 24%, 3등급은 32%, 4등급은 24%, 5등급은 10% 비율이 적용됩니다.

교과학습발달상황 05 | 세부능력특기사항(세특)

각 교과목별 교과 역량을 드러내는 곳입니다. 담임 선생님께서 작성하는 자율활동 및 진로활동과 달리, '세특'은 교과 담당 선생님께서 작성합니다. 세특에는 교과 내에서의 다양한 활동이 기록되는데요. 학생이 수업에 임하는 태도와 성적으로는 알기 힘든 구체적인 학업 역량이 자세한 언어로 기재됩니다. 수업 시간에 진행되는 수행평가나 학기 말 주제 탐구 발표를 통해서 학생 개개인의 탐구 역량과 진로역량이 드러나기도 합니다.

교과학습발달상황 06 | 개인세부능력특기사항(개세특)

정해진 교육과정 외 학생이 주도적으로 진행한 활동이나, 팀으로 진행한 활동을 기재하는 곳입니다. 학교의 특색을 담은 개별 교육과정을 진행하는 경우도 있고, 교육과정과는 별개로 학생이 자율적으로 실시한 탐구를 기재하기도 합니다. 이러한 이유로 개세특은 자율교육과정이라고 불립니다.

#독서활동상황

1학년, 2학년, 3학년으로 나누어 과목이나 영역별로 '도서 이름(저자 이름)' 형태로 기재합니다. 현재는 대입에 반영되지 않지만 탐구활동이나 수업 시간에 독서를 활용한 활동을 진행해 창체 혹은 세특란에 독서 활동을 기입, 활용하기도 합니다.

학년	과목 또는 영역	독서 활동 상황
1		
2		
3		

#행동특성 및 종합의견(행특)

학생을 1년 동안 담당한 담임 선생님이 학생의 특성을 상세하게 작성하는 항목입니다. 즉 교사의 주관적인 학생 평가가 가장 잘 드러나는 곳입니다. 이때 공동체역량처럼 인성적인 측면을 특히 강조하니 더 신경쓸 수 있도록 합니다.

학년	행동특성 및 종합의견
1	
2	
3	

1부

중3,
본격적인 입시 레이스의
출발선에 서다

1장

22개년
교육과정,
무엇이 달라졌을까?

고교학점제,
나의 진로와 적성에 맞는 과목을 선택하다

2025년 대한민국 고등학교에 등장한 큰 변화 중 하나는 단연 '고교학점제'라 할 수 있습니다. 얼마나 큰 변화냐고요? 고교학점제 도입을 위해 학교는 나날이 공사 중이고, 별도의 행정 시스템도 시시각각 만들어지고 있습니다. 고교학점제는 오래전부터 이어져 온 다양한 연구와 시범 운영을 거쳐 2025년부터 전국의 모든 고등학교에서 전면 실시됩니다. 그야말로 패러다임의 전환이라고 할 수 있지요.

고교학점제는 진로·적성에 따라 학생이 직접 과목을 선택하고, 그 과목의 이수 기준을 충족함으로써 학점을 취득·누적해 졸업 자격을 얻는 시스템입니다. 다시 말해, 기존에는 같은 반 친구들이 모두 동일한 수업을 듣고 동일한 시간표에 맞춰 생활했다면, 이제는 학생 개개인이 자신이 원하는 과목을 스스로 선택해 수강한다는 것이 가장 큰 변화예요.

아직은 고교학점제가 무엇인지 감이 잘 잡히지 않을 수도 있습니다. 지금부터 고교학점제와 함께 우리의 고등학교 생활에 나타나게 될 수많은 변화를 하나씩 살펴봅시다.

지금, 왜
고교학점제인가?

교육부가 고교학점제를 도입한 배경은 미래 사회에 있습니다. 많은 전문가들이 우리가 경험해야 하는 미래 사회가 현재보다 훨씬 복잡하고 불확실하리라 예측합니다. 4차 산업혁명 시대가 도래하며 새로운 인재상을 필요로 하는 목소리도 커지고 있고, OECD 등 국제기구에서도 미래 사회 대응을 위해서는 삶을 적극적으로 주도해가는 책임감 있는 인재 양성이 필요하다고 말합니다.

자연스레 교육 분야에서도 주어진 과업을 수동적으로 해내는 것만으로는 주체적 역량을 기르기가 부족하다는 의견이 대두되고 있어요.

　이제 우리는 예측 불가능한 변화에 주도적이고 능동적으로 대응할 수 있는 인재, 더불어 변혁적 역량을 기반으로 더 나은 미래 사회의 변화를 이끌어 나갈 인재를 필요로 합니다. 기존의 획일화된 교육 시스템이 갖는 한계에서 벗어나야 하는 것이죠. 그리고 새로운 인재상에 걸맞은 사람을 길러내는 데 집중해야 합니다.

　그리고 바로 이를 위해 고교학점제가 새롭게 도입되었습니다. 미래 사회에 필요한 새로운 기술, 새로운 인재, 새로운 교육을 만들어가기 위함입니다.

　인재상의 변화와 더불어 개별화 교육의 필요성과 이를 실현하기 위한 가능성도 함께 커지고 있습니다. 그만큼 학생 개개인이 주요 인재로 성장하는 것이 더욱 중요해졌기 때문이지요. 이를 위해서는 학생 각자의 관심사와 재능에 맞는 교육, 즉 개별화 교육이 필요합니다. 그리고 바로 그 때문에 고교학점제는 모든 학생의 잠재력과 역량을 키우는 것을 목적으로 삼습니다.

　최근에는 AI를 활용한 교육공학 기술을 학교 현장에 도입하는 등 다양한 기술을 시도·적용하고 있습니다. 덕분에 개별화 교육의 실현 가능성 또한 확대되고 있어요.

고교학점제 운영 방식에 대해
알아봅시다

고교학점제를 통해 발생할 가장 큰 변화는 학생이 자신이 원하는 과목을 선택해 수강할 수 있다는 점입니다. 그렇다면 내가 수강하고자 하는 과목을 선택할 때 어떤 절차를 거쳐야 할까요?

가장 먼저 학생들이 수강하고자 하는 과목과 인원을 알아보기 위한 '선택과목 수요조사'를 실시합니다. 이를 통해 수강신청 대상 과목이 확정되면, 일정 기간 동안 진로·학업 설계 지도와 연계한 수강신청 지도가 이루어져요. 개인 또는 집단 상담 등을 통해 학생의 진로·적성에 따라 3개년 과목 이수 경로와 순서, 이수 시기 등 학업 설계를 지도합니다. 학업설계지도는 최대한 학생이 주도적인 태도를 가질 수 있는 적절한 선에서 이루어지는 데 중점을 둬요.

이후 학생 개개인의 수강신청을 진행한 뒤, 최종 확정된 개인 시간표가 학생에게 부여됩니다. 학생들의 시간표는 저마다 다르기 때문에 학기가 시작되면 각자 자신이 들어야 하는 수업이 진행되는 교실로 이동해 수강해야 합니다.

학생이 들을 수 있는 과목이 다양해진 만큼 너무 적은 수의 학생이 신청한 과목은 운영이 어려운 상황이 발생할 수 있습니다. 이를 보완하기 위해 '공동교육과정'이라는 제도가 등장합니다. 이 제도는

학생의 과목 선택권을 최대한 보장하기 위해 마련되었어요. 공동교육과정은 학교에서 들을 수 없는 소인수 과목을 인근 고교와 연계하여 온·오프라인 방식으로 개설하는 시스템입니다. 덕분에 우리는 학교에서 들을 수 없는 수업을 인근 학교나 온라인을 통해 얼마든지 들을 수 있습니다.

2022 개정 교육과정 기준 공동교육과정 및 온라인학교 개설 과목은 정규 일과시간 내외 상관없이 학기당 최대 2개까지 이수가 가능합니다. 학업 부담을 줄여준다는 목표하에 정규 일과시간 내 과목 개설을 기본으로 하지만, 학생의 수요·지역 특성·학교 여건에 따라 정규 일과시간 외, 즉 방과후와 주말에 운영되는 경우도 있어요. 이외에도 공동교육과정과 관련한 다양한 내용은 현재 '교실 온 닷' 교육포털·'나이스 플러스'·시도교육청 공동교육과정 관련 사이트에서 소개 및 운영하고 있으며, 각 시도별 공동교육과정 사이트는 고교학점제 공식 포털에 잘 정리되어 있으니 참고하길 바랍니다.

공동교육과정은 학교가 아닌 다른 교육 자원과 연계해 수업을 운영할 수도 있습니다. 전문 분야의 교육을 제공하기 위하여 그 지역에 자리한 대학·기업·연구기관·공공기관 등 다양한 기관과 협력해 교육활동을 진행하는 것이지요. 실제로 연세대학교 및 서강대학교, 이화여자대학교 등 다양한 대학이 강의 개설에 참여했습니다.

고교학점제 과목은 어떻게 구성될까?

고교학점제에서 학생들이 가장 크게 체감하는 변화는 앞서 말했듯 교과목과 관련한 변화입니다.

다만 고등학교 1학년 때는 기존과 같이 공통과목을 이수합니다. 공통과목을 충실히 수강함으로써 기본기를 쌓고, 이를 통해 자신의 진로와 적성을 탐색하는 시간이라 할 수 있습니다. 공통과목은 국어·수학·영어·한국사와 같은 기초과목입니다.

고등학교 2~3학년이 되면 비로소 과목 구조의 개편을 실감할 수 있습니다. 학년이 올라가면 본격적으로 자신이 수강할 과목을 선택해야 하기 때문입니다. 선택과목은 일반선택·융합선택·진로선택과목 총 3가지로 구성됩니다.

일반선택과목은 교과별 학습 내용의 이해와 탐구를 목적으로 합니다. 미적분Ⅰ, 확률과 통계, 화법과 언어, 독서와 작문, 문학과 같이 지금까지 흔하게 보고 접했던 과목이 많이 포함되지요. 융합선택과목은 융합 학문이나 실생활 응용 내용을 다루는 과목입니다. 보편적인 선택과목 외에도 '역사로 탐구하는 현대 세계', '인문학의 창을 통해 본 미술'처럼 독특한 과목이 개설되는 경우도 있어요. 마지막으로

| | 선택과목 | | |
공통과목	일반선택과목	융합선택과목	진로선택과목
고교단계 기초 소양 함양을 위한 과목	교과별 학문 내의 분화된 주요 학습 내용 이해 및 탐구를 위한 과목	교과 내·교과 간 주제 융합 과목으로 실생활 체험 및 응용을 위한 과목	교과별 일반선택과목의 심화과정 및 진로와 관련된 과목
1학년 1~2학기	1학년 2학기~ 3학년 2학기	1학년 2학기~ 3학년 2학기	1학년 2학기~ 3학년 2학기
국어, 수학, 영어, 한국사, 통합사회, 통합과목 (과목탐구실험 포함)	미적분Ⅰ, 확률과 통계, 화법과 언어, 독서와 작문, 문학 등	독서 토론과 글쓰기, 여행 지리, 수학과제탐구, 융합과학탐구 등	미적분Ⅱ, 인공지능 기초, 심화 영어, 주제탐구 독서, 법과 사회 등

진로선택과목은 심화과목과 진로과목에 해당합니다. '심화'라는 이름에 걸맞게 난이도가 다소 높은 과목을 포함해요. 일반선택과목보다 한 단계 더 심화한 물리Ⅱ, 생명과학Ⅱ가 여기에 속합니다. 또 학생들의 진로역량을 키우거나 연구 기회를 제공하기 위한 '주제탐구독서'나 '인공지능 기초' 같은 과목도 들어가 있습니다.

이 외에도 학생과 교사가 협업하거나 지역 특성을 반영해 시도교육청에서 개설한 '고시 외 과목'이 새롭게 운영될 수도 있습니다.

특히 고교학점제가 시행되면 학년과 무관하게 과목을 선택한다는 점에서 매우 큰 변화가 예상됩니다. 특히 학년의 경계가 사라져일명 '무학년제'로 불리기도 한다는 점에 주목할 만해요. 물론 학교의 사정에 따라 다르겠지만, 앞으로 고등학교에서도 대학교처럼 여러 학년이 섞여 수업을 듣는 풍경이 나타날 수도 있습니다.

마지막으로, 이번 입시 변화를 총체적으로 고려했을 때 성적의 변별력이 낮아진 만큼 오직 높은 성적을 위해 교과목을 선택하는 전략은 더 이상 적합하지 않습니다. 이번 대입 전략에서 가장 중요한 첫걸음은 학생 각자가 지닌 고유한 역량과 개성을 효과적으로 드러낼방법을 고민하는 것입니다.

높은 성적을 위해 교과목을 선택하기보다는, 오히려 본인이 흥미를 느끼는 분야를 탐구하고 이와 관련된 창의적이고 진정성 있는 활동을 설계하는 태도로 임하길 바랍니다. 이는 이후 대입을 위한 수시를 진행할 때 긍정적인 평가를 받을 수 있는 핵심 열쇠가 되어줄 테니까요.

졸업을 위한 요건
역시 달라진다

'고교학점제가 시행되면 공부에서 손 놓는 순간 졸업은 물 건너가는 거야'라는 선생님의 말씀을 들어본 적이 있나요? 선생님들의 이런 말씀에는 분명 이유가 존재합니다. 고교학점제가 시행됨에 따라 '유급제도'가 존재하기 때문입니다. 학점제라는 말에서도 알 수 있듯, 이제 고등학교 역시 대학교처럼 일정 학점을 모두 채워야만 졸업이 가능합니다.

고교학점제가 시행되기 전에는 공시된 전체 수업 일수의 2/3 이상 출석한 경우 자동으로 학년이 올라가고 졸업도 당연히 이루어졌습니다. 그러나 고교학점제가 실시된 뒤에는 다릅니다. 고등학교 입학 후 3년 동안 총 192학점 이상을 이수해야만 졸업이 가능합니다. 만약 학점 이수에 실패했다면 다음 학년에 진급하지 못하고 유급하는 경우가 발생합니다.

유급을 피하기 위한 과목별 이수 기준은 출석률 2/3 이상, 학업

성취율 40% 이상이며, 만약 이 기준을 충족하지 못했다면 보충지도를 통해 학점을 취득해야 합니다.

기존 교육과정에서는 수업의 기준이 학점이 아니라 단위였습니다. 수학I 과목이 4단위인 학교라면 일주일에 총 4번 수학I 수업을 들어야 기준을 충족하는 방식이었지요. 그러나 고교학점제에서는 학점이 수업의 기준입니다.

고교학점제에서 1학점은 50분짜리 수업을 16번 듣는 것을 의미합니다. 앞에서 언급하였듯이 졸업을 위해서는 일반고등학교 기준 3년, 즉 6학기 동안 총 192학점 이상을 취득해야 합니다. 이 중 필수이수 84학점과 자율이수 90학점, 그리고 창의적 체험활동 18학점이 포함되어야 합니다.

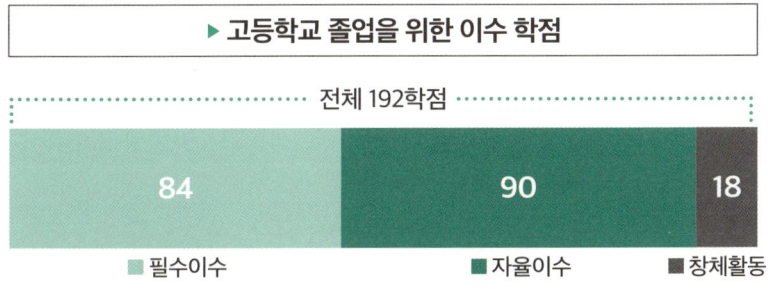

▶ **고등학교 졸업을 위한 이수 학점**

전체 192학점

84	90	18
■ 필수이수	■ 자율이수	■ 창체활동

그렇다면 다음과 같은 기발한 생각을 하는 친구도 있을 수 있어요. '빨리 192학점을 모두 이수하고 일찍 졸업해야지!' '미래의 내가

어떻게든 192학점을 채울 테니 이번 학기는 1학점만 듣자.' 결론부터 말하자면 이는 모두 불가능합니다. 교육부는 학생들의 유급과 졸업 유예를 방지하고 교육과정이 원활하게 운영될 수 있도록 1학기 이수학점을 최소 28학점으로 규정했습니다. 따라서 일찍 졸업하거나 미루는 것은 사실상 어렵습니다. 총 6번의 학기 동안 192학점을 밀도 있게 차례대로 이수해야 합니다.

지피지기면 백전백승, 평가 방식을 파악하라

지금까지의 교육과정은 저마다의 개성을 가진 학생을 성적이라는 하나의 기준으로만 평가한다는 비판에서 자유로울 수 없었습니다. 그러나 고교학점제는 이를 보완하기 위해 각 학생의 개성과 성격을 존중하는 교육을 표방하며 '성취평가제'와 '과정중심평가'를 함께 운영합니다.

기존 체제에서는 강의를 통해 교과 지식을 수업하고, 시험을 통해 이 내용을 얼마나 잘 숙지했는지 평가했습니다. 하지만 고교학점제는 다릅니다. 성취평가제와 과정중심평가를 통해 학생이 직접 수업에 참여하고 그 과정을 교사가 관찰하며 학생의 성장에 도움이 되도록 합니다.

사실 성취평가제는 새로 등장한 제도가 아닙니다. 현재 성적표에 숫자 대신 A, B, C 등 알파벳으로 부여되는 등급이 바로 성취평가제를 통한 지표입니다.

다만 고교학점제에서는 그 기준이 달라집니다. 성취율의 90% 이상인 학생은 A, 80~90% 미만은 B, 70~80% 미만은 C, 60~70% 미만은 D, 40~60% 미만은 E를 부여받습니다. 성취율이 40% 미만인 학생은 기존의 F가 아닌 완료하지 못했다는 의미의 I(Incomplete)를 부여받고, 해당 과목을 다시 이수해야 합니다.

▶ 고교학점제 등급 기준표

등급	구간
A	90%~
B	80~90%
C	70~80%
D	60~70%
E	40~60%
I(incomplete)	~40%

최소성취수준에 도달하지 못한 학생은 보충지도를 받아야 하는

데요. 2022 개정 교육과정에 따라 그 개념을 정확히 구분하면 '예방지도'와 '보충지도' 크게 2개로 나눌 수 있습니다. 예방지도는 말 그대로 학기 중 수업 참여의 성취 수준이 낮으리라 예상되는 학생을 대상으로 사전에 보충을 진행하는 것입니다. 반면 보충지도는 실제 학기가 끝나고 최소성취수준에 도달하지 못한 학생을 대상으로 학기 말, 혹은 방학 중 추가적으로 보충수업을 하는 방식입니다.

예방지도나 보충지도는 모두 1학점당 5번으로 이수 기준이 정해져 있습니다. 다시 말해 4학점 과목에 대해 보충지도를 받는다면 총 20번의 보충지도가 제공되어야 하며, 총 운영 시수의 2/3 이상 참여해야만 이수가 인정됩니다.

직접 대면해 수업을 받는 것은 물론이고 온라인 콘텐츠 시청, AI 디지털 교과서 활용 등 다양한 형태의 지도 방법이 사용될 수 있는데요. 다만 교육부에서는 대면지도를 반드시 포함할 것을 요구하고 있습니다. 그러니 학기 중에 빠른 진도를 따라가지 못하거나 최소한의 성취도를 달성하지 못했다고 너무 걱정하지 마세요. 보충지도를 통해 학생의 낙오를 방지하는 시스템이 준비되어 있으니까요.

• • •

이렇듯 고교학점제는 단순히 교육과정이 변화되는 것 이상의 의미를 가집니다. 학생 개개인이 적성과 관심을 바탕으로 미래를 설계하도록 돕고자 하였으며, 이를 위해 다양한 과목과 활동을 경험하며 자신의 가능성을 탐색하고 주도적으로 학습하는 능력을 키우도록 돕습니다.

물론 선택할 수 있는 권한이 늘어난 만큼 우리의 책임도 늘어납니다. 많은 변화가 발생하는 고교학점제에 적응하는 과정에서 낯섦과 부담을 느끼는 학생도 발생할 수 있습니다. 하지만 학생들의 부담을 줄이고 과목 선택을 돕기 위해 각종 설명회와 상담, 학업설계 프로그램이 활발하게 이루어지고 있습니다. 교내 프로그램뿐만 아니라 교육부에서도 '함께 학교'라는 디지털 소통 플랫폼을 통해 학업 설계 지원 서비스를 제공하고 있답니다. 더불어 학부모와 학생이 함께 고민하고 소통하며 새로운 환경에 적응하려는 노력을 기울인다면 고교학점제의 장점을 최대한 활용할 수 있을 것입니다.

고교학점제를 통해 자신만의 길을 찾아가는 과정을 우리의 가능성과 잠재력을 발견하는 기회로 삼읍시다. 그러니 무엇보다 신경 써서 준비해야 하는 건 '나 자신에 대한 이해와 확신'을 갖추는 일입니다. 이를 위해 어떠한 상황에서도 최선을 다하는 데 집중하세요.

내신 5등급제,
진정한 배움과 성장을 위한 단단한 발판

'평가'라는 단어를 생각했을 때 어떤 이미지가 떠오르나요? 좋은 성적을 받기 위해 밤을 새우며 공부하는 모습, 더 높은 등급을 받기 위해 친구를 견제하는 모습 등 긍정적이기보다는 부정적인 이미지가 더 많이 떠오를 듯합니다. 실제로 지금 이 순간에도 많은 학생들이 과열된 대학 입시로 경쟁적인 학습 분위기 속에 내몰려 1등급에 포함되기 위하여 고군분투하고 있습니다.

사실 평가는 우리에게 도움을 주기 위한 제도입니다. 교육에서 평가의 의의는 학생이 학습 내용을 얼마나 잘 이해하고 있는지 그 수준을 정확하게 파악하고, 학습 내용을 더 효율적이고 효과적으로 습득할 수 있도록 그 방향성을 제시하는 데 있습니다. 즉 평가의 참뜻은 몇 개의 숫자로 환산되는 성적이 아니라, 내가 아는 것과 모르는 것을 구분하고 모르는 것을 더 잘 알게 되는 '배움'에 있습니다. 그러나 우리는 이미 평가의 본질적인 의미보다 '높은 점수, 높은 등급, 높은 성적'을 받아 더 높은 등급의 대학에 가는 데만 관심을 두곤 하지요. 내가 이 내용을 아는지 모르는지보다 시험에 나온 문제를 맞혔는지 틀렸는지에만 초점을 둡니다.

22개정 교육과정은 과열된 경쟁을 완화하고 배움에 집중할 수 있는 환경을 마련하는 것을 목표로 합니다. 그리고 이를 실천하기 위해 고교 내신체계에 변화가 생겼습니다. 그 변화의 일환으로 학생들의 학업 성적을 상세하게 구분했던 9등급제가 아닌 등급의 개수를 줄이고 폭을 넓힌 '5등급제'가 도입됩니다. 이는 우리가 앞서 살펴봤던 고교학점제에 발맞춘 변화이기도 합니다.

9등급에서 5등급으로, 변화하는 고교 내신 등급

고교 내신체제 개편의 주 골자는 내신 9등급제에서 5등급제로의 개편입니다. 기존 9등급제는 상위 누적 4%에게 1등급을, 5~11%에게 2등급을, 12~23%에게 3등급을, 24~40%에 4등급을, 41~60%에게 5등급을, 61~77%에게 6등급을, 78~89%에게 7등급을, 90~96%에게 8등급을, 97~100%에게 9등급을 부여합니다. 이렇게 1등급부터 9등급이 각각 4%, 7%, 12%, 17%, 20%, 17%, 12%, 7%, 4%라는 정규분포를 그립니다.

그리고 이러한 9등급제가 5등급제로 개편됩니다. 5등급제는 상위 누적 10%에게 1등급을, 34%에게 2등급을, 66%에게 3등급을, 90%에게 4등급을, 100%에게 5등급을 부여합니다. 즉 1등급부터 5등급이 각각 10%, 24%, 32%, 24%, 10%의 정규분포를 그리는 것이지요.

그렇다면 이렇게 변화한 등급체제로 어떤 긍정적인 변화가 발생할까요? 가장 큰 변화는 5등급제를 통해 상대평가의 한계로 지적되는 과도한 경쟁을 완화할 수 있다는 점입니다. 5등급제를 실시함에 따라 1등급 4%, 2등급 11%라는 구간에 들기 위해 밤을 새워 공부했던 과도한 경쟁이 줄어들고 학생들 사이에 협력적 학습이 이루어지리라 기대할 수 있어요.

만약 과거 9등급제 체제에서 단 0.1점 차이로 2등급을 받은 학생이 있었다고 가정해 봅시다. 이 학생은 1등급을 받은 학생보다 학업 역량이 떨어지는 걸까요? 5등급제는 이러한 9등급제의 빈틈을 채워줄

▸ 9등급제		▸ 5등급제	
1등급	4%	1등급	10%
2등급	5~11%		
3등급	12~23%	2등급	34%
4등급	24~40%		
5등급	41~60%	3등급	66%
6등급	61~77%	4등급	90%
7등급	78~89%		
8등급	90~96%	5등급	100%
9등급	97~100%		

것입니다.

5등급제를 실시할 수밖에 없는 또 다른 이유가 있습니다. 고교학점제가 도입되어 학생들의 과목 선택권이 확대되면 한 과목을 수강하는 학생 수가 자연스레 줄어듭니다. 특히 소수 인원만 수강하는 과목이라면 좋은 성적을 받기 위해 더욱 치열하게 경쟁해야겠지요. 결국 이러한 부담과 불안 때문에 들고 싶은 과목이 있더라도 적극적으로 도전하지 못하는 상황이 발생할 수 있습니다.

상대평가에 대한 이러한 학생들의 두려움을 이해하고 실질적인 과목 선택권을 보장하기 위한 제도가 바로 5등급제입니다.

절대평가를
함께 기록하다

등급의 개수와 더불어 등급을 표시하는 방법에도 변화가 생깁니다. A~E등급으로 평가되는 절대평가 결과가 1~5등급의 상대평가 결과와 병기됩니다. 쉽게 말해 절대평가와 상대평가가 함께 기재되는 거예요. 고등학교 1~3학년 동안 이루어진 절대평가와 상대평가 결과를 병기하는 일관된 평가 방식을 사용함으로써 혼란을 방지하고 공정성을 확보하겠다는 방침입니다.

이는 상대평가를 통해 대입을 위한 변별력을 확보하면서, 소위 말하는 절대평가를 통한 성적 퍼주기를 방지하려는 시도입니다. 동시에 절대평가와 상대평가라는 두 지표를 모두 제공해 대학이 학생을 자율적으로 평가할 여지를 열어주려는 시도이기도 합니다.

다만 체육·예술·교양 교과(군), 과학탐구실험, 그리고 사회·과학 교과의 융합선택과목은 절대평가만 기재합니다. 대입 안정성을 갖추고 고교학점제에서 학생들의 선택권을 확보하기 위해 융합선택과목 중 사회·과학 교과는 절대평가만 실시한다는 확정안이 만들어졌기 때문입니다. 과목별 성적 산출 방식의 최종 확정안은 아래와 같이 표로 정리했으니 참고하세요.

구분	절대평가		상대평가	통계정보		
	원점수	성취도	석차등급	성취도별 분포비율	과목평균	수강자수
보통교과	○	A·B·C·D·E	5등급	○	○	○
사회·과학 융합선택	○	A·B·C·D·E	-	○	○	○
체육·예술/ 과학탐구실험	-	A·B·C	-	-	-	-
교양	-	P	-	-	-	-
전문교과	○	A·B·C·D·E	5등급	○	○	○

▶ 고등학교 과목별 성적 산출 방식

그렇다면 5등급제가 도입된 지금, 우리는 어떤 대비를 해야 할까요? 그동안 내신 성적은 대학에서 강의를 듣고 과제를 하는 등 무리 없이 대학 수업을 수학할 수 있는지를 판단하기 위한 가장 기초적인 평가 요소였습니다. 내신 성적은 이 학생의 수준을 입증하는 대표적인 지표였지요. 상대적으로 더 세세한 9등급제는 학생들의 학업역량을 파악하는 데 쓰인 주요 도구였습니다.

하지만 5등급제로 등급의 폭이 커지면서 같은 1등급 사이에도 학업 역량에 차이가 존재할 가능성이 커졌습니다. 일부 대학에서 5등급제가 실시됨에 따라 학생의 학업 수준을 올바르게 평가하는 일이 다소 요원해졌다고 말하는 이유이기도 합니다.

이로 인한 가장 큰 변화는 자사고·특목고·과학고 등 소위 명문고로 불리는 고등학교 진학률의 증가입니다. 사실 기존의 9등급제에서는 내신 관리를 위해 전략적으로 일반고등학교 진학을 선택한 학생도 있었습니다. 상위권 학생이 많이 모여 있는 특목 자사고에서는 높은 내신 성적을 유지하는 일이 상대적으로 어렵기 때문이지요.

하지만 앞서 지적한 바와 같이 5등급제에서는 내신 1등급을 받는 일이 이전보다 훨씬 쉬워졌어요. 따라서 일반고에서 좋은 성적을 받는 것만으로는 스스로의 실력을 입증하기가 더욱 어려워졌습니다. 이는 1등급을 받는 학생이 늘어나는 만큼 '1등급'이 가지는 변별력도 줄어든 탓입니다.

그리고 동시에 정성평가의 중요성을 더욱 강조하는 흐름으로 이어졌습니다. 5등급제 실시 목표는 학생들의 과도한 경쟁을 완화하며, 동시에 협력적인 학습과 공동체로서의 학교생활을 고무하는 것입니다. 게다가 내신 체제의 평가 기준이 느슨해진 만큼 대학에서도 성적만으로는 학생의 수준을 가늠할 수 없게 되었지요. 따라서 학생부종합전형과 같은 정성평가의 중요성은 더욱 대두될 수밖에 없어요.

그런데 이는 특목 자사고로의 진학 의지를 늘리는 이유로 작용합니다. 통계적으로 일반고보다 자사고나 특목고에서 더 다양하고 특색 있는 교육 프로그램을 제공하는 경우가 많기 때문입니다. 결국 내신 5등급제 실시로 인한 정성평가의 강조는 특목 자사고 진학을 위한 열풍을 더욱 강화하는 요소로 작용할 수 있습니다.

명문고 진학만이
결코 유리한 것은 아니다

그렇다면 일반고에 진학하는 것이 입시에 불리한 선택일까요?

그렇지 않습니다. 5등급제 도입 후 높은 내신 성적을 유지하는 것이 쉬워진 덕에 이제 우리는 자신의 개성이 담긴 생기부를 만들고 고등학교 생활에 더 충실히 임하는 데 집중할 수 있습니다. 이는 그동안 일반고와 일반고 학생에게도 좋은 변화에요.

이러한 상황에서는 고교학점제를 통해 자신의 적성과 전공 분야에 얼마나 부합하는 과목을 선택했는지, 어떤 수업을 무슨 이유로 듣게 되었고 수업을 통해 어떤 결과를 성취했는지, 그리고 얼마나 성장할 수 있었는지 드러내는 데 주목해야 합니다. 대학에서도 단순히 성적이 높은 학생보다, 등급이 다소 낮더라도 주체적인 활동을 다양하게 수행해 자신만의 이야기를 가진 학생을 더 높이 평가하기 때문이에요. 일반고 학생이 환경의 제약을 극복하려 노력하는 주체적인 자세는 좋은 환경에서 공부한 학생의 이야기와는 다르게 평가받습니다. 이에 일반고가 꼭 불리하다고 보긴 어렵습니다.

한편, 내신체제의 변화에 따라 학생부교과전형은 기존대로 운영하기 어려워졌습니다. 이에 따라 이 전형은 점차 폐지될 가능성이 큽니다. 5등급제 개편을 통해 성적의 변별력이 떨어졌고, 학생부교과전형에서도 성적 외 요소를 평가에 참고할 수밖에 없는 상황이 되었거든요. 실제로 경희대·고려대·성균관대 외에 한양대·서울시립대 등 많은 대학에서 교과전형에 정성평가를 반영하기 시작했으며, 각 과목의 세부능력특기사항이 주요한 평가 요소로 자리 잡았습니다. 실질적으로 학생부종합전형과 비슷한 양상을 보이는 것이죠.

결국 우리는 성공적인 입시를 위해 내신 점수와 더불어 세부능력

특기사항·자율활동·동아리활동·진로활동 등 정성평가 요소의 중요성을 바르게 인식해야 합니다. 더불어 수능 최저등급기준이 있는 경우, 수능 공부 역시 소홀히 하지 않도록 여러 방향에서 준비가 필요합니다.

· · ·

이번 5등급제로의 개편은 지나친 성적 경쟁을 완화하고 협동학습을 증진하고자 이루어졌습니다. 어떤 이들은 더 많고 다양한 요소에 신경을 써야 하는 상황에 우려를 표하거나 불안감을 느끼기도 합니다. 하지만 특정 능력에만 치우친 줄 세우기식 평가 방식에서 벗어나 다양한 영역에서 개개인의 역량을 발휘할 기회를 제공한다는 점에서 유의미하다고 평가하기도 합니다.

결국 우리는 목표하는 분야에 대한 적극적인 학습을 바탕으로 창의적으로 활동하고, 이를 협력적으로 수행해 나가는 경험을 목표로 꾸준히 실천할 때 더욱 좋은 결과를 얻을 수 있어요. 더불어 이러한 경험은 앞으로의 대학생활과 사회생활에서 중요한 밑바탕이 될 것입니다.

변화된 제도 아래 성적에 대한 압박을 조금이나마 덜고, 배우고 싶고 경험하고 싶은 많은 것들을 마음껏 자유롭게 익힐 수 있는 시간을 보내기를 기대합니다.

수능과목 변화,
선택과목을 폐지하고
공통과목을 도입하다

대한민국에서 공부를 하는 학생이라면 누구나 '수능'을 잘 알 것입니다. 수능은 대학수학능력시험을 이르는 말로, 학생이 대학에서 수학(修學)할 능력이 있는지 평가하는 시험입니다. 그런데 대학 입학을 위한 기본 관문이기도 한 이 수능 제도 역시 앞서 내신시험의 변화만큼이나 많은 변화가 예정되어 있습니다. 지금부터 대학수학능력시험이 어떻게 바뀔지 함께 살펴봅시다.

변화된 수능에서 가장 주목해야 할 부분은 바로 통합형 과목 체계의 도입입니다. 수능시험에서 어떤 과목에 응시할지 학생이 자유롭게 선택할 수 있었던 과거와 달리, 변경된 제도 아래에서는 통합된 형태의 수능을 치러야 합니다. 다시 말해 학생의 선택지는 줄어들고 동일한 과목을 응시하는 형태로 바뀐다는 의미예요.

앞서 고교학점제가 도입되면 학생들은 더 다양한 과목을 선택해 자유롭게 들을 수 있다고 했는데, 어째서 수능은 그 반대가 되는 걸까요? 그 배경을 함께 살펴봅시다.

수능시험, 왜 달라지는 걸까?

2028학년도 수능부터는 학생들의 과목 선택권이 대폭 축소됩니다. 선택과목에 따른 표준점수의 공정성 문제를 해결하기 위함입니다.

수능에서는 원점수보다 표준점수가 중요하다는 말을 들어본 적 있을 겁니다. 원점수란 100점 만점의 시험에서 자신이 진짜로 얻은 점수를 뜻해요. 반면, 표준점수는 내 점수와 평균값을 비교·계산한 상대적 점수를 말합니다. 만약 원점수가 같다 하더라도 내가 응시한 과목의 평균이 몇이냐에 따라 표준점수는 달라질 수 있어요. 이 경우 선택과목으로 무엇을 고르냐에 따라 정시에서 나의 입지가 유리할 수도, 불리할 수도 있습니다.

실제로 2023학년도 대입에서 인문계와 자연계 학생이 모두 지원할 수 있었던 서울대학교 자유전공학부의 경우, 정시 최초 합격생 전원이 자연계 학생이었습니다. 원점수가 같더라도 사회과목보다 과학과목의 표준점수가 더 높았기 때문입니다. 이처럼 선택과목 제도는 학생의 자유로운 과목 선택권은 보장하지만, 과목에 따른 표준점수의 차이로 빚어지는 공정성 논란에서 벗어나기 힘들었습니다.

많은 학생이 수능에서 응시하고자 하는 과목을 내신과목으로 선택해 수능과 내신을 동시에 대비하는 전략을 시행합니다. 그런데 자신이 수강하고 싶은 선택과목이 수능에서 높은 표준점수를 얻기에 불리하다면 그 과목을 선택할 때 망설일 수밖에 없지요.

교육부는 이러한 상황을 방지하고, 학생 개별화 교육과정을 보장하기 위한 방침의 일환으로 고교학점제를 도입했습니다. 더불어 수능에 '공통과목'을 도입해 선택과목 제도가 가진 한계를 실질적으로 극복하고 학생들의 과목 선택권을 보장하고자 했습니다.

무엇에
집중해야 하는가

이러한 수능과목의 변화로 인해 가장 크게 달라지는 부분은 바로

4교시 사회탐구·과학탐구 영역입니다. 현재 수능은 전체 17개 탐구 과목 중 최대 2개 과목을 선택해 응시하도록 합니다. 그러나 2028학년도 수능부터는 사회 9과목과 과학 8과목이 각각 통합사회·통합과학으로 변경되며, 수능에 응시하는 수험생은 모두 이 두 과목을 필수로 응시해야 합니다. 즉 인문계 학생도 수능험장에서 '통합과학'을, 자연계 학생들도 '통합사회' 시험을 봐야 하는 것이지요.

이는 몇몇 과목에 한정된 암기 위주 시험에서 벗어나 통합적 학습을 이끌어내기 위한 시도라고 할 수 있습니다. 더불어 사회와 과학의 전반적인 내용을 두루 배우며 논리적인 사고력을 기르기 위함이기도 합니다.

2015 개정 교육과정에서 미적분과 기하에 해당하는 심화수학 선택과목이 수능에서 제외된다는 점도 주목해야 합니다. 앞으로 수능에서는 심화수학 선택과목 대신 수학Ⅰ과 수학Ⅱ, 확률과 통계만 다룹니다. 과거에는 일반적으로 이과 학생이 미적분이나 기하를, 문과 학생이 확률과 통계를 응시했어요. 하지만 이제는 모두 같은 내용의 수학 시험을 치러야 합니다. 교육부는 더 공정하고자 하는 통합형 수능의 취지에 부합하고 학생들의 학습 부담을 줄여주기 위한 변화라고 그 취지를 밝혔습니다.

뒤에 소개한 표를 통해 수능과목의 변화를 한눈에 확인해 보세요.

▶ 수능 과목의 변화

영역		현행 (~2027 수능)	개편안 (2028 수능~)
국어		**공통 + 2과목 중 택 1** • 공통: 독서, 문학 • 선택: 화법과 작문, 언어와 매체	공통 화법과 언어, 독서와 작문, 문학
수학		**공통 + 3과목 중 택 1** • 공통: 수학Ⅰ, 수학Ⅱ • 선택: 확률과 통계, 미적분, 기하	공통 대수, 미적분Ⅰ, 확률과 통계
영어		**공통** 영어Ⅰ, 영어Ⅱ	**공통** 영어Ⅰ, 영어Ⅱ
한국사		**공통** 한국사	**공통** 한국사
탐구	사회 · 과확	**17과목 중 최대 택2** • 사회 : 9과목 한국지리, 세계지리, 세계사, 동아시아사, 경제, 정치와 법, 사회·문화, 생활과 윤리, 윤리와 사상	• 사회: 공통 통합사회
	사회 · 과확	• 과학: 8과목 물리학Ⅰ, 화학Ⅰ, 생명과학Ⅰ, 지구과학Ⅰ, 물리학Ⅱ, 화학Ⅱ, 생명과학Ⅱ, 지구과학Ⅱ	• 과학: 공통 통합과학

1부 | 중3. 본격적인 입시 레이스의 출발선에 서다

탐구	직업	1과목: **5과목 중 택1** 2과목: 공통 + [1과목]	• **직업: 공통** 성공적인 직업생활
		• 공통: 성공적인 직업생활 • 선택: 농업 기초 기술, 공업 일반, 상업 경제, 수산·해운 산업 기초, 인간 발달	
제2외국어 /한문		**9과목 중 택 1** • 제2외국어/한문: 9과목 독일어 I, 프랑스어 I, 스페인어 I, 중국어 I, 일본어 I, 러시아어 I, 아랍어 I, 베트남어 I, 한문 I	**9과목 중 택 1** • 제2외국어/한문: 9과목 독일어, 프랑스어, 스페인어, 중국어, 일본어, 러시아어, 아랍어, 베트남어, 한문

시험 시간과
점수 체계도 달라진다

한 가지 더 주목할 주요 변화가 있습니다. 바로 수능시험 각 영역의 시험 시간 및 점수 체계의 변경입니다. 지금까지 수능시험의 탐구영역은 2점 혹은 3점으로 책정된 20개 문항을 30분 동안 푸는 방식이었지요. 하지만 수능과목이 변경됨에 따라 2028학년도 수능부터는 4교시 사회탐구·과학탐구 영역의 많은 부분이 바뀌었습니다. 한

▶ 2028 수능과목 및 문항 시간 변화

교시	현행 (~2027 수능)	개편안 (2028 수능~)	비고
1교시 국어 영역	45문항 80분	현행 유지	
2교시 수학 영역	30문항 100분	현행 유지	단답형 9문항 포함
3교시 영어 영역	45문항 70분	현행 유지	듣기 17문항 포함
4교시 한국사 / 탐구 영역	(한국사) 20문항 30분	현행 유지	필수 응시과목
	(탐구) 과목당 20문항 30분 ※ 최대 2과목 선택 가능	(탐구) 과목당 25문항 40분 ※ 사회·과학 응시자는 반드시 사회·과학에 모두 응시	
5교시 제2외국어· 한문 영역	30문항 40분	20문항 30분	

과목당 개수가 25문항, 시험 시간은 40분, 문항별 배점은 1.5점·2점·2.5점으로 변경돼요. 문항별 점수를 더 촘촘하게 구성하고, 문항의 개수를 늘려 학생의 역량을 더 꼼꼼하게 평가하기 위함입니다.

반면 5교시 제2외국어·한문 영역은 문항 수 20개, 시험 시간 30분으로 축소해 운영합니다. 학생들이 더욱 신경 써야 하는 과목을 강조하고, 그 외 과목에서 부담을 덜어주려는 움직임이라 할 수 있습니다. 옆의 표는 수능 영역별 문항 수 및 시험 시간 변경 사항을 정리한 것입니다. 이를 참고해 더욱 전략적으로 수능시험을 준비할 수 있도록 계획을 세웁시다.

・ ・ ・

2028학년도 수능은 아직 누구도 경험해 보지 못한 새로운 형태의 시험입니다. 우리가 예측하는 부분에서 또 그렇지 못한 부분에서까지 상당히 복잡하고 다양한 일이 발생할 수 있어요. 그렇기에 주어진 상황과 학업에 충실히 임하는 태도가 더욱 중요합니다. 어떤 선택이 최선의 결과를 만들어낼지 복잡하게 계산하기보다, 매일 꾸준히 학업에 임하며 어떤 변화가 찾아와도 흔들리지 않도록 내실을 다져야 합니다.

2장

중학교와 고등학교는
완전히 다르다

고등학교 1학년,
나를 찾는 것이 가장 중요하다

고등학교 입학을 앞둔 학생이라면 누구나 걱정과 설렘이 가득할 테지요. 한 가지 분명한 것은 입학의 설렘과 불안을 동시에 지닌 고등학교 1학년부터 감을 잡고 헤쳐나가는 고등학교 2학년, 마침내 꽃을 피우고 절정에 다다르는 고등학교 3학년까지 한 명의 학생이 입시를 준비할 때 겪는 3년의 일상은 중학교 때와는 무척 다르다는 점입니다.

고등학교 1학년을 한마디로 정의하면 '나를 이해하는 시간'이자 '학습의 토대'를 다지는 시기라고 할 수 있습니다. 중학교와는 비교할 수 없을 만큼 방대한 공부량을 마주하면서 처음으로 진짜 학습이란 무엇인지 깨닫고, 그 중요성 또한 실감하게 돼요. 무엇보다 처음으로 경험하는 상대평가라는 현실 앞에서 낙심할 수도 있습니다. 하지만 지금의 시간이 앞으로의 상승곡선을 위한 출발선이라 생각하는 태도를 갖추고 꾸준히 노력해야 합니다.

고등학교 1학년은 단순히 결과에 일희일비하기보다는 내가 어떤 과목에서 흥미와 강점을 느끼는지, 어떤 방식의 공부가 나에게 맞는지를 끊임없이 점검해 나가야 할 시기입니다. 더불어 공통과목이 우리에게 주는 선물을 잘 열어볼 때이기도 해요. 공통과목을 성실히 이행하는 과정에서 쌓은 이해와 경험은, 곧 다가올 선택의 순간을 흔들림 없이 맞이하게 해줄 나침반이 될 것입니다.

중학교와 고등학교는 완전히 다르다

만반의 준비를 하고 고등학교에 입학한 친구들도 막상 학기가 시작되면 적잖이 당황하곤 합니다. 중학교와는 사뭇 다른 고등학교에서의 생활 때문입니다.

가장 먼저 경험할 변화는 더 길어진 수업 시간입니다. 중학교에서는 교시당 수업시간이 45분이었지만 고등학교에서는 5분이 늘어 총 50분간 수업이 진행됩니다. 이제 우리는 더 긴 수업 시간에 적응하고 그 시간 동안 집중력을 잃지 않는 습관을 들여야 합니다.

이 외에도 고등학교에는 저녁을 먹은 뒤 밤 10시까지 학교에 남아 담당 선생님과 함께 공부하는 야간자율학습이 존재합니다. 경우에 따라 학원에 다니며 자습에 참여하지 않는 학생도 있지만 대부분의 학생이 야자에 참여해 늦게까지 학습하곤 해요.

성적 산출 방식에도 변화가 있습니다. 바로 내신 등급제 도입입니다. 중학교에서는 학기말 성적표에 과목별로 100점 만점인 원점수와 A, B, C로 표기되는 성취도 수준을 함께 기록했습니다. 이를 통해 내가 수업을 잘 이해했는지를 객관적으로 파악할 수 있었지요. 하지만 고등학교에서는 상대평가가 실시되고, 내신 성적표에도 숫자로 구성된 등급이 표시됩니다. 이제 학생들은 1부터 5까지 5단계의 등급을 통해 내 성적의 위치가 상대적으로 어디에 위치하는지 파악할 수 있어요.

이 때문에 학생들 사이에서는 중학교 때와는 다른, 상당히 경쟁적인 분위기가 형성되기도 합니다. 높은 등급을 받기 위해서 많은 학생이 독하게 공부하며 밤잠을 줄이는 것은 물론이고, 학습에 도움이 되는 정보를 알고 있어도 이를 친구들과 선뜻 공유하지 못하는 분위기가 형성되기도 해요.

한편 고등학교에서는 내신시험뿐 아니라 모의고사라는 지금까지와는 다른 형태의 시험도 치릅니다. 전국의 고등학생이 모두 참여하는 시험인 만큼, 모의고사 등급은 말 그대로 전국에서 내 성적의 위치가 어디인지 알 수 있는 지표입니다. 내신이 수업시간에 다룬 내용을 제대로 이해하는지 판가름하기 위한 시험이라면, 모의고사는 문해력·추론력과 같은 역량 중심 평가를 시행한다는 점도 큰 차이라 할 수 있어요.

수시에 성공하고 싶은 학생이라면 내신이나 모의고사 외에도 준비할 것들이 더 많아집니다. 생활기록부를 알차게 채우기 위한 노력도 필요해요. 여러 주제 탐구활동에 성실히 임해야 하고, 각종 보고서와 발표도 최선을 다해 준비해야 합니다. 또한 학급 임원이나 동아리처럼 비교과활동에도 적극적으로 참여해야 더 좋은 결과를 얻을 수 있어요. 단순히 교과 내용을 이해하고 문제를 푸는 수준에서 더 나아가서, 공동체의 구성원으로서 성장하는 모습을 보여줄 수 있도록 노력해야 합니다.

> 66 고등학교에서는 수행평가가 내신인 동시에 비교과에도 해당됩니다. 덕분에 많은 학생이 모든 수행평가를 생기부에 기록한다는 생각으로 최선을 다하고자 하지만 현실적으로 쉽지 않지요. 그렇다고 시험이 없는 방학에 생기부 활동을 몰아서 하기에는 작성 시간이 너무 부족해져요. 그러니 생기부에 쓸 수행평가와 아닌 수행평가에 구분을 두고 현명하게 시간을 확보하세요. 다만 학기말 추가 활동 기회를 주지 않는 선생님인 경우에는 평소 수행평가에 최선을 다합시다. (서울대 의예과 25학번 조성훈)

두려워 말고
차분히 탐색하라

많은 학생이 더 나은 생기부 작성을 위해 입학 직후 빠르게 진로를 선택해야 한다는 압박에 시달리곤 합니다. 입학 전부터 어떤 동아리에 들지, 어떤 탐구를 수행할지 3년짜리 계획을 세운 친구들을 종종 마주하거든요.

하지만 이런 때일수록 더욱 차분히 스스로를 돌아봐야 합니다. 자기 자신에 대한 이해가 없는 상태에서 섣불리 진로를 정하다 보면 본인이 원하는 것이 무엇인지는 알지 못한 채 그저 주변의 말에 휩쓸려 버리기 쉽습니다. 지금 내가 고려하고 있는 진로가 나의 성정과 잘 맞는지 반드시 고민해 봅시다. 어른들이 추천해서, 친구들을 따라서 선택한다는 가벼운 마음으로 나의 미래를 결정한다면 이후 진정한 나를 발견했을 때 크게 후회하는 일이 생길 수 있습니다.

입시는 3년이라는 길고 긴 마라톤을 뛰는 것과도 같지요. 이 마라톤을 지치지 않고 완주하기 위해서는 꾸준히 나에게 힘이 되어줄 원동력이 필요합니다. 나와 잘 맞는 진로를 찾는 것이야말로 원동력으로 삼기에 가장 좋은 요소예요. 그저 좋은 대학에 붙기 위한 가벼운 마음은 금방 바닥을 드러내고 맙니다. 내가 정말로 궁금하거나 흥미 있는 분야가 아닌데 마치 그러한 것처럼 자신을 꾸며내는 일은 나를 쉽게 지치게 만드는 주요한 원인임을 명심하세요.

그렇다면 도대체 나에 대한 탐구를 어떻게 이어가야 할까요? 매일 밤 성찰 일기 쓰기, 전문가로부터 진단을 받거나 상담하기 등 다양한 방법이 있지만 사실 이러한 일들은 바쁜 학교생활과 병행하기에 다소 어려움이 있어요. 이때 가장 기본적이면서도 효과적인 방법으로서 추천하는 것이 있으니, 바로 '학교 수업에 집중'하는 것입니다. 너무도 당연한 말이라고요? 하지만 매일 진행되는 학교 수업에 집중하는 일만큼 자기 자신에 대해 쉽고 확실하게, 또 효율적으로 알 수 있는 방법은 매우 드뭅니다.

특히 고등학교 입학 후 첫 1년은 다양한 교과 내용을 균형 있게 배울 수 있는 공통 과목 위주로 짜여져 있어요. 이 공통과목은 대부분 2학년과 3학년 때 선택과목에서 배우는 내용 중 가장 기본적이고 핵심적인 학습 요소를 추려서 구성됩니다. 덕분에 공통과목을 학습하며 내가 좋아하고 흥미를 갖는 과목은 무엇이고, 또 그중 나에게 잘 맞고 잘 맞지 않는 학문 분야는 무엇인지 자연스럽게 깨달을 수 있습니다. 그러니 공통과목을 공부할 때 최선을 다해서 임하는 것이 중요하지요.

언제나 열린 마음으로 모든 교과목에 최선을 다하면 어느새 자신의 한계를 넘어서서 더 넓은 시야를 가질 수 있어요. 게다가 이와 같은 자기 자신을 꾸준히 이해하려 노력하고 앞으로 나아가려는 마음가짐은 학생부종합전형에서도 매우 높게 평가하는 자세이니, 열심히 임하지 않을 이유가 없겠지요?

나에게 맞는 계열을 찾는 데 집중하라

대학에는 교육 계열, 상경 계열, 의학 계열, 사회과학 계열, 인문 계열, 공학 계열, 자연과학 계열 등 다양한 전공 분야가 있습니다. 사실 고등학교 1학년을 마무리하고 2학년으로 발돋움하기 전 시기 대학의 전공을 정하는 것은 현실적으로 어려운 일이지만, 최소 자신의 흥미와 적성에 잘 맞는 계열이 무엇인지는 파악하고 선택하는 편이 좋습니다. 2학년 때부터 선택과목이 본격적으로 도입되기 때문입니다.

우리는 고등학교 1학년, 1년이라는 시간 동안 공통과목을 성실하게 학습하고 다양한 활동에 참여하며 나에 대한 정보를 착실하게 쌓아왔습니다. 그 과정에서 원래 좋아하던 분야가 더 좋아졌을 수도 있고, 원래는 관심도 없던 새로운 분야에 흥미를 느꼈을 수도 있습니다. 1년간 성실히 탐구활동을 수행했다면 그 모든 과정을 분석하며 이러한 깨달음을 더욱 구체적으로 정리할 수도 있어요.

교과수업 내에서 실시했던 주제탐구활동·동아리활동이나 비교과 프로그램에서 수행했던 교육활동을 쭉 나열하고, 이후 각 활동에서 내가 가졌던 궁금증과 질문들이 주로 어떤 공통점을 갖는지 분석합시다. 이 질문을 모아놓고 살피다 보면 나라는 사람의 특색이 조금씩 보이기 시작할 것입니다.

이때 내가 관심 있는 분야가 꼭 하나의 계열일 필요는 없습니다. 아직 확고한 진로를 정하기에는 어린 나이인 만큼 다양한 가능성을 열어두고 진로를 고민하면서 여러 계열에 관심을 보이는 게 당연해요. 하루에도 몇 번씩 자신의 결정을 고민하며 계열을 바꾸는 것도 매우 자연스러운 일입니다. 게다가 최근에는 대학을 포함한 우리 사회가 학생들로 하여금 다양한 학문 분야에 두루 흥미를 갖기를 요구하기도 합니다. 그러니 서둘러 진로를 결정해야 한다는 압박에서 자유로워질 필요가 있습니다.

최근 인공지능의 발달로 인해 많은 대학에서 다양한 분야를 섭렵하고 새로운 지식을 만들어낼 '융합형 인재'를 양성하고자 노력하고 있는 것도 주목할 만해요. 특정한 분야만을 잘하는 전문가보다 이른바 육각형 인재를 선호하는 것이지요. 이러한 연장선상에서 신입생 선발 과정에서도 여러 분야의 학문에 대한 이해도가 높고 다양한 분야의 지식을 연결 짓는 창의성을 갖춘 학생을 높게 평가하고는 해요.

예시를 통해 더 자세히 살펴볼까요? 인간과 뇌, 인공지능, 교육에 두루 관심을 가지고 있는 학생이 있다고 가정해 봅시다. 그렇다면 이 친구는 교육, 인문, 공학, 자연과학 계열 중 어느 계열에 진학하는 것이 가장 좋은 선택일까요? 이 질문에 대한 답은 '하나로 한정할 필요는 없다'입니다.

하나의 진로를 확정짓는 일보다 더 집중해야 하는 것은 각 분야로부터 출발한 다채로운 궁금증과 질문입니다. '인간과 인공지능의 차이는 무엇일까?' '교육이라는 추상적인 개념을 뇌라는 물질적인 대상과 연결 지어 생각해 볼 수는 없을까?' 등 여러 분야의 관심사에서 비롯된 호기심을 마음껏 연결해 보세요. 어느 한 계열만을 희망하고 그에 맞는 준비를 해야 한다는 강박에서 벗어나면 다양한 학문 분야를 종합적으로 아우르는 창의적인 탐구 주제가 마구 떠오르게 됩니다.

그리고 이는 학생부종합전형의 핵심인 나만의 탐구 이야기를 써 내려가는 가장 기본적인 토대가 되어주기도 합니다. 앞에서 살펴본 친구는 고등학교 2학년에 진학한 뒤 이루어지는 여러 추가활동과 상담을 통해 앞선 질문에 대한 답을 연구하고 통합적으로 학습할 수 있는 '교육공학' 분야에 진학하기로 결정했습니다. 만약 교육이나 공학 계열 등 어느 한 분야로 진학하기로 마음먹고 스스로를 그 테두리 안에 가두고 한정 지었다면 이러한 더 넓은 가능성을 포함한 선택지를 얻을 수 없었겠지요.

이렇듯 자신에게 잘 맞는 계열을 파악했다면, 그 확장 가능성을 열어두어야 추후 구체적인 전공 분야를 설정할 때 큰 도움이 된다는 사실을 잊지 마세요.

1학년 때부터 진로를 확정하고 이를 생기부에 담아야 하나요?

간혹 학생부종합전형을 준비하는 학생 중에는 고등학교 1학년 때부터 구체적인 진로활동을 생활기록부에 담아야 한다는 부담을 느끼기도 합니다. 이 때문에 수업활동이나 수행평가를 억지로 진로와 연결 짓고 탐구를 실시하는 모습도 꽤 흔하지요.

하지만 대학의 입학사정관이 고등학교 1학년 학생에게 기대하는 바는 그렇게 복잡하지 않습니다. 그들이 기대하고 높이 평가하는 것은 공통과목 수행에 성실히 임하며, 해당 과목이 요구하는 역량을 묵묵히 기르는 태도입니다. 즉, 국어를 공부할 때는 우리나라의 말 혹은 국문학 자체에 집중하고, 수학을 공부할 때는 수학적 개념과 원리 자체에 집중해서 공부하는 것이 가장 기본이자 훌륭한 태도라는 의미입니다.

그러니 고등학교 1학년 때 탐구활동의 기회가 생겼다고 급한 마음에 자신의 관심 분야와 무리하게 연결 짓지 마세요. 오히려 이는 생기부에 좋지 않은 영향을 끼칠 수도 있습니다. 1학년 시기에 가장 유념하고 집중해야 할 것은 앞으로 성장해 나가기 위한 발판을 더욱 튼튼하게 다지는 일입니다.

고등학교 2학년,
이제는 선택할 시간

　고등학교 2학년을 한마디로 정리하면 선택의 시간이라고 표현할 수 있습니다. 내가 누구인지, 무엇을 좋아하고 잘하는지를 바탕으로 진로 방향을 잡고 그에 맞는 과목을 선택해 나가야 하기 때문이지요. 고등학교 1학년이 나를 이해하는 시기였다면, 고등학교 2학년은 그 이해를 바탕으로 짠 구체적인 진로와 학업 계획을 실천하는 시기입니다.

　이때 중요한 것은 조급함이 아닙니다. 나는 왜 이런 선택을 하는가라는 질문을 스스로에게 꾸준히 던지며 나만의 이유를 쌓아가는 태도가 더욱 중요해요. 진로가 확실하지 않아도 괜찮습니다. 다만 지금의 선택이 내 진심에 조금이라도 가까운지 계속 점검한다는 생각과 함께 꾸준히 앞으로 나아가야 합니다.

이 시기 우리 일상은 물론이고 마음 상태에도 가장 큰 영향을 미치는 것이 바로 선택과목입니다. 고등학교 2학년부터는 모두 동일한 과목을 수강하던 환경에서 벗어나 선택과목을 직접 선정해서 듣고 등급을 받습니다. 탐구의 영역에 이르기까지 모든 과정에서 우리의 선택이 중요한 역할을 합니다. 그래서 공통과목을 공부하며 주요 과목에만 시간을 쏟았던 1학년 때의 학습 습관을 그대로 유지한다면 선택과목에서 예상치 못한 등급 하락을 마주할 수도 있습니다. 이제는 새로운 변화에 맞는 전략을 세워야 할 시기가 찾아왔습니다.

고등학교 2학년, 드디어 선택과목이 생기다

고등학교 2학년, 드디어 내가 원하는 교과목을 직접 선택하여 들을 수 있는 시기가 되었습니다. 고교학점제의 도입으로 자신의 흥미와 적성, 진로 분야에 맞추어 교과목을 선택하는 학생 중심 교육과정이 운영되기 때문입니다. 현재 우리 사회가 필요로 하는 인재는 주어진 것을 잘 수행해 내는 수동적인 사람이 아닙니다. 자신만의 질문을 던지고 매일 새롭게 발생하는 문제를 효과적으로 해결하기 위해 지식과 정보를 주체적으로 탐색하는 능동적인 사람을 찾고 있어요.

선택과목이 생긴다는 것은 어떤 과목을 선택했는지까지 평가에 반영된다는 의미이기도 합니다. 학생이 수강해야 하는 과목을 모두 학교가 제시했던 과거에는 해당 과목의 학업성취도와 석차가 매우 중요했습니다. 하지만 학생이 직접 과목을 선택하는 상황이라면 이야기가 사뭇 달라집니다. 여러 선택과목 중에서 왜 그 과목을 선택했는지, 그 선택과목을 수강하면서 어떤 내용을 배우고자 했고 어떤 지식을 추가적으로 탐구했는지가 모두 평가에 반영되기 때문입니다.

중어중문학과에 진학하고 이를 바탕으로 중국문화와 관련한 일을 꿈 꾸는 학생이 있다고 가정해 봅시다. 그런데 만약 이 학생이 중국어 교과를 수강하지 않았다면 무슨 생각이 드나요? 아마 중어중문학과에 진학하려는 진정성에 고개를 갸웃하게 될 수 있습니다. 중국어라는 과목은 꿈을 이루는 데 가장 기본이 될 요소이기 때문입니다. 그만큼 이 시기 우리의 선택은 훗날 진로를 구체화하는 데 많은 영향을 줍니다.

우리가 재학 중인 고등학교 역시 입시가 시작되기 전 학교가 제공했던 모든 교과목 편성표를 대학교에 제출합니다. 대학은 고등학교에서 제출한 교과목 편성표와 실제 개설 여부를 확인한 다음, 학생이 이수한 선택과목과 학교가 제공한 교과목을 대조 및 비교해요. 이를 통해 중어중문학과에 지원한 해당 학생이 고등학교에서 중국어교과를 제공했음에도 이를 수강하지 않았음을 확인할 수 있습니다. 이는 학생의 평가에 부정적인 영향을 끼칠 수밖에 없겠지요.

반면 학교에서 중국어 수업을 제공하지 않았지만 공동교육과정을 통해 중국어 교과를 적극적으로 이수한 학생이라면, 대학에서는 이러한 학생의 노력에 긍정적인 평가를 줄 가능성이 매우 높습니다. 자신이 처한 교육 환경의 한계를 극복하며 학업에 적극적으로 임한 태도가 학생의 순수한 열정을 그대로 드러내기 때문입니다.

다시 말해 진학을 희망하는 학과에서 수강을 권장하는 과목을 미리 파악하고, 나의 고등학교에서 그 과목의 수업이 진행되는지 살피는 과정은 앞으로 우리의 대입에 매우 중요한 요인이 될 것입니다. 만약 내가 다니는 학교에서 수강하고자 하는 교과 수업이 개설되지 않는다면 여러 방법을 적극적으로 찾아보는 태도로 임합시다.

실제로 교육학·철학·심리학·보건·민주 시민 등과 같은 선택교양 강의는 학교의 여러 사정에 따라 개설되지 않는 경우가 꽤 많습니다. 하지만 앞서 말했듯 교육 계열 진학을 희망하는 학생이 교육학수업을 듣는 것, 의료 계열 진학을 희망하는 학생이 보건수업을 듣는 것은 그 학생의 대입에 매우 중요한 요소로 작용합니다. 실제로 이를 인지한 학생들은 지금도 지역의 거점 학교나 온라인에서 이루어지는 공동교육과정을 통해 자신이 원하는 교양과목을 적극적으로 수강하는 모습을 보이기도 합니다.

그렇다면 대학의 필수 혹은 권장과목은 어떻게 파악할 수 있을까요? 각 대학마다 학생부종합전형 안내 책자나 홈페이지에 자세히 소개하고 있습니다. 교과목 개설 여부 역시 본인이 재학 중인 고등학교의 홈페이지 내 교육과정 계획서를 통해 확인할 수 있으니 이를 적극 활용하세요. 혹시 이러한 정보 확인이 어렵다면 학교 선생님에게 도움을 요청하는 것도 좋은 방법입니다.

줄어든 1등급 자리만큼
줄어든 마음의 여유

선택과목 제도가 도입되고, 그만큼 내가 선택할 수 있는 과목이 늘어나며 우리가 마주하게 되는 중요한 변화가 또 있습니다. 바로 1등급 자리가 줄어든다는 것입니다. 고등학교 1학년 때는 모든 학생이 공통과목을 동일하게 수강하기에 1등급을 받을 수 있는 학생의 수도 많았습니다. 하지만 2학년부터는 선택과목이 늘어나면서 한 과목을 수강하는 학생들의 수가 줄어들 수밖에 없어요. 높은 등급을 받기 위한 자리 역시 대폭 줄어듭니다. 수강인원이 특히 적은 과목의 경우 1등급 1~2명, 2등급도 2~3명밖에 나오지 않는 경우도 발생합니다.

이로 인해 높은 등급을 차지하기 위한 경쟁이 심화되고, 학생들은 경쟁적인 분위기와 늘어난 학업 부담으로 더 많은 스트레스를 받게 됩니다. 1학년 때 높은 성적을 받았던 상위권 학생도 성적 유지에 어려움을 겪고 좌절하는 경우도 있지요.

그러니 우리는 더더욱 시간 분배와 관리에 집중해야 합니다. 우선 학습에 임하는 시간 자체를 대폭 늘리세요. 절대적인 공부 시간을 확실히 늘리고 이를 바탕으로 과목마다 학습 시간을 균형 있게 분배해야 좋은 성적을 얻을 가능성이 커져요. 경쟁이 치열한 탐구과목에 집중하는 것은 물론이고, 주당 시수가 많아 전체 내신 등급에 큰 영향을 미치는 국어·영어·수학을 학습하는 시간도 함께 늘려야 합니다.

이러한 조언이 다소 진부하게 들릴 수 있습니다. 하지만 고등학교 2학년의 시간과 1학년이 비슷할 거라는 가벼운 생각에서 반드시 벗어나야 합니다. 이전에는 경험하지 못한 다양한 선택과목이 도입되는 상황에서 우리에게는 더 착실하고 체계적으로 학업에 임하는 자세가 필요합니다.

줄어든 1등급 자리에 불안함을 느끼고, 그러한 불안함 때문에 도전을 회피하고 싶은 마음이 드는 친구도 있을 수 있어요. 그럼에도 명심해야 할 것은 높은 성적에 대한 집착과 두려움은 반드시 스스로의 힘으로 극복해야 한다는 점입니다. 탐색과 성장이라는 가치에 집중하며 주체적으로 과목 선택에 임해야 함을 잊지 맙시다.

고등학교 2학년은 고등학교 생활의 허리다

우리는 고등학교 1학년을 지나오며 공통과목을 중심으로 다양한 분야에 견문을 넓혔습니다. 고등학교 2학년에 들어선 뒤에는 한 발 더 나아간다는 생각으로 머리까지 푹 적시며 즐겁게 놀 수 있는 깊은 웅덩이를 골라야 합니다. 넓게 퍼져 있던 관심 분야를 세밀하게 좁혀나가야 하는 시기이기 때문입니다.

고등학교 2학년부터는 본격적으로 자신의 진로를 구체화하고 이에 대한 관심을 드러낼 수 있는 활동을 찾아야 해요. 1학년 때 수행했던 활동을 바탕으로 진학을 희망하는 대학교 계열이나 학과를 잠정적으로 결정하는 단계에 들어선 것이지요. 이후, 관련된 탐구를 보다 체계적인 계획 아래에서 진행해 나가야 합니다.

고등학교 1학년은 다양한 곳을 돌아다니며 내가 살 집을 짓기에 알맞은 공간을 찾아내는 시기에 해당합니다. 내가 좋아하는 것은 무엇인지, 또 잘하는 것은 어떤 것인지 파악하는 게 우선이기에 많은 시간을 투자해 다양한 경험치를 쌓는 일이 중요했어요. 햇빛이 잘 드는 양지바른 곳, 산을 등지고 바다를 향한 곳처럼 자신의 성향에 맞는 장소를 찾아야 해요.

고등학교 2학년은 그렇게 찾아낸 올바른 장소에서 탄탄한 기둥을 올릴 시기입니다. 단순히 탐색하는 단계를 지나, 본격적인 집짓기가 시작된다는 점에서 이전보다 훨씬 꼼꼼하고 계산적일 필요가 있습니다. 지금부터 바탕을 탄탄히 쌓아 올려야 3학년 1학기가 끝날 무렵 나에게 꼭 맞는 튼튼한 집짓기에 성공할 수 있기 때문이에요. 그러니 더더욱 나의 진로와 상관없는 엉뚱한 활동들로 시간을 낭비해서는 안 되겠지요.

기둥을 세운다는 것은 기본기를 다진다는 의미이기도 합니다. 자신이 관심 있는 분야에서 자주 활용되는 학술 용어를 익히는 일부터, 해당 분야에서 전통적이고 핵심적으로 다루어진 연구 질문, 근래 주목받기 시작한 연구 주제를 파악하는 모든 활동이 여기에 해당돼요. 이를 위해서는 여러 도서와 기사를 통해 교과서만으로는 알 수 없는 다양한 개념과 사례를 배우는 것도 필요합니다. 자신의 관심 분야에 대한 지식과 정보를 체계적으로 정리해 나가는 일이 심화 탐구를 위한 기본기 쌓기의 시작입니다.

이러한 기본기는 추후 각 교과에서 자유 주제 탐구를 진행할 때도 큰 도움이 됩니다. 평소 도서와 기사를 읽으며 탄탄히 쌓아둔 지식을 교과 과정에서 배운 내용과 연결한 뒤 이에 대한 나의 생각을 글로 작성해 보세요. 바로 그것이 탐구 보고서가 됩니다. 그 내용을 말로 설명한다면 이는 탐구 발표가 되겠지요. 교과서에서 소개한 기본 내용을 바탕으로 교과서 밖, 내 생활 속에서 발견할 수 있는 밀접하고도 다채로운, 살아 숨 쉬는 이야기를 끌어오는 겁니다.

이처럼 교과서 안팎의 지식과 정보를 자유자재로 활용하며 보다 넓은 방식의 탐구를 수행하면 자신의 지적 역량을 높이는 데 큰 도움이 됩니다. 그뿐만 아니라, 적극적으로 지식을 확장해나가는 탐구는 생활기록부의 관점에서도 긍정적으로 평가돼요.

사실 아무리 진심으로 좋아하는 분야가 있더라도, 아무리 잘 알고 있는 내용이 있더라도 생활기록부에 그 마음과 능력이 충분히 기록되고 표현되지 않는다면 이는 입시의 관점에서 무용지물일 수밖에 없어요. 합격이라는 최종 결실을 얻기 위해서는 열정적이고 성실한 나의 학교생활이 생기부에 제대로 반영될 수 있도록 작성 단계에서부터 똑똑한 자세로 임해야 합니다.

이를 위해서는 생활기록부에 기록할 자신의 모습을 최대한 객관적으로 파악하고, 지금 나에게 필요한 탐구활동이 무엇인지 장기적인 관점에서 계획해야 합니다. 다시 말하지만 이때 내가 진행하는 탐구활동은 선택과목 및 비교과활동과 연계되었을 때 큰 힘을 발휘할 수 있습니다.

　하나의 탐구 주제를 정하고, 여러 학기에 걸쳐 다양한 선택과목 및 비교과활동과 연계해 꼬리에 꼬리를 물도록 장기적인 관점에서 진행한다면 더 심도 있는 지적 경험을 얻을 수 있어요. 그러한 활동이 기록된 생활기록부는 당연히 더욱 긍정적인 평가를 받을 수 있겠지요. 나의 생활기록부를 읽고 평가하는 사람이라면 아무런 맥락 없이 갑작스럽게 등장한 탐구보다는 이전에 진행했던 탐구의 연장선상에서 수행된 심화탐구가 더 진정성 있게 다가올 것입니다.

　그러니 고등학교 2학년이 되어 각종 선택과목에서 탐구활동을 수행하기 전, 나의 1학년 생활기록부를 면밀히 들여다보세요. 그리고 똑똑한 생활기록부 작성을 위한 실마리를 찾아봅시다. 나의 관심과 흥미에서 비롯된 교과 내용을 바탕으로 진행되는, 연계성이 있는 탐구활동을 통해 생활기록부를 알차게 채워나가는 거예요

수시를 준비하는 경우라도
모의고사는 중요하다

　혹시 나는 수시전형을 통해 대학에 진학할 예정이니 수능 대비는 필요 없고, 당연히 모의고사에 열심히 임하지 않아도 된다고 생각하

나요? 그런 생각은 큰 오산이니 당장 접으시길 바랍니다.

　수시를 준비하는 학생에게도 수능 성적은 중요하게 작용할 수 있습니다. 대학교마다 존재하는 '수능 최저학력기준' 때문입니다. 수능 최저기준을 맞추지 못하면 아무리 내신 성적이 높고 생활기록부를 알차게 채웠더라도 면접의 기회조차 얻을 수 없어요. 그러니 수시와 학생부종합전형을 준비하는 학생도 수능을 성실히 준비해야 해요.

　그러한 의미에서 모의고사도 우리의 고등학교생활에서 매우 중요한 부분을 차지합니다. 고등학교 2학년부터는 더욱 본격적으로 모의고사를 챙겨나가야 합니다. 물론 모의고사를 치를 때 마치 수능시험을 치르듯 완벽하게 준비하라는 의미는 아닙니다. 적어도 '성심성의껏' 최선을 다해서 임하는 태도만큼은 포기하지 말라는 의미입니다. 이제껏 치러왔던 모의고사의 성적이 꾸준히 상승세라면 더더욱 수능까지 남은 시간 동안 성실하게 공부해야 합니다. 그러면 최상위권 대학교의 수능 최저 기준을 충분히 맞출 수 있고, 이 경우 평소 자신의 내신 등급으로는 합격을 기대하기 어려웠던 학교에도 상향 지원할 수 있습니다.

　실제로 수시를 진행하는 과정에서 수능 최저기준은 매우 중요한 변수로 작용합니다. 이에 우리는 여름방학과 겨울방학, 내신이 끝나고 방학 전까지의 시기, 심지어는 점심시간 등의 자투리 시간을 최대한 활용해 모의고사를 준비해야 합니다.

모의고사라고 해서 특별한 공부법과 왕도가 있는 것은 아닙니다. 국어·영어·수학은 나의 수준과 난이도에 맞춰 시중의 모의고사 문제집을 구해 매일 정해진 시간마다 정해진 분량을 꾸준히 풀어나가는 것으로 충분해요.

모의고사를 처음 풀 때는 오답이 많아도 문제가 되지 않습니다. 모의고사는 말 그대로 '모의' 고사이기 때문에, 꾸준히 풀어나가면서 지금 나에게 부족한 것이 무언지 확인하고 그 부분을 채우는 데 집중해야 합니다. 문제가 요구하는 바를 제대로 이해하지 못하는 것인지, 많은 문제를 짧은 시간 내에 빠르게 풀지 못하는 것인지를 파악하고 하나씩 해결해 나가면 됩니다.

만약 모의고사 문제를 풀면서 자신의 실력이 많이 부족하다고 느낀다면 고등학교 1학년 모의고사부터 차근차근 풀어보기를 추천합니다. 중요한 것은 내가 몇 학년 모의고사를 푸는지가 아닙니다. 이보다 더 중요한 건 내 실력을 정확히 진단하고 부족한 점을 채우기 위한 계획을 세우는 것임을 명심하세요.

모의고사를 성공적으로 치르기 위한 준비를 마쳤다면 이제 3월·6월·9월·11월에 시행되는 모의고사와 각종 학력평가에 최선을 다해 임할 차례입니다. 시험을 치르기 전날 모의고사 시간에 맞춰 생체리듬을 관리하세요. 시험 당일에는 아침 일찍 일어나 뇌를 깨우고, 손목시계까지 단단히 착용한 뒤 최선을 다해 문제를 풀어나가야 합니다. 마치 오늘이 수능 당일인 것처럼 말이죠. 그렇게 최선을 다해 시험을 준비하고 풀었을 때 그 모의고사 성적은 진정한 내 것이 됩니다. '이번에는 공부를 제대로 못해서' '컨디션이 안 좋아서'와 같은 핑계를 댈 수 없어요.

마지막으로 시험장에서 모의고사를 풀 때와 평소 자습실에서 모의고사를 풀 때 무엇이 다른지 확인하며 나만의 루틴과 페이스를 만드는 것도 중요합니다.

> **"** 수능은 1년에 딱 한 번 치러지는 시험이기에 핑계가 통하지 않습니다. 그러니 평소 모의고사를 통해 자신의 실수를 확인하고, 이를 겸허히 받아들여 부족한 부분을 채워나간다는 태도로 임합시다. (서울대 정치외교학부 25학번 이효린)

모의고사를 치를 때마다 이와 같이 최선을 다하는 태도와 꾸준한 자기 점검을 반복하다 보면 어느새 나의 습관으로 굳어집니다. 이렇게 굳어진 나만의 역량이야말로 수능장에서 내가 함께할 수 있는 최고의 무기가 됩니다. 그러니 고등학교 2학년 모의고사는 누구보다 열정적으로 성심성의껏, 최선을 다해 임합시다.

고등학교 3학년,
마침내 나를 증명하는 순간

　고등학교 1학년 시기에 나를 이해하고, 고등학교 2학년에 최선의 선택을 했다면 고등학교 3학년은 나만의 길을 묵묵히 걸어가야 할 때입니다. 대학 입시라는 마라톤을 완주하기 위해 가장 많은 것을 쏟아내야 하는 시기이기도 하지요. 그동안 쌓아온 공부 습관과 선택 과목에 대한 이해, 나에 대한 믿음이 말 그대로 빛을 발하는 순간이기 때문입니다.

　고등학교 3학년, 성적은 더 정교한 관리가 필요하고 시간은 더욱 빠르게 흘러간다는 사실을 반드시 명심하세요. 이 기간엔 욕심보다 전략이, 불안보다 루틴이 더 큰 힘을 발휘합니다. 나의 마음은 작은 변화나 자극에 너무나 쉽게 흔들리지만, 그럼에도 지금껏 내가 걸어온 길이 틀리지 않다고 믿고 끝까지 완주하기 위해 최선을 다합시다. 결국 입시는 단순한 결과가 아닌, 고등학교 3년이라는 시간 동안 얼마나 나답게 고민하고 성장해 왔는지를 보여주는 과정입니다.

비로소 대한민국의 고3이 되다

대한민국에서 고3은 굉장히 특별합니다. 장장 12년간 이어진 학창생활의 마지막 챕터를 완성하는 시기니까요. 우리는 12년간 좋은 대학에 들어가기 위해 끊임없이 고민하고 노력했습니다. 고3은 바로 이 고민과 노력이 드디어 결실을 맺는 때입니다. 어쩌면 인생의 첫 번째 전환점이라고 해도 과언이 아니지요. 고3 수험생이라고 하면 집, 학교, 사회에서 배려받아 마땅한 존재라고 여깁니다. 평소 책을 거들떠보지도 않던 친구도 고3이 되는 순간 수업에 집중하거나 학원가를 기웃거리기도 하고요.

우리는 그동안 참으로 치열하게 살아왔습니다. 열정적으로 매일 최선을 다한 만큼 부디 목표한 대학 합격이라는 결실을 맺기를 바랍니다. 그 간절함만큼이나 이따금 불안과 두려움도 몰려옵니다. '내가 과연 해낼 수 있을까?' '합격하기에는 친구들보다 부족한 점이 너무 많지 않나?' 끊임없이 자기 자신을 의심하며 답을 알 수 없는 질문을 되묻기도 해요. 고등학교 3년이라는 시기는 그동안 간절히 꿈꿔왔던 목표와 현재 나의 상태 사이에 존재하는 간극에 그 어느 때보다 좌절하고 실망하는 기간이기도 합니다.

하지만 바뀌지 않는 지난 삶에 대해 한탄하고 후회하는 일은 현재의 우리에게 아무런 도움도 되지 않습니다. 대신 우리가 바꿀 수 있는 것에 집중하고, 1년이라는 시간 동안 내가 가진 가능성을 믿고 최선을 다해야 합니다. 만약 고3과 대입이 주는 압박감에 힘들어하는 예비 고3 친구들이 있다면, 그 부정적인 감정을 긍정적으로 승화하는 현명한 태도를 가질 것을 조언합니다. 그저 막연히 고민만 하며 시간을 허비하기보다는 현재 나를 돌아보며 새로운 마음으로 준비하는 데 최선을 다하세요.

> 66 고3 겨울방학, 매일 똑같은 루틴에 일종의 권태를 느낄 때는 하루 동안 공부에 신경 쓰지 않고 나에게만 집중하며 좋아하는 취미활동을 즐겼습니다. 이렇게 온전한 나만의 시간을 가진 뒤에는 더욱 마음을 다잡고 공부를 시작할 수 있었어요. (서울대 정치외교학부 25학번 이효린)

고등학교 3학년은 신경 써야 할 것들이 굉장히 많은 시기이기도 하지요. 내가 지원할 학교와 학과를 구체적으로 고르고, 입시자료를 찾아보며 합격을 예측하고, 내신시험을 꼼꼼히 준비하면서, 동시에 생활기록부를 위한 심화탐구활동을 진행하고, 수능 최저기준을 맞추기 위한 수능 공부도 챙겨야 합니다. 경우에 따라 면접 준비도 틈틈이 해야 하니 말 그대로 숨 돌릴 틈 없는 1년이라 할 수 있어요.

하지만 너무 걱정하지 마세요. 고등학교 입학 이후 2년 동안 착실하게 나의 본분에 임했다면 이 시기가 그렇게 힘들게 느껴지지 않을 수 있습니다. 지난 2년간 고생한 만큼 학업을 대하는 우리의 정신력과 체력, 무엇보다 노하우가 늘었기 때문입니다. 매일 해야 할 일을 정리하고 묵묵히 임하다 보면 어느새 수시 원서를 접수하고, 어느새 수능을 보고, 어느새 면접을 보고 있는 자신을 발견할 수 있을 거예요. 그리고 그 결과는 반드시 긍정적일 것입니다. 그러니 너무 과한 걱정을 하는 대신 나의 노력과 시간의 흐름에 따라 매 순간 집중하는 것을 목표로 1년을 채워나가도록 합시다.

고등학교 2학년 겨울방학, 탐구 주제 탐색을 위한 최적의 시기

고등학교 3학년, 1년을 성공적으로 보내기 위해서는 고3이 되기 직전인 고2 겨울방학을 잘 보내는 것이 매우 중요합니다. 바로 이 시기에 고3을 위한 만반의 준비를 끝내야 남은 1년을 더 수월하게 지낼 수 있거든요. 2개월 가량의 겨울방학 기간을 잘 활용해야 1년이라는 시간의 초석을 잘 다질 수 있습니다.

앞서 언급했듯 고등학교 3학년이 되면 신경 써야 할 것들이 굉장히 많습니다. 1학기에는 내신과 함께 생활기록부 준비를 병행해야 하고, 6월과 9월에는 평가원 모의고사도 진행돼요. 진학하고자 하는 대학과 학과의 원서 제출 전형을 검토해야 하는 시기도 바로 이때입니다. 그러니 아직 학기가 시작되지 않은 겨울방학을 슬기롭게 보내며 학기 중에 마주하게 될 부담을 최대한 줄여야 합니다.

앞서 1학년이 자기 자신을 찾는 시기, 2학년이 진로를 좁히고 기본기를 닦는 시기였다면, 3학년은 자신의 선택에 대한 확신과 용기를 가지고 거침없이 앞으로 나아가야 하는 시기라 설명했지요. 이를 제대로 실천하기 위해서 지난 2년간의 생활기록부를 면밀하게 분석해 1학기 동안의 탐구활동 주제

❝ 생기부 방향 설정 시 주요 탐구를 바탕으로 다양한 가능성을 열어두세요. 의예과를 희망한다면 의학 내 집중 탐구 분야가 있는 것이 좋지만, 다른 자연과학·공학 및 사회 분야에서 관심 및 탐구활동을 실행해 생기부에 수록하는 것도 도움이 됩니다. (서울대 의예과 25학번 조성훈)

를 미리 고안해 보는 것도 큰 도움이 됩니다.

실제로 고등학교 3학년은 2년간의 학습과 탐구 경험을 토대로 가장 양질의 탐구를 수행할 수 있는 시기이지만, 동시에 탐구활동 외 신경 쓸 게 많아 진득한 탐구를 수행하기 가장 어려운 시기이기도 합니다. 따라서 겨울방학 동안 미리 탐구 주제를 탐색하고 자료를 수집할 필요가 있습니다. 이 시기에 수준 높은 탐구활동을 계획한 뒤,

학기가 시작된 다음에는 이를 직접 실천하고 그 내용을 생활기록부에 충실히 담아내는 데 모든 힘을 쏟을 수 있도록 해야 합니다.

더불어 고2 겨울방학은 희망 학과를 변경할 수 있는 마지노선이기도 합니다. 현재 자신의 내신 성적이 기대에 미치지 못하고, 그 때문에 지원하고자 했던 학과에 진학하기 어렵다면 3학년 1학기 탐구 방향성을 변경해 더 낮은 내신 성적으로 진학이 가능한 학과를 공략해야 합니다. 고2 겨울방학 동안 담임 선생님과 상담을 진행해 나의 내신 성적과 생활기록부 현황을 객관적으로 판단하고, 입시에서 성공하기 위한 전략을 찾으세요.

고등학교 2학년 겨울방학은 말 그대로 '폭풍전야'입니다. 본격적인 폭풍이 시작되기 직전에는 이상하리만큼 고요하고 평안한 시기가 먼저 찾아오지요. 이와 마찬가지로 고등학교 2학년 겨울방학이라는 2개월 남짓한 시간 동안 마음을 단단히 먹고 폭풍과 같은 고3 일상을 이겨내기 위한 만반의 준비를 해둡시다.

모든 수험생의 교재, <수능특강>은 선택이 아닌 필수

대한민국에서 대학 입시를 준비하는 학생이라면 누구나 〈수능특강〉이라는 이름의 교재를 한 번쯤은 들어봤을 겁니다. 그렇다면 〈수능특강〉이 무엇이기에 대한민국의 모든 고3 학생들에게 이토록 익숙한 걸까요?

〈수능특강〉은 수능을 준비하기 위해서 반드시 공부해야 하는 EBS 연계 교재입니다. 그동안 배운 내용을 점검하는 내신이라는 시험과 달리, 수능은 어떤 범위에서 어떤 문제가 나올지 감히 예측할 수 없는 시험이지요. 그 때문에 많은 학생이 학습의 부담을 느끼는 것도 사실입니다.

이를 해결하기 위해 실제 수능에서는 〈수능특강〉에서 소개된 내용이 출제됩니다. 〈수능특강〉을 활용, 수능시험의 출제 범위를 어느 정도 한정 지어 학생들이 수능을 조금이라도 손쉽게 대비할 수 있도록 한 것이지요. 그만큼 〈수능특강〉을 제대로 공부하는 것은 성공적인 수능을 위해서 필수적인 과정입니다.

〈수능특강〉이 이토록 중요한 만큼, 대부분의 학교에서는 3학년 1학기 수업의 교재로 〈수능특강〉을 채택, 교과서 대신 활용합니다. 내신시험 역시 〈수능특강〉에 있는 지문과 문제를 그대로 활용하거나 조금씩 변형해 출제합니다. 수능과 내신을 동시에 공부할 수 있도록 독려하고자 함이에요.

한 가지 팁을 드립니다. 가능하다면 고등학교 2학년 겨울방학에 고3 수업시간에 공부하게 될 〈수능특강〉 문제집을 1회독 해보세요. 〈수능특강〉은 마침 매년 1월 말에 출판되니 겨울방학 동안 충분히 학습할 수 있습니다.

〈수능특강〉 문제집의 경우 국어·영어·수학·탐구 과목까지 출간되는데, 이 모든 과목을 공부하려면 생각보다 많은 학습량을 요해요. 단순히 문제집을 한 번 풀어보는 정도로는 부족합니다. 책이 출판되는 1월부터 수능이 치러지는 11월까지, 교재가 너덜너덜해질 정도로 여러 번 반복하여 공부해 완벽하게 내 것으로 만들어야 합니다. 그 첫 번째 시작을 고2 겨울방학에 미리 해두면 훨씬 수월하게 시작할 수 있을 거예요.

고등학교 3학년, 본격적인 탐구 실행의 시작

고등학교 3학년은 그동안 갈고닦은 탐구 능력이 꽃을 피우는 시기이기도 합니다. 지난 2년간 자신의 관심 분야에 대해 쌓아온 이론과 지식, 탐구수행역량이 시너지를 발휘하여 수준 높은 탐구활동을 수행하기에 적합한 시기이지요. 이제 선택과목을 고를 때에도 자신이 어떤 탐구활동을 할 수 있을지를 고려하며 나만의 특색과 관심사를 가장 효과적으로 보여줄 수 있는 과목을 택해야 합니다.

고등학교 3학년은 1~2학년 때 가볍게 선행했던 탐구활동을 구체적으로 발전시키고, 다양한 과목에서 별개로 진행한 활동을 하나의 주제로 통합한 융합 탐구를 진행할 수 있는 시기입니다. 즉 이제껏 체득한 노하우를 최대한 발휘하는 시기이자, 대학에 진학해 앞으로 지속적으로 탐구하고 싶은 독창적인 연구 주제를 발견하는 시기인 셈이에요.

종종 깊이 있는 탐구를 해야 한다는 압박으로 과도하게 어려운 주제, 혹은 고등학교 교육과정을 뛰어넘는 주제를 선정하는 친구들도 있습니다. 하지만 고등학교 3학년이라는 시기는 오히려 차분한 마음가짐이 필요한 때임을 기억하세요. 완전히 새로운 활동을 고민하기보다, 지난 1~2년 동안 진행했던 활동을 점검하고 이 활동을 서로 연결 짓는 작업에 집중합시다. 탐구활동 자체가 아니라, 3년간 하나의 주제에 대해 관심과 열정을 가지고 지속적으로 탐구해 온 과정이 중요한 것임을 잊지 마세요.

과도하게 도전적이고 새로운 시도로 자신의 관심 분야를 넓히기보다, 지난 활동을 한두 개 맥락으로 정리하세요. 확장보다는 연결에 초점을 맞추어 이야기를 꿰매고 매듭짓는 시기가 바로 고등학교 3학년입니다. 자기 자신을 가장 잘 드러낼 수 있는 방식으로 탐구활동을 설계하는 것이 가장 중요한 기본임을 항상 기억해야 합니다.

대학 합격을 위한
마지막 관리

중요한 시험을 코앞에 마주한 시기인 만큼 고2 시기 내내 컨디션과 멘털 관리 역시 필수입니다. 흔히 3년간 대입 고민과 걱정을 제일 많이 하는 시기가 고3이지만, 제일 공부를 하지 않는 시기도 고3이라고 하지요. 고2 겨울방학과 3월을 알차게 보내는 데 성공한 친구도 4월에 접어든 뒤에는 고3이라는 압박감과 위기감에 체력적으로 지쳐서 공부 권태기를 마주하는 경우가 흔합니다. '정말 내가 원하는 대학에 갈 수 있을까?' '중간고사는 왜 이렇게 빨리 다가오지?' '친구들은 왜 이렇게 다들 공부를 많이 하는 거야'와 같은 생각과 고민이 학습을 방해하는 거예요.

고등학교 3학년이라는 시기에는 1년 동안 끊임없이 찾아오는 부정적인 생각에 흔들리지 않기 위해 나만의 루틴을 설정하고, 이를 통해 더 단단해져야 합니다. 2년간 쌓아온 공부 데이터를 통해 가장 집중이 잘되는 시간과 가장 집중이 안 되는 시간을 체크하세요. 이에 맞춰 취침 시간과 기상 시간을 정하고, 더 효율적인 공부를 할 수 있는 하루를 설계해야 합니다. 고3은 휘몰아치는 일정 하나하나에 최선을 다해야 하기 때문에 벼락치기를 하거나, 반짝 밤을 새우며 다음 날을 버리는 행위는 멀리하세요.

단단한 루틴을 설정해 두었다고 해도 나쁜 생각을 밀어내기 버겁고, 나태해지고 싶은 마음이 드는 일은 피할 수 없습니다. 자연스러운 마음입니다. 보통의 고3들이 한 번은 꼭 겪는다는 고3 슬럼프가 온 것일 뿐이에요. 이때 너무 걱정하지 마세요. 우리가 취해야 할 태도는 다음과 같습니다.

우선, 완벽주의를 놓아보세요. '이 정도로는 안 될 것 같아' '이것도 모르는데 시험은 어떻게 보지?' 같은 근거 없는 부정적인 생각은 슬럼프를 더욱 깊게 만들 뿐입니다. 그러니 지금 내가 할 수 있는 일에 집중하세요. 아주 보통의 하루를 착실하게 수행하는 것이야말로 슬럼프를 극복할 수 있는 가장 확실한 시작입니다.

그다음에는 하루 동안 목표한 공부를 끝내는 등 계획을 완료했을 때 스스로에게 선물할 수 있는 작은 보상 체계를 만들어보세요. 좋아하는 음악 듣기, 내가 좋아하는 향의 바디워시로 샤워하기, 달달한 초콜릿 먹기 등 바로 활용할 수 있는 소소한 루틴을 만들면 무너진 멘털을 다잡는 데 큰 도움이 됩니다.

3장

나에게 꼭 맞는
고등학교에
진학하려면

성실하게 노력하며 성장하고 싶다면
일반고등학교

22개정 교육과정은 대입은 물론이고 고등학교 입학에 대한 고민에도 불을 지폈습니다. 특히 내신 5등급제가 실시되면서 단순히 교과 성적만으로는 목표하는 대학에 입학하기 어려워졌어요. 이로 인해 정성평가를 중시하는 상위권 대학에 진학하기 위해서는 생기부 작성에 유리하거나, 상대적으로 교내 활동이 풍부한 특목·자사고에 입학하는 것이 유리하다는 이야기를 심심치 않게 들을 수 있어요. 지금부터는 다양한 고등학교 유형과 각각의 특장점을 살피며 어떤 고등학교가 나에게 가장 유리한 선택일지 알아봅시다.

일반고등학교는 우리나라에서 가장 높은 비율을 차지하는 유형입니다. 흔히 일반고는 모두 동일하다 생각하기 쉽지만 사실 조금만 뜯어보면 일반고 역시 다양한 세부 유형이 존재합니다.

먼저 일반고등학교는 추첨으로 입학이 결정되는 평준화고등학교와, 내신 성적을 반영해 입학을 결정하는 비평준화고등학교로 나뉩니다. 평준화고등학교는 학생이 희망하는 순서대로 신청서를 제출하면 추첨을 통해 고등학교가 배정되는 형식입니다. 반면 비평준화고등학교는 추첨이나 배정 과정 없이, 중학교 내신 성적이 높은 순서대로 학생을 선발해요. 비평준고등학교의 경우 합격 여부가 성적에 의해 결정되므로 자연스레 경쟁이 생겨날 수 있습니다. 따라서 사전에 진학하고자 하는 학교의 내신 최저선을 파악하고 자신의 점수와 상황을 모두 고려해 지원해야 합니다.

지금부터는 다양한 고등학교 유형 중 일반고등학교의 장단점은 무엇인지, 또 어떤 학생에게 일반고가 적합한지 알아봅시다.

성실함은 언제나
가장 강력한 무기

일반고에 대한 가장 흔한 오해는 아마 열정적인 학습 분위기가 조성되기 어렵다는 점, 그리고 특색 있는 교육활동으로 학생기록부를 채우기 힘들다는 점일 겁니다.

> 66 제가 졸업한 일반고의 경우 최상위권 학생들은 의대나 서울대 진학률이 높았으나, 하위권의 경우 공부에 관심조차 없는 친구도 많았어요. 이와 같이 편차가 크면 면학 분위기는 좋지 않지만 진학 성과는 좋은, 아이러니한 상황이 발생하기도 합니다. (서울대 지구과학교육과 25학번 이승건)

그러나 일반고의 학습 분위기와 교육활동도 학교에 따라 천차만별입니다. 학구열이 뛰어난 일반고의 경우에는 특목·자사고보다 입시 성과가 좋기도 해서 그 때문에 입학 경쟁이 치열하게 이루어지기도 해요. 학업에 열정을 가진 학생, 학부모, 교사의 의지가 서로 시너지를 발휘해 좋은 학습 분위기와 양질의 교육활동을 만들어 매년 수십 명의 명문대 입학생을 배출하기도 합니다.

> 66 저는 면학 분위기 조성을 위해 기숙사에 함께 거주하는 반 친구들과 함께 스터디를 구성해 꾸준히 진행했어요. 스터디 계획서를 담임 선생님께 보여드리며 도움을 얻기도 했고요. 행특에 스터디 진행을 기입해 활용한 친구도 있었습니다. (서울대 교육학과 25학번 이서원)

물론 상대적으로 학구열이 높지 않은 일반고의 경우 면학 분위기가 다른 유형의 고등학교에 비해 떨어질 수 있습니다. 공부보다 게임에 집중하는 친구가 많을 수도 있어요. 하지만 이러한 경우에 해당되더라도 상황 탓을 하기보다 원하는 대학에 진학하겠다는 확실한 목표 설정과 함께 집중력을 잃지 않고 성실하게 학교생활에 임하는 태도가 더욱 중요합니다.

일반고에도 학생들의 효율적인 학습과 성공적인 대입을 지원하기 위한 다양한 프로그램이 존재합니다. 비단 학교 내부가 아니라 외부에서 진행하는 다양한 활동 역시 내가 찾는 만큼 보이기 마련이지요. 그러니 무엇보다 나의 적극적인 태도가 중요합니다.

그 시작으로 우선 내가 진학하고자 하는 대학교와 학과에서 중요하게 생각하는 활동은 무엇인지 파악하세요. 또 내가 어떤 활동에 참여하는 편이 유리한지 충분히 고민하고 성실하게 임합시다. 그러면 특목고에 진학하지 않더라도 알찬 시간표는 물론 어느새 생기부도 내실 있게 채울 수 있답니다. 같은 일반고라 하더라도 내가 다니고 있는 학교의 특성과 시스템을 제대로 파악해 적절히 활용하고, 선생님들의 지지와 가르침을 바탕으로, 목표와 꿈이 같은 친구들과 함께 학업에 성실하게 임한다면 나의 학교생활을 얼마든지 충실하게 꾸려갈 수 있어요.

그러니 일반고에 진학하기로 마음을 먹었다면 거기서 고민을 끝내지 말고 내가 진학하게 될 학교의 특성을 구체적으로 살펴보기를 권합니다. 현재 학교를 다니고 있는 선배에게 도움을 청하거나 진학하게 될 학교의 입학설명회에 참석해 고등학교에 대한 다양한 정보를 수집하고, 재학 중에 내가 할 수 있는 것은 무엇인지 명확하게 파악하세요. 이러한 정보를 바탕으로 내가 진학할 고등학교를 신중하게 선택하시기 바랍니다.

노력에 정직하게 비례하는
일반고 내신

　일반고를 선택하는 학생은 상당수가 그 첫 번째 이유로 내신을 꼽습니다. 일반고에서는 상대적으로 노력한 만큼 높은 내신 성적을 받기가 유리하기 때문이에요. 성실하게 학업에 임했다면 누구든 1등급을 노려볼 만합니다.

　이는 시험의 난이도가 다른 학교에 비해 상대적으로 높지 않은 편이기에 가능한 일입니다. 일반고에서는 시험에서 최상위권을 골라내기 위한 킬러 문제를 포함하는 경우가 비교적 적어요. 따라서 누가 더 꼼꼼하게 공부하고 실수하지 않는가에 따라 성적이 결정됩니다. 학습 진도 역시 교과과정에 맞춘 본래의 속도인 경우가 많기에 사교육 부담도 적습니다. 일반적인 교과 커리큘럼에 맞춰 수업 진도를 나가기 때문에 학기 중 학습 내용을 무리 없이 소화하는 것이 가능하지요. 그 덕분에 선행학습이나 사교육 없이도 1등급을 받을 가능성이 큽니다.

　내 노력에 따라 내신 성적을 얻을 수 있다는 것은 교내 경쟁이 치열하지 않다는 의미이기도 합니다. 때때로 수업 시간에 집중하지 못하거나, 수행평가에 성실하게 임하지 않는 친구들이 있을 수 있어요. 특히, 수시전형에 성적이 반영되지 않는 3학년 2학기 기간에는 학습 집중력이 상당히 떨어지는 것도 사실입니다. 나조차 주변 분위기에 휩쓸려 학습에 게을러질 수도 있어요.

하지만 너무 걱정하지 마세요. 많은 학교에서 공부에 열의가 있는 학생을 위한 독서실이나 야간자율학습을 따로 운영하는 등 학습 분위기 개선을 위해 많은 노력을 기울이고 있습니다. 그렇기에 주변 상황에 흔들리지 않고, 목표를 향한 강한 의지와 이를 이루기 위한 절제력을 갖춘 이라면 누구나 충분히 좋은 결과를 얻을 수 있습니다.

학생이 주체적으로 만들어나가는 활동

일반고에 진학하는 학생들의 가장 큰 고민 중 하나는 다른 유형의 고등학교에 비해 비교과 프로그램이 다소 부족하지는 않을까 하는 점입니다. 사실 일반고는 다른 유형의 고등학교보다 학교에서 제공하는 비교과활동이 약한 경우가 많습니다. 하지만 여건이 허락하는 범위 안에서 학생들의 관심사를 넓히고 진로와 관련된 여러 활동을 할 수 있도록 지원하고자 일반고에서도 꾸준히 노력을 기하고 있습니다.

실제로 과학 중점 일반고의 경우 실험과 연구 중심의 교육 프로그램을 제공해 이공계 인재를 양성하고 있습니다. 인문학 프로그램을 운영해 독서와 토론의 장을 만들어주는 학교도 늘어나고 있고요. 나아가 다양한 심화 교육 프로그램을 시스템으로 확립하고, 이를 인정받아 자사고로 변경된 일반고도 있습니다. 이 외에도 특목·자사고의 장기 프로젝트형 교육활동을 벤치마킹해 운영하는 등 학생의 성장과 성공적인 대학 진학을 위해 일반고 역시 최선을 다하고 있습니다.

이러한 학교의 다양한 지원에도 불구하고 일반고에서 확실한 입시 성공을 이루려면 학생의 적극적인 태도가 필수라는 사실은 부정할 수 없습니다. 그러니 선생님과 학교 선배 등 주변인에게 적극적으로 도움을 구하고, 마무리했던 활동을 다시 살펴 후속 탐구를 계획하고 실행하는 등 꾸준히 노력합시다.

동시에 명심할 것은 이처럼 학생이 큰 노력을 기울이고 끊임없이 실력을 갈고닦아야 한다는 일반고의 단점이 가장 큰 성장 기회가 되기도 한다는 점입니다. 자신이 처한 교육 환경의 단점을 인정하고 이를 극복하고자 노력하는 시도는 스스로의 성장에 큰 도움이 되며, 이러한 주체적인 자세가 대학에서 긍정적으로 평

66 자신이 처한 교육환경의 환경을 알고 이를 극복하는 방법 중 가장 쉽고 대표적인 예는 공동교육과정입니다. 물론 한 학기에 여러 공동교육과정을 듣는 것은 부담이 되겠지만, 다른 지역의 다른 학교 학생들과 의견을 나누고 새로운 방식의 수업을 받는 것은 시야를 더욱 넓힐 기회입니다. (서울대 교육학과 25학번 이서원)

가받기 때문입니다. 그러니 학업에 대한 열정을 잃지 말고 더욱 주체적으로 활동을 꾸준히 이어갑시다.

일반고를 진학하는
학생을 위한 조언

결과적으로 다른 유형의 고등학교에 비해 공부하는 분위기가 형성되기 어렵다는 점에서, 일반고등학교는 혼자서도 잘할 수 있는 사람에게 더 잘 맞고 유리한 곳이에요. 하지만 그만큼 나의 노력에 따라 그에 맞는 결과를 얻을 수 있고 성공할 수 있는 곳이기도 합니다.

학교의 지원이 상대적으로 부족한 만큼 비교적 학생 스스로 해야 하는 부분이 많다는 것은 분명 단점일 수 있습니다만, 본인의 노력이라는 명확한 해결책 또한 존재합니다. 학생이 주도적으로 내신을 철저히 관리하고 학교 활동에 참여하는 데에서 더 나아가 차별성 갖춘 탐구를 깊이 있게 진행하는 태도는 대학 입시에서 무엇보다 강력한 무기입니다.

실제로 대학의 입학사정관은 일반고와 특목·자사고가 제공하는 교육 프로그램의 양과 질에 다소간 차이가 있음을 인정하고 있습니다. 그래서 소속 학생을 평가할 때 서로 다른 평가의 잣대를 적용해요. 일반고 학생이 꾸준한 노력으로 쌓아 올린 우수한 내신이 '학생부교과전형'에서 큰 빛을 발하는 것도 이 때문이지요. 교과 성적의 반영 비율이 높은 이 전형은 일반고 학생에게 매우 유리한 구조입니다. 이처럼 때로는 제한된 환경 속에서도 스스로 기회를 만들고, 적극적으로 활동을 이끌어나가는 모습은 입학사정관에게 강한 인상을 남기기 충분합니다.

결국 일반고는 학생이 주도적으로 노력한 만큼 그에 상응하는 성과를 그대로 거둘 수 있는 곳입니다. 그러니 흔들리지 말고, 나만의 속도와 방식으로 끝까지 나아가길 바랍니다.

정말 일반고등학교에서는 최상위권 대학 진학이 어려울까?

구분		일반고	자공고	자사고	과학고	영재고	외국어고	국제고	예술/체육고	특성화고	검정고시	기타(외국고 등)	계
2025	지역균형	469 93.6	12 2.4	17 3.4	- -	- -	- -	- -	3 0.6	- -	- -	- -	501
	일반전형	439 29.2	22 1.5	184 12.2	136 9.0	372 24.8	200 13.3	51 3.4	86 5.7	1 0.1	10 0.7	2 0.1	1,503
	기회균형 (사회통합)	140 79.5	9 5.1	12 6.8	4 2.3	1 0.6	2 1.1	2 1.1	2 1.1	4 2.3	- -	- -	176
	계	1,048 48.1	43 2.0	213 9.8	140 6.4	373 17.1	202 9.3	53 2.4	91 4.2	5 0.2	10 0.5	2 0.1	2,180

우리나라 전체 고등학교 중 일반고등학교가 차지하는 비율은 약 71%로, 이는 대부분의 학생이 일반고등학교에 진학한다는 의미이기도 합니다. 반면 특목고는 약 7%, 자공고와 자사고는 약 3%에 불과합니다.

위의 표는 2025학년도 서울대학교의 수시 모집 선발 결과를 학교 유형에 따라 구분해 놓은 것입니다. 이 표에 따르면 서울대 수시 합격자 중 일반고 졸업자의 비율은 50%에 채 미치지 못합니다. 반면, 특목·자사고등학교의 경우 학교의 개수에 비해 상대적으로 많은 인원이 서울대학교에 진학했어요. 그렇다면 일반고등학교에 재학하는 것이 정말로 최상위권 대학 진학에 불리하게 작용하는 걸까요?

일반고등학교는 내신에서 높은 성적을 받기가 비교적 쉽고, 경쟁적이고 엄숙하기보다는 유하고 자유로운 환경이 특징입니다. 높은 내신 성적이라는 유의미한 메리트가 있는 만큼 학생부교과전형에 유리한 것도 사실이지요. 또한 학생 스스로 생활기록부를 챙기려는 노력이 병행된다면, 정성평가를 시행하는 학생부종합전형에서도 안정적으로 선발될 수 있습니다.

따라서 일반고 진학이 대학 진학의 걸림돌이라는 것은 섣부른 결론입니다. 학생의 열정적인 자세만 있다면 일반고에서도 대학 입시 준비에 어려움이 없습니다. 오히려 경쟁으로 인한 스트레스에서 벗어나 자신만의 속도로 건강하게 학업을 이어나갈 수 있다는 점은 장점으로 작용하기도 해요.

주어진 환경을 최대한 활용하고, 적극적으로 기회를 찾으며, 꾸준한 노력을 기울인다면 일반고에서도 충분히 원하는 목표를 이룰 수 있습니다. 다만 자신이 처한 환경의 강점과 약점을 명확하게 파악하고, 강점은 살리되 약점은 보완하려는 노력이 필요합니다. 주체적인 탐구를 통해 상대적으로 빈약할 수 있는 생기부를 알차게 채워 나간다면, 정량평가와 정성평가에서 모두 좋은 평가를 받을 수 있고 최상위 대학까지도 충분히 노려볼 수 있습니다.

부디 여러분 스스로를 학교의 틀 안에 가두지 말고, 주어진 환경에서 최선을 다하여 원하는 결과를 얻을 수 있기를 바랍니다.

치열하게 경쟁하며 성장하고 싶다면,
자율형고등학교

자율형고등학교는 학생들에게 더 다양한 교육 기회를 제공하기 위해 만들어진 학교로, 설립 주체에 따라 자율형사립고와 자율형공립고로 구분됩니다. 사립 재단, 즉 개인이나 단체가 세운 학교일 경우 자율형사립고등학교(자사고)로, 지역자치단체에서 운영하는 공립학교는 자율형공립고등학교(자공고)로 분류돼요.

자사고는 교육과정과 운영 방식에서 일반 학교보다 더 많이 자율적입니다. 학교마다 자체 교육과정 편제를 가질 수도 있고, 특별한 프로그램을 운영할 수도 있습니다. 자공고는 일반 공립학교와 달리

지역의 특성을 살린 교육과정이 가장 큰 특징으로, 이를 위해 지방자치단체·대학·기업 등이 함께 협력하여 학교 운영을 돕기도 합니다.

자사고와 자공고는 학생을 뽑을 때 별도의 입학시험을 치르거나 그 학교만의 평가 기준을 적용하기 때문에 성적이 좋은 학생들이 많이 입학한다고 알려져 있습니다. 다만 이러한 선발과정 덕분에 학업역량이 출중한 학생들이 많이 모이고, 이 때문에 좋은 내신 성적을 받는 것이 상대적으로 어렵습니다. 정규 수업 외에도 보고서 작성과 발표·토론·포럼 활동이 쉴 새 없이 진행되기도 하고요. 이에 자율형 고등학교는 새로운 경험에 노출되는 것을 즐기는, 도전적이고 진취적인 성향을 가진 학생에게 잘 어울린다는 평가를 받습니다.

어려운 만큼
더 값진 내신

자사고와 자공고의 내신은 지역 내에서도 어렵기로 유명합니다. 중학교에서 상위권에 속한 학생들이 모인 집단인만큼 그 안에서 유의미한 성적 차를 구분해 내야 하기 때문입니다. 자사고는 교육과정을 자유롭게 운영할 수 있기 때문에 일반고등학교에서 1년 동안 배울 내용을 단 1학기 만에 끝내는 경우도 많습니다. 자사고에 갓 입학한 고등학교 1학년 학생이 통합과학 수업에서 3학년 과정인 지구과학Ⅱ 개념을 활용하는 수업을 듣고, 대학물리학을 이수하기도 합니다. 게다가 수업에는 교과서 외에 외국어로 작성된 원서나 학교 자체 교재를 사용하기도 해요.

그렇다 보니 한 번의 시험에서 학생들이 공부해야 할 범위가 엄청나게 넓고, 그만큼 공부해야 하는 양도 많아집니다. 보통 시험 범위가 방대한 만큼 난이도는 쉬워질 것이라 기대하겠지만, 자사고와 자공고에서는 이른바 넓고 깊은 시험이 치러집니다. 이에 미리 공부해 둔 내용이 부족하거나 이해력이 약한 학생이라면 시험을 준비하는 과정이 매우 힘들 가능성도 있습니다.

이런 이야기를 듣고 나면 '그럼 대체 왜 학생들과 부모님들은 이렇게 어려운 학교를 선택하는 걸까?'라는 의문이 들겠지요. 자사고와 자공고의 인기 비결은 그들이 시행하는 비교과 프로그램입니다.

다채롭고 풍부한
자사고·자공고 교내 지원

대부분의 자사고·자공고에서는 수준 높은 비교과교육 프로그램을 오랜 시간 지속적으로 운영합니다. 이러한 심화 프로그램을 통해 학생들은 진로와 관련된 지식과 경험을 미리 쌓을 수 있어요. 이는 자연스럽게 생활기록부에 반영되며 대입에서 좋은 결과를 끌어내는 요소가 됩니다.

더불어 자사고와 자공고는 자체적인 입시 데이터와 자료를 보유하고 있기에 입시 지원도 상당히 많이 제공되는 편입니다. 대학에 지원할 때 유용한 정보 중 하나는 비슷한 내신점수를 갖고 있는 선배의 입결 정보입니다. 자사고와 자공고에서는 학생들을 대상으로 대입설명회를 자주 열고 진학지도 상담 또한 주기적으로 진행하는데요. 이때 학교 선배들의 진학 데이터를 자연스럽게 접할 수 있습니다. 이는 이른바 입시 컨설팅이라 불리는 사설업체의 도움 없이도 학교가 제공하는 지원과 프로그램만으로 안정적인 입시 대비가 가능하다는 의미입니다.

마지막으로, 자사·자공고가 인문과 자연 계열 모두를 위한 프로그램을 균형 있게 운영한다는 점도 장점이에요. 영재·과학고의 경우 자연과학 및 공학 계열을, 외고·국제고는 어문 및 사회과학 계열에 명확한 초점을 맞춰 설립되었지요. 하지만 이 둘을 아우르는 자사고·자공고는 다양한 활동을 균형 있게 제공합니다. 더불어 융합형 인재 양성이 교육의 목표인 만큼 문·이과의 구분을 명확하게 두지 않아요. 자사·자공고의 교육 프로그램이 더욱 유리한 이유입니다.

자율고에 진학하는
학생을 위한 조언

　자사고·자공고에서는 학교의 체계적인 지원 속에서 치열한 경쟁을 거쳐 지적 성장을 경험할 수 있습니다. 또한 균형 있는 교육 프로그램을 통해 융합형 인재로 성장할 수 있는 기회를 제공해요. 상대적으로 일반고에 비해 내신 성적을 받기가 어렵지만, 내실 있는 비교과 프로그램과 대학별 고사 대비 프로그램이 존재한다는 강점도 있습니다. 양질의 입결 데이터를 보유하고, 이를 학생들에게 제공한다는 점 또한 무시할 수 없습니다.

　자사고·자공고는 상대적으로 불리한 내신 성적을 극복한다면 확실한 입시 성공을 위한 발판이 되어주는 고등학교라고 할 수 있습니다. 학교의 든든한 울타리와 체계적인 도움에 더해 학생의 치열한 노력이 결합하면 상위 대학 합격이라는 결과를 낼 수 있는 곳이니만큼, 이곳으로의 진학을 결정했다면 후회 없이 노력하고 원하는 결과를 얻기를 바랍니다.

과학적 혁신을 꿈꾸고 있다면
영재고·과학고

영재고등학교와 과학고등학교는 자연계와 이공계 분야에서 뛰어
난 역량을 갖춘 학생을 선발하고, 과학 분야의 연구자를 체계적으로
양성하기를 목적으로 만들어진 특수 목적 고등학교입니다. 특목·자
사고 중에서도 압도적인 인기를 자랑하는 학교이자, 초등학생을 대
상으로 하는 영재고·과학고 준비반이 존재할 정도로 살벌한 입학
준비 과정이 있는 학교이기도 해요.

그중 영재고는 영재교육진흥법에 따라 지정되거나 설립된 학교
를 말합니다. 교육과정의 편성과 운영에 있어서 엄청난 자율성을 부

여받은 것이 큰 특징이에요. 그 덕에 전국 단위의 신입생 모집과 학교별 자율 선발시험 운영이 가능합니다. 영재고에서는 과학을 깊이 있게 배우고, 다양한 연구 기회를 제공받을 수 있는데요. 이는 다시 말해 과학과 수학을 아주 좋아하고 더 깊이 공부하고 싶은 학생들을 위한 최적의 학교라고 할 수 있습니다.

과학고등학교는 초·중등교육법 시행령 제90조에 따라 운영되는 학교로, 국가 교육과정의 틀에 따라 교육과정을 구성하기 때문에 영재고보다는 상대적으로 자율성이 떨어집니다. 더불어 학교가 위치한 광역 단위에 거주하는 학생만이 지원할 수 있기 때문에 그만큼 지역 내 우수 인재를 발굴하는 데 초점을 둡니다.

과학고라는 이름에서 유추할 수 있듯, 과학고는 과학에 재능과 열정을 가진 학생들을 뽑아 일반 학교보다 더욱 심화된 과학교육을 제공해요. 교과과정 전반에 걸쳐 실험과 실습 위주의 교육을 진행하고 이를 통해 과학적 사고력과 실무능력을 키우는 데 집중합니다. 과학고는 각 지역마다 광역 단위로 설립되어 전국적으로 약 20개교가 운영 중입니다.

> 66 과학고는 영재고에 비해 전국적으로 더 많은 수가 존재합니다. 이 때문에 지역별 편차가 존재하는 것도 사실이에요. 그러니 내가 거주하는 지역에 지원 가능한 과학고의 입결 정보 등을 신중히 따져보고 진학을 결정하세요. (서울대 지구환경과학부 25학번 조성준)

영재고와 과학고만의
독특한 내신 체계

영재고와 과학고의 커리큘럼은 일반적인 고등학교와 상당히 다릅니다. 전체 교과목 중 수학과 과학의 비중이 매우 크며, 그 내용 또한 고등학교 수준을 뛰어넘는다는 것이 가장 큰 특징이에요.

특히 영재고는 무학년제와 학점제를 이미 시행 중인 곳이지요. 덕분에 학생들은 학년의 구분 없이 자신이 원하는 과목을 수강해 학점을 채워 나갑니다. 수강신청과정을 통해 본인이 듣고자 하는 과목을 선택하고 학기가 시작되면 직접 연구를 진행하는 교육과정에 참여해요. 대학의 학점을 고등학교에서 미리 이수할 수 있는 대학 학점 선이수제(AP)도 존재하는데, 이를 통해 대학과정의 전공 공부를 미리 경험하는 학생들도 많습니다.

반면 과학고는 일반고와 동일한 국가 교육과정 체계를 따라야 하기에 교육과정 운영의 자율성이 영재고보다 낮습니다. 다만 그럼에도 상당히 심화한 내용을 수업 시간에 다룬다는 점에서는 영재고와 동일합니다.

두 학교 모두 매우 빠른 속도로 수업이 진행되며 그 덕에 3년 동안 상당량의 내용을 학습합니다. 공부의 양과 난이도 자체도 부담이지만, 성공적인 입시를 위해 좋은 성적을 유지하면서도 최상위권 속

최상위권을 가려내기 위한 경쟁적인 분위기에 적응하는 것 또한 만만치 않은 부담입니다. 이미 한 차례 선발시험을 치르고 들어온 인재들이 모여 있는 학교이기에 상대평가에서 주변 친구들보다 높은 성적을 받는 건 매우 어려운 일이니까요.

그나마 다행인 점은 학년이 올라갈수록 점차 상황이 나아진다는 거예요. 고3 때 가장 많은 스트레스에 시달리는 여타 학교와 달리 영재고와 과학고에서는 학년이 올라갈수록 공부해야 할 과목과 과목별 수행평가도 적어지고, 한 학기 내에 들어야 하는 학점의 수도 줄어듭니다. 더불어 조기 졸업 제도를 활용해 짧고 강렬하게 공부할 수 있다는 점도 영재고·과학고의 특징이라고 볼 수 있겠습니다.

전문 연구 경험을 쌓는
심화 커리큘럼

영재고·과학고가 인기를 끄는 가장 큰 이유 중 하나는 바로 심화 커리큘럼이라는 독특한 프로그램입니다. 영재고와 과학고에서는 대학 수준의 전문 교과목을 자체적으로 운영하거나 학생들에게 자율 연구 기회를 제공하는 등 이공계·자연계 인재를 양성하기 위한 양질의 프로그램을 지원합니다.

영재고·과학고의 꽃이라고도 불리는 R&E(Research and Education) 자율연구는 매년 학생들이 직접 연구 주제를 설정하고 결론까지 도출하는 프로그램입니다. 이공계와 자연계의 연구자를 양성하겠다는 기본목표를 가장 잘 드러내는 제도이기도 하지요.

R&E 자율연구는 팀 체제로 운영되며 1년간 진행되는 장기 프로젝트입니다. 대학 교수님이나 해당 분야 전문가와 직접 소통하는 과정이 필수로 포함되며 심도 있는 결과물을 도출하도록 지도합니다. 실제로 1년이라는 시간과 노력을 투자해 결과물을 이루어냈을 때의 성취감은 학생이라는 신분에서는 흔히 맛볼 수 없는 매우 귀중한 경험이지요. 또한 R&E를 통해서 KAIST 등 상위대학평가에 반영할 수 있는 수상 실적을 만들어낼 수 있는데, 이는 입

❝ 심도 깊은 R&E를 진행하는 것은 시간적으로 상당히 큰 비용을 치뤄야 하지만 수행평가에도 도움이 되며, 이후 생기부 반영 대학 면접에서도 요긴하게 쓰입니다.
하지만 KAIST를 제외한 일반적인 종합대 입시에서는 생기부에 기재되지 않는 R&E로 메리트를 얻는 경우는 드물어요. (서울대 자유전공학부 25학번 이현중, 서울대 지구환경과학부 25학번 조성준)

시 측면에서도 유리한 기회가 되기도 합니다.

영재고와 과학고에서는 R&E 자율연구와 별개로 매주 특정 주제를 정해 스스로 탐구해야 하는 과제가 주어집니다. 그리고 그 결과물을 생활기록부에 기재하는 시스템이 자리 잡혀 있어요. R&E 프로그램을 운영하지 않는 경우도 가끔 존재하는데, 이때는 인문학·자연과학·공학 연구를 진행할 수 있는 동아리를 개설해 주기도 합

니다. 영재고와 과학고는 기숙사 체제이기에 정규 일과 시간이 끝난 후 강사를 초정하여 진로 강연을 열기도 하고, 학술동아리와 문화예술동아리에서 원하는 만큼 심화 연구를 진행하는 것도 가능해요. 이 외에도 스트레스와 컨디션을 건강하게 관리하도록 보조 지원이 제공되는 것 또한 큰 장점 중 하나입니다.

영재고·과학고도 자사고·자공고와 동일하게 풍부한 자체 입시 데이터를 보유하고 있습니다. 이 정보는 대한민국 과학기술정보통신부에 소속된 대학에 진학할 때 특히 그 진가가 발휘되는데요. 대표적인 예로 한국과학기술원(KAIST)과 포항공과대학교(POSTECH)의 경우 공개된 정보가 매우 적은 편임에도, 영재·과학고에서는 해당 대학에 대한 생생한 진학 데이터를 보유하고 있습니다. 선배들의 면접 후기와 입시 결과를 적용해 재학생의 입시를 지원하는 관리 시스템이 존재하기 때문에 이공계 최상위권 대학을 노린다면 이러한 요소 또한 고려해 볼 법한 부분입니다.

영재고·과학고에 진학하는 학생을 위한 조언

영재고·과학고는 자연계와 이공계의 진로를 가진 상위권 학생들이 실무능력과 연구역량을 키울 수 있는 심화고등학교입니다. 이름에서부터 파악할 수 있듯 이과 과목에 훨씬 더 많은 비중을 두고 과목과 시수 등을 배정하지요. 살벌한 교육과정과 내신 경쟁이 존재하지만 우수한 인재가 한데 모여 대학 수준의 공부를 한다는 점은 분명히 매력적인 요소입니다.

영재고와 과학고에서의 생활은 결코 수월하다고 말할 수 없습니다. 타인과의 경쟁뿐만 아니라 자기 자신과의 싸움도 만만치 않습니다. 하지만 나만의 방식으로 어려움을 극복하고, 그 속에서 얻은 배움을 다른 사람들과 나누며 함께 성장하고자 한다면 분명 후회 없는 선택이 될 것입니다.

과학고에서는 일찍 졸업하는 사람도 있다던데요?

과학고의 졸업은 조기졸업과 상급학교 조기진학 두 부류로 나뉩니다. 이는 대학 입시에 매우 큰 영향을 미치는 요소인데요. 오직 1학년 내신 성적을 기준으로 상위 40% 이내 학생에 한해 상급학교 조기진학의 기회를, 성적 상위 10~20% 이내에 들거나 특별한 조건을 충족하는 학생에게 조기졸업 기회를 부여하기 때문이에요.

상급학교 조기진학은 쉽게 말해 고등학교를 졸업하지 않은 상태에서 KAIST 등 과학기술원에 진학하는 것을 말합니다. 다만 졸업이 되지 않은 상태이기 때문에 과학기술원이 아닌 SKY 등 일반 종합대학교에 지원하는 것은 불가능합니다.

반면 조기졸업은 졸업요건을 모두 충족한 상태이기 때문에 KAIST는 물론이고 SKY 등 모든 대학교에 지원하여 입학할 수 있습니다.

기존 제도에서는 일반고와 과학고만이 4대 과학기술원(KAIST, GIST, DGIST, UNIST)에 조기진학이 가능했습니다. 하지만 25학년도부터는 영재고에서도 조기진학이 가능하도록 개편되었어요. 한국과학영재학교는

23년에 입학한 학생부터 이 제도를 활용 가능하다고 안내했지만, 그 외 7개 영재고는 진행 상황을 지켜보며 추후 논의를 거쳐 활용 여부를 결정하겠다고 발표했습니다. 꾸준히 관심을 가지고 지켜봐야겠습니다.

글로벌 역량을 키우고 싶다면
외고·국제고등학교

　외국어고등학교나 국제고등학교는 세계화 시대에 맞춰 외국어 실력과 국제 감각을 갖춘 인재를 양성하기 위해 만들어진 특수목적 학교로, 문과 계열에 진학하고자 하는 학생들에게 특히 인기가 많습니다.

　그중 외고는 외국어를 집중적으로 배우는 곳으로, 일반고등학교보다 영어·중국어·일본어·스페인어 등 전공 외국어 수업이 훨씬 활발히 진행됩니다. 1984년에 설립된 대원외고와 대일외고를 시초로 현재는 약 30개의 외고가 존재하며, IB교육을 도입하고 해외 대학 진학을 목표로 하는 국제반이 설치된 학교도 심심치 않게 찾아볼 수 있습니다. 몇 년 전까지만 해도 번역·통역·외교 등 외국어 능력을 살린 직업을 꿈꾸는 이들이 진학하는 경우가 많았으나, 최근에는 인식이 바뀌어 문과대학이라면 어느 곳이든지 자유롭게 지원하는 경우가 대부분입니다.

\ *Tip* /

IB(International Baccalaureate)는 다양한 과목을 통합적으로 탐구하면서 학생 개개인의 사고력과 자기주도적 학습 태도를 기를 수 있도록 설계된 교육과정으로, 해외에서 수입한 것입니다. 교과 지식을 외우고 시험을 치르는 것을 넘어, 탐구와 토론처럼 문제 해결 중심의 교육 방식으로 이루어져 있어요. IB의 DP(Diploma Programme)는 비판적사고수업인 TOK, 창의성과 봉사를 포함한 CAS활동으로 이루어지며 전 세계 대학의 입학 자격으로도 활용할 수 있습니다.

반면, 국제고는 단순히 외국어를 잘한다는 개념을 넘어 국제사회를 이해하고 다양한 나라와 소통할 수 있는 능력을 키우는 데 초점을 맞춥니다. 그래서 경제·정치·외교 등과 관련된 국제 계열 전문 교과수업이 많이 진행돼요. 덕분에 상경 계열과 사회과학 계열 진학을 희망하는 문과 학생에게 상당히 인기가 많습니다.

그런데 올해 큰 변화가 생겼습니다. 지금까지는 국제고에서만 배울 수 있었던 국제 계열 전문 교과를 외고에서도 배울 수 있도록 개정한 것입니다. 이 때문에 앞으로 외고와 국제고의 차이가 줄어들 가능성이 커졌고 두 학교의 교육과정이 통합될 가망도 생겼습니다.

글로벌 인재 맞춤형
외고·국제고 내신

외고의 경우 가장 중점적으로 진행되는 수업은 전공어와 영어입니다. 외고에서 가장 중요하다고 할 수 있는 전공어는 학생이 입학한 학과에 따라 결정됩니다. 영어·중국어·일본어·프랑스어 등 다양한 언어를 배울 수 있는 체제로, 영어 최소 6시수, 전공어 최소 6시수로 일반고에 비해 언어교육의 비중이 상당히 높습니다. 기초적인 어휘부터 문법·작문·독해·회화까지 해당 언어를 매우 높은 수준까지 다룹니다. 일반고에 비해 심도 있는 내용까지 수업이 진행되며, 진도 또한 매우 빠릅니다.

외고에서 진행되는 영어시험은 수능에서 볼 수 있는 형태라기보다 핵심 내용 파악 및 이를 통한 추론에 중점을 둔 문제가 출제되는 경우가 많아요. 물론 외고에 입학했다는 것은 어느 정도 영어 실력이 뒷받침됨을 의미하지만, 이 학생들 사이의 변별력을 갖추기 위해 출제된 시험이라는 점에서 결코 만만하게 볼 수 없습니다.

국제고의 경우 외국어 전문교과를 개설하긴 하지만 외고만큼 비중을 차지하지는 않습니다. 그 대신 원어민 선생님 혹은 친구들과 함께 영어로 토론을 진행하거나, IELTS 작문시험에서 다루는 도표 묘사 방법, 자료 인용 시 활용하는 APA 스타일을 학습하는 등 학술적이고 전문적인 교과 내용이 많이 포함됩니다.

> \ *Tip* /
>
> • IELTS(International English Language Testing System)은 비영어권 국가 출신자들에 대한 영어 능력을 평가하는 시험을 뜻하며 해외 대학에 진학할 때 활용됩니다.
>
> • APA 양식(American Psychological Association style)은 사회과학이나 교육학 분야에서 활용하는 학술지 인용법에 대한 가이드라인인데요. 연구를 수행할 때 필수적으로 알고 있어야 하는 지침이기도 합니다.
>
> 이 두 가지를 고등학교 때부터 반복적으로 배우고 익혀둔다면, 대학에 진학해 연구를 수행할 경우에 매우 큰 도움이 됩니다.

국제고에서 다루는 주된 수업은 국제 계열 전문교과입니다. 대학 강의에서 쓰이는 교재를 활용해 미시경제학과 거시경제학을 배우기도 해요. 다만 이와 같은 심화교육과 국제 계열 전문교과에 집중하다 보니 사회탐구 과목을 배울 기회는 타 학교에 비해 다소 적습니다. 이로 인해 국제고에서는 대학 입시에서 요구하는 기본적인 과목을 이수하기 위해 따로 공부해야 하는 상황이 생기기도 해요.

외고와 국제고 두 학교 모두 소수의 학생이 집중교육을 받을 수 있는 시스템을 갖추고 있습니다. 이와 더불어 학생들은 친구들과 함께 다양한 팀 프로젝트에 참여하며 각종 의사소통 기술과 공동체역량을 기르는 데 힘써요. 이 덕분에 모두가 학업에 집중하는 좋은 분위기가 조성됩니다. 다만 앞선 특목고와 동일하게 치열한 내신 경쟁이 생기기도 합니다.

국제적인 리더로
발돋움하기 위해

국제적인 리더를 양성하고자 하는 외고·국제고의 비교과 프로그램은 다양한 특장점을 가지고 있습니다. 해외 대학과 연계해 실제 원어민 학생들과 한 달간 교류할 수 있는 프로그램이 존재하며 이를 통해 실무 경험을 쌓을 수 있습니다. 또 교과 수업 시간 중 일부를 할애해서 찬성과 반대로 이루어진 두 팀이 치열하게 다투는 CEDA 방식의 심도 있는 토론을 진행하기도 합니다.

대표적인 예로 사회 과제연구가 있는데, 이는 영재고의 R&E 자율연구와 비슷합니다. 비슷한 문제의식을 가진 친구들이 모여 프로그램을 기획·진행하고 전문가에게 조언을 얻어 심도 있는 결과물을 산출하고 이를 공유하는 형식이지요. 이 외에도 지역 사회와 연계해 특색 있는 프로그램을 제공하고 전문기관과 함께 지역상생 프로젝트를 직접 진행하기도 합니다. 실제로 외고·국제고에서는 대부분의 수행평가가 발표·토론식 혹은 연구로 진행되기 때문에 이 과정에서 의사소통역량 또한 매우 자연스럽게 성장할 수 있습니다.

국제고가 갖는 또 다른 강점으로 전국 국제고 연합 학술제를 빼놓을 수 없는데요. 7개 국제고등학교에서는 매년 국제사회의 다양한 이슈나 주요한 문제를 주제로 논의를 진행하는 행사를 개최합니다. 이 행사에서는 오직 영어만을 사용해 발표와 토론이 진행되며, 국제 관계 전문가를 초청하여 강연을 하기도 해요. 그야말로 국제적인 학술교류의 장이 열리는 것이지요. 고등학생의 신분으로는 쉽게 접하기 힘든 새로운 경험을 할 수 있는 기회이기도 합니다.

또한 외고·국제고는 해외 대학에 진학하고자 하는 이들을 위한 별도의 교육과정을 따로 운영하고 지원합니다. 2011년 경기외고가 한국 최초로 IB 커리큘럼을 도입하였고, 이후 많은 외고·국제고에서 IB나 미국의 수능에 해당하는 SAT, AP시험 등을 대비하는 수업을 진행해 해외대학 진학을 돕고 있습니다. 이처럼 국경에 제한받지 않는 해외 대학 진학을 적극적으로 지원하는 것이 외고·국제고의 큰 특징이라고 볼 수 있습니다.

외고·국제고에 진학하는
학생을 위한 조언

외고나 국제고에서는 단순히 많은 양의 언어·사회 시수를 채운다는 개념에서 나아가 대학 수준의 심도 있는 내용을 배우고 시험을 치르며 높은 성적을 받아내야 합니다. 그만큼 학교에서 학생에게 기대하는 수준이 매우 높습니다. 토론·발표·연구 형태의 수업이 끊임없이 이루어지고, 수많은 학교 행사와 대외 활동에 적극적으로 참여해야 합니다. 이 과정에서 발생하는 조별 과제나 개별 과제가 셀 수 없이 많아요. 이런 환경에 적응하지 못하고 학업 스트레스에 시달리다가 전학을 가거나 심지어 학교를 그만두는 학생도 심심치 않게 발생하는 것도 사실입니다.

하지만 비슷한 분야에 관심이 있는 친구들과 3년간 생활하며 다양한 활동을 기획하고 깊이 있는 학습과 탐구를 계속하다 보면, 내신이나 수능 성적과는 별개로 진짜 성장해 나가는 스스로를 발견할 수 있습니다. 치열하게 부딪혀 가며 얻어낸 소통역량은 졸업 후에도 큰 도움이 된다는 점에서, 당장은 힘들지라도 포기하지 않는 자세가 중요합니다.

· · ·

22개정 교육과정 변화는 대학에 대한 고민은 물론이고 고등학교 입학에 대한 고민에도 불을 지폈습니다. 실제로 2028년에 입시를 대비하는 학생들과 상담을 진행하다 보면 종종 '특목고나 자사고에 입학하는 것이 유리할까요?' '일반고에서는 SKY나 의대에 진학하는 것이 정말로 불가능할까요?'라는 질문을 받곤 합니다.

하지만 이 모든 궁금증에 대한 답은 딱 하나입니다. 교육에서 '반드시 ○○해야 성공한다'라는 명제는 성립되지 않는다는 것입니다. 학생 개개인의 특성을 고려하고 학생과 함께, 또 학생 스스로 만들어내는 결과와 그를 위한 절차가 모두 교육의 과정이라 할 수 있습니다. 나의 상황에 맞게, 학생의 본분에 따라 스스로의 길을 개척해 나가는 일이야말로 가장 올바른 방향이 될 것입니다.

외고나 국제고에서 언어나 사회교과 시수가 많다면 수학은 덜 중요한가요?

외고나 국제고에서는 언어나 사회 계열 시수가 많고 문과인 학생이 대부분이기 때문에 수학에 약한 학생들이 진학했을 때 유리하다는 소문이 있습니다. 그러나 문과 중심 학교라고 해서 수학이나 과학 과목이 쉽게 출제되거나 그래서 높은 성적을 얻기 수월한 것은 아닙니다. 오히려 두 학교 모두 수학이 차지하는 중요도가 매우 높습니다.

전공어나 영어의 경우 학생 대부분이 뛰어난 실력을 갖고 있고 그만큼 자신 있기 때문에 아주 약간의 차이로 내신 등급이 엎치락뒤치락 바뀌기도 합니다. 따라서 최상위권의 경우에는 종합 성적이 '수학'에 의해 갈리는 상황이 종종 발생해요.

그러니 외고나 국제고를 목표로 한다면 수학 실력을 미리 탄탄하게 쌓아둘 것을 권합니다. 그래야 시험 기간에 따로 수학 공부에 써야 할 시간과 노력이 줄어 영어나 전공어 과목을 공부할 시간을 조금이나마 벌 수 있어요. 이러한 이유로 수학이 내신 성적을 좌우하는 주요한 키로 작용하곤 한답니다.

고등학교 선택에서 중요한 건
결국 나

　지금까지 다양한 고등학교 유형과 각 고등학교의 특장점에 대해 알아보았습니다. 하지만 학교의 특성을 파악하는 것보다 더 중요한 일이 여전히 남아 있습니다. 바로 '나'에게 초점을 맞추고 나를 본격적으로 들여다보며 나에 대한 고민하는 일입니다.

　'어떤 학교가 나에게 가장 적합할까?' '어떤 학교에 진학하는 것이 나에게 가장 유리한가?'라는 질문이 막막하게 느껴질 수 있습니다. 내가 가진 성향과 상황에 따라 그 답이 완전히 달라지기 때문입니다. 즉, 나에게 맞는 고등학교에 진학하기 위해서는 고등학교에 대해서 잘 아는 것만큼 나 자신에 대해서도 깊이 이해해야 합니다.

지피지기 백전불태知彼知己 百戰不殆라고 했습니다. 이는 우리가 진학할 학교를 선택할 때도 마찬가지입니다. 학교를 선택하는 과정에서 학교의 정보만 찾았다면 이는 큰 오산입니다. 중요한 것은 '내'가 어떤 목표를 가지고 있는지, 그리고 '내'가 지닌 강점은 무엇인지를 파악하고 전략을 세우는 과정임을 명심하며 각 학교의 특장점을 면밀히 비교하길 권합니다.

> 66 부모님과 진지한 대화를 나눠보기를 진심으로 추천합니다. 내 희망 진로는 무엇인지, 최소한 희망 학과와 관심 분야는 무엇인지 부모님과 마주 앉아 함께 고민하는 시간을 가지면 나를 파악하는 데 더욱 도움을 얻을 수 있습니다. (서울대 지구과학교육과 25학번 이승건)

하지만 막상 나에 대해서 알아보려고 해도 구체적으로 어떤 방법을 거쳐야 하는지 감이 잘 잡히지 않습니다. 철학자 니체는 '나는 나를 통해 구별 된다'라고 말했습니다. 지금부터 다양한 질문과 깊은 고민으로 스스로에 대해 성찰하며 나아가 봅시다.

체크리스트를 통해 '나' 알아보기

내가 어떤 사람인지 알기 위해서는 다양한 질문과 그에 대한 답을 고민하는 것이 매우 큰 도움이 됩니다. 그래서 스스로를 파악하는데 도움이 될 수 있는 체크리스트를 준비했습니다. 자기 자신을 더 깊이 이해하고 자신과 잘 맞는 고등학교 유형을 선택하기 위하여, 아래의 질문들을 고민하고 하나씩 답해봅시다.

▶ 학습 스타일 & 환경 적응력		

질문	예	아니오
면학 분위기가 나쁘면 나 또한 공부 의욕이 떨어진다.		
혼자 공부하는 것보다 함께 배우며 성장하는 것을 더 선호한다.		
주변 환경과 분위기에 영향을 많이 받는다.		
경쟁이 치열한 환경에서 받는 스트레스를 쉽게 극복할 수 있다.		
가족과 떨어져 지내는 독립적인 환경이 잘 맞는다.		
평소 새롭게 공부하고 경험하는 것을 즐기는 편이다.		
총점		

▶ 내신 성적 & 평가 방식

질문	예	아니오
시험이 어려워도 1등급을 목표로 끈기 있게 노력할 자신이 있다.		
알고 있는 지식이나 자신만의 생각을 짧은 글로 잘 풀어내는 편이다.		
방대한 시험 범위를 위한 효율적인 학습 계획을 스스로 짤 수 있다.		
주제 탐구활동을 즐기고 보고서 작성에 능숙하다.		
발표 및 토론 등 논리적인 말하기를 좋아하고 잘하는 편이다.		
총점		

▶ 비교과활동 & 탐구 능력

질문	예	아니오
주어진 환경과 관계없이 맡은 일을 해내는 추진력이 뛰어나다.		
주어진 활동을 넘어 스스로 궁금했던 내용을 찾아 공부한 적 있다.		
선생님의 도움이 없어도 비교과활동을 기획하고 실행할 수 있다.		
입시 성공을 위하여 지적 성장 경험을 일부 포기할 수 있다.		
총점		

체크리스트 작성이 모두 끝났나요? 이제 1번과 2번 항목에서 '예'의 개수와 3번 항목에서 '아니오'의 개수를 합쳐 총점을 더해봅시다. 그 결과를 통해 나에게 적합한 고등학교 유형이 무엇인지 예측해 볼 수 있습니다.

개수	특징	추천 유형
10~15점	도전 지향적인 성향을 바탕으로, 환경 적응력이 좋고 경쟁에 대한 내성을 가졌습니다.	특목고
7~9점	두 유형의 성향을 두루 갖추었습니다.	특목고, 일반고
0~6점	안정 지향적인 성향을 바탕으로, 높은 자기주도적 학습역량과 성실한 태도를 가졌습니다.	일반고

체크리스트를 통해 나에게 맞는 고등학교 유형을 간단히 살펴봤습니다. 하지만 몇 개의 질문만으로는 내가 가진 적성과 소질, 그리고 잠재력을 제대로 판단하기 어렵습니다. 이때는 고등학교에 재학 중인 선배들을 직접 만나고 이야기를 나누는 것도 도움이 됩니다. 내가 진학하고자 하는 학교에 재학 중이며 그 학교의 시스템에 적응 중인 선배들의 생생한 이야기를 들으며 과연 내가 그 학교에 진학했을 때 잘 녹아들 수 있을지 훨씬 현실적으로 가늠해 보세요.

'나'에게 필요한 정보
똑똑하게 취합하기

그렇다면 선배와의 만남의 기회는 어떻게 만들 수 있을까요? 개인적인 친분을 통해서도 가능하겠지만, 또 다른 방법으로는 학교에서 진행하는 입학 설명회에 참석하는 것이 있습니다. 학교에서 공식적으로 진행하는 행사의 경우, 그 행사에 참여하는 학생은 중학교는 물론 고등학교생활도 성공적으로 적응을 마쳐 다양한 활동에 적극적으로 참여했을 가능성이 매우 큽니다. 그만큼 그 선배로부터 더 다양한 경험과 긍정적인 이야기를 들을 수 있어요.

하지만 관심 있는 모든 학교의 설명회가 개최되는 경우는 사실상 드물지요. 그렇다고 내가 일일이 학교에 방문하는 것 또한 현실적으로 어렵습니다. 이때는 '수만휘'와 같은 온라인 수험생 커뮤니티를 활용하기를 추천합니다. 이곳에는 고등학교 생활의 애로사항이 생생하게 담긴 수필들이 많이 올라와 있습니다. 또 자신의 고민을 담아 글을 올리면 다양한 사람들의 조언을 받을 수도 있습니다.

특히 대한민국 대표 수험생 커뮤니티라 할 수 있는 수만휘에는 다양한 사람의 사례와 고민 그리고 노하우가 정말 많이 소개되어 있어요. 다만 온라인 커뮤니티의 특성상 매일 수백 개의 글이 쏟아져 나오니 그 정보가 너무 방대해 자칫 잘못하면 시간을 허비하는 경우가 생길 정도지요. 이에 커뮤니티를 유익하게 활용하는 법을 알고 너무 많은 시간을 허비하지 않도록 합니다.

우선, 스스로 잘하고 있다고 생각되는 상황이라면 온라인 커뮤니티에 잠깐 놀러 와 이런저런 이야기들을 보면서 쉬다 간다고 생각하세요. 본인이 고민하는 부분이 있다면 수만휘 상단에 소개된 BEST 칼럼을 읽어보거나, 자신의 방향성을 먼저 정한 뒤 그동안 소개된 질문과 답변, 고민과 방향에 대한 사례를 검색해 읽습니다. 특히 내 성적과 비슷한 수준의 선배의 과거 진학 사례를 확인하고, 이를 토대로 나의 대학 진학 계획을 세우는 것은 매우 도움이 됩니다.

수만휘에서는 선배로부터 도움을 받은 학생이 이후 자신의 후배에게 도움을 주는 선순환 활동이 활발히 이루어지고 있습니다. 대학 입시에 성공한 선배들이 '멘토'로 활동하면서 현재 입시를 준비하며 고군분투 중인 후배들을 위한 조언을 아끼지 않지요. 그러니 혼자서 준비하는 과정이 막막하다면 나의 고민을 적어 공유하고 답을 찾는 것도 좋은 경험이 될 거예요.

2부

고등학교 3년,
치밀한 전략으로
높이 도약하라

4장

수시 성공을 위한
첫 번째 축,
내신

결심만 반복하지 않기 위한
내신용 마음가짐

　내신은 수시를 준비하는 학생은 물론이고, 수능이 목표인 학생들에게도 매우 중요한 요소입니다. 학업 역량과 성실한 태도를 보여주는 가장 객관적인 지표이기 때문이지요. 내신은 학창시절 공부를 얼마나 열심히 했는지를 보여주는 수치입니다. 같은 시간이 주어졌을 때 얼마나 성실하게 보냈느냐에 따라 그 결과는 달라질 수 있습니다. 따라서 대입에 성공하기 위해서는 시간이라는 제한된 재원을 체계적이고 효율적으로 활용해야 합니다.

　열심히 공부하겠다 마음먹어도 도대체 어디서부터 시작해야 할지 감이 잡히지 않을 수 있습니다. 또 고등학교의 내신 경쟁은 매우 치열하므로 시험을 치르는 것 자체가 부담스럽고 두렵게 느껴지기도 합니다.

하지만 상황이 어떻든 중요한 것은 자신감과 열정입니다. 중학교 때 성적이 그리 만족스럽지 못했더라도 고등학교에서 열심히 노력하면 충분히 좋은 성적을 받을 수 있습니다. 실제로 중학교 때 중위권 정도의 성적이었던 학생이 고등학교에 들어와서 최상위권이 되는 경우도 흔하게 볼 수 있으니 말이죠.

지금부터는 고등학교 내신을 준비하는 방법에 대해 자세히 알아보려 합니다. 어떤 마음가짐을 품어야 하는지, 또 어떻게 하면 안정적으로 상위권에 들 수 있는지 등을 알아보고 이를 통해 밀도 높은 학창시절을 보내는 방법에 대해 배워봅시다.

고등학교 내신을 준비하며

중학교와 고등학교 내신의 가장 큰 차이는 무엇일까요? 상대평가와 절대평가, 더 광범위한 시험 출제 범위 등 많은 요소가 있지만 가장 큰 차이점은 바로 '출제자의 의도'입니다. 중학교의 평가가 맞히라고 내는 문제였다면, 고등학교의 평가는 틀리라고 내는 문제에 가깝습니다. 너무 잔인한 처사라고요? 고등학교 내신 성적이 대학 입시에 얼마나 큰 영향을 미치는가를 생각하면 이는 어쩌면 당연한 일이기도 합니다. 고등학교에서는 내신시험이 단순히 수업을 잘 이해했는지 점검하는 수준을 넘어, 학업 성적을 통해 학생 개개인을 변별하고 등급을 부여하기 위한 중요한 기준으로 작용하기 때문입니다.

고등학교 시험은 철저한 상대평가입니다. 점수에 따라 학생들에게 A, B, C, D의 성취도 점수와 1~5까지의 등급을 부여합니다. 과목 수도 늘어나고 시험 범위 역시 방대합니다. 게다가 중학교 시절 공부에 소홀했던 학생도 고등학교에 들어와서는 본격적으로 공부에 임하는 경우가 흔하므로 경쟁은 더욱 심해집니다.

그 때문에 시험문제는 단순히 공부 여부를 확인하는 데에서 멈추지 않습니다. 학생들을 등급으로 변별하기 위해 최대한 틀리기를 유도하는 문제들을 출제합니다. 따라서 학생들은 치열한 경쟁 속에서 끊임없이 비교되고, 이에 따라 심리적 압박도 훨씬 더 크게 느낄 수밖에 없어요.

그러니 고등학교의 내신시험을 준비할 때는 단순히 한 번 훑어본다는 차원을 넘어, 시험 범위 내 모든 내용을 완벽히 숙지하겠다는 태도를 지녀야 합니다. "설마 이런 문제가 나오겠어?"라는 생각이

드는 부분까지 철저히 암기해 준비하세요. 이러한 사소한 차이가 변별력을 만듭니다. 책의 구석에 위치한 자잘한 내용까지도 모조리 외워버리겠다는 마음으로 임하세요.

가끔 몇몇 학생들은 달달 암기하는 것이 싫다며, 자신은 효율적으로 공부하기를 선택하겠다고 말합니다. 특히 내신을 위한 영어 공부의 경우 '교과서를 통째로 외우는 것이 성적 올리기에 좋다', 또는 '기본 영어 실력을 갖춘 상태로 효율적으로 공부해야 한다'라는 두 가지 주장이 치열하게 대립하고 있습니다. 그런데 여기서 우리는 '효율적'이라는 것이 어떤 의미를 지니고 있는지 살펴볼 필요가 있습니다.

대부분 학생들이 암기와 효율을 완전히 다른 것으로 여기고 있는 듯합니다. 그 결과 암기를 중점으로 하는 공부법이 비효율적이라고 생각하죠. 하지만 진짜 효율적인 공부는 시험이 요구하는 바와 자신이 잘하는 것을 명확히 이해하고 그에 따라 적절한 공부법을 선택하는 것입니다.

물론 효율적으로 공부하는 것 역시 실력의 한 부분입니다. 무작정 덜 외우는 게 아니라 제대로 외워야 하는 구간을 파악하는 것이 실력이에요. 그러므로 암기와 효율은 동떨어진 개념이 아니며, 때에 따라 효율적인 공부를 위해 암기가 필요할 수도 있음을 깨달아야 합니다. 효율이라는 단어 뒤에 숨어 암기를 피하지 마세요.

고등학교 내신은 경쟁적인 분위기 속에서 방대한 양을 단기간 안에 효율적으로 공부해야 하는, 무척 고된 과정임은 틀림없습니다. 그러니 중학교 때와는 다른 마음가짐을 가지도록 합시다. 모든 과목을 조금 더 꼼꼼하고 단단하게 공부한다는 마음으로 임하세요. 그것이 나의 성적에 기회를 가져다줄 가장 기본적이면서 중요한 비법입니다.

내신을 준비하는
진짜 마음가짐

새벽 시간, 대한민국 수험생이면 모두가 가입되어 있다는 수만휘 사이트에 들어가면 '오늘 하루 이만큼 공부했는데 괜찮을까요?' 같은 질문이 상당수 올라옵니다. 끝을 가늠할 수 없는 공부라는 긴 여정을 지속하다 보면 불안한 마음이 생기는 게 당연하지요. 얼마나 공부해야 좋은 성적을 받을 수 있을지도 모르겠고요. 그러니 조급함이 생기는 것이 당연합니다.

하지만 얼마나 공부해야 만족할 만한 성적을 얻을 수 있냐는 물음은 매우 답하기 어려운 질문이에요. 학교에 따라, 과목에 따라, 학생에 따라, 또 공부 방법에 따라 시험에서 좋은 점수를 안정적으로 받을 수 있는 공부량은 천차만별이니까요. 공부량에 대한 절대 기준은 없다고 보는 편이 가장 명확하고 유일한 답변이라 할 수 있습니다.

그럼에도 나만의 학습량 기준을 세우는 데 도움이 될 팁이 있습니다. 바로 오늘 하루를 돌아봤을 때 행복하게 잠들 만큼 공부하는 것입니다. 너무 모호하고 뜬구름 잡는 소리 같다고요? 입시에 성공한 수많은 사람들이 모두 공통적으로 하는 조언이 있습니다. 하루하루 최선을 다해 살았을 때 그 날들이 모여 굵직한 결실을 만들어낸다는 것입니다. 이는 내신을 공부하는 우리에게도 딱 들어맞는 조언입니다.

내가 바라는 목표를 안정적으로 얻어내기 위해 얼마나 많은 노력을 들여야 하는지 모호할 때, 우리가 취할 수 있는 유일한 태도는 그저 최선을 다하며 하루하루를 알차게 채워나가는 것입니다. 계획을 세우는 일보다 중요한 것은 계획을 지키는 일이지요. 침대에 누워 쉬고 싶은 마음이 들 때마다 다시 한번 목표를 떠올리고, 나와 맺은 오늘의 약속을 꾸준히 지켜나가는 데 집중합시다.

결국, 고등학교 내신을 성공적으로 치르기 위한 가장 중요한 요소는 매일의 꾸준함과 스스로를 통제할 줄 아는 태도입니다. 주변의 분위기에 휩쓸리지 않고, 내가 세운 계획을 끝까지 밀고 나가야만 고등학교 내신에서 성공을 노릴 수 있습니다. 그러고 나서 모든 일과를 마친 뒤 침대에 누워 오늘 하루를 돌아봅시다. 그때 아주 작은 후회와 반성도 들지 않았다면 그 하루는 목표를 달성한 하루라 할 수 있습니다. 후회 없는 하루하루가 쌓일수록, 우리는 분명 단단해집니다.

후회가 아닌 만족으로 채워지는 하루는 게으름 피우지 않고 바로 시작하는 태도가 모여 만들어집니다. '정각에 시작해야지' '어차피 밤 새울 거니까 저녁도 먹고 한숨 자고 일어나 새벽에 시작해야지.' 모두가 한 번쯤 해봤을 법한 생각이지요? 하지만 이러한 관대한 마음가짐이 독이 된다는 사실을 깨달아야 합니다.

사실 이 태도가 결코 나의 계획에 도움이 되지 않는다는 것은 여러분도 이미 알고 있을 겁니다. 그럼에도 이런 유혹의 목소리를 단호하게 내치기가 어려운 거겠지요. 이러한 유혹에 굴복하지 않으려면 늦장 부리지 않고 단숨에 집중하는 습관을 들여야 해요. 뜸 들일 여유를 주지 않고 정해진 시간이 되면 바로 학습에 임하는 루틴을 만드는 것이죠.

의지는 정신적인 에너지이며 일종의 소모품이라고 합니다. 그러니 연약하고 나태한 나를 인정하는 마음가짐을 가집시다. 공부하기 귀찮고 쉬고 싶은 마음을 채찍질하기보다는 있는 그대로 받아들이세요. 마라톤 선수와 단거리 선수가 가지는 마음가짐은 매우 다릅니다. 공부라는 것은 길고 긴 경주이기에 매일 처음과 같은 열정을 불태우는 것은 불가능합니다. 그러니 오늘 현재에 주목합시다. 공부해야겠다는 마음이 든 바로 그 순간 곧바로 실천에 옮길 수 있도록 꾸준히 연습합시다. 그래야 길고 긴 레이스 중에 소진되지 않고 건강한 마음으로 완주할 수 있습니다.

시험을 망쳤을 때
제일 먼저 해야 할 일

서울대생이 공부를 하며 슬럼프를 겪었다거나 기대에 미치지 못하는 성적을 받고 멘붕에 빠졌다는 이야기에 공감이 힘들 수도 있습니다. "서울대에 간 학생이 시험에서 망했다면 겨우 1개 정도 틀린 수준 아닌가요?"라고 생각할 수도 있습니다. 그런 이야기를 들을 때마다 저는 고등학교 1학년 당시에 받았던 53점짜리 수학시험지를 떠올립니다.

고등학교 내신에서 수학은 굉장히 큰 무게를 갖습니다. 주요 과목이라고 불리는 국어·영어·수학 중에서도 수학은 단연 중요하다는 평가를 받는 과목이에요. 그런데 서울대 진학을 목표로 매일 최선을 다해 준비했던 고등학교 1학년 내신에서 저는 수학 53점이라는 꽤 아픈 점수를 얻었습니다. 당시 수학 평균이 약 75점 정도였으니, 객관적으로 보아도 제 성적은 낮은 축에 속했어요.

이제 와 돌이켜 보면 제가 그렇게 시험을 망쳤던 이유는 다양한 시험 상황에 충분히 대비하지 못했기 때문이었습니다. 시험 초반 4번 문제가 안 풀려서 좀처럼 나아가지 못하고 그 문제에 갇혀 있었거든요. 비교적 난이도가 낮은 문제조차 풀어내지 못한다는 당혹감, 그로 인한 극도의 불안감이 찾아오니 뒤의 문제들 역시 풀리지 않았습니다. 결국 4번 문제로 돌아오기를 몇 번, 그러고 나자 시험 시간이 끝나버리고 말았어요. 시험을 모두 마치고 채점을 하면서 침대에서 펑펑 울었던 기억이 아직도 선명합니다.

문제는 그날이 시험 첫째 날이었다는 거예요. 앞으로 사흘간 여섯 과목의 시험이 남아 있었죠. 빨간 줄이 가득한 수학시험지를 볼 때마다 눈물이 차올랐지만, 정신을 차리고 다음 시험을 위해 공부해야만 했습니다. 내가 무너져도 세상은 기다려주지 않는다는 생각이 뇌리를 스쳤습니다. 이어서 지금 나를 유일하게 통제할 수 있는 건 '나' 뿐이라는 생각이 들었어요. 바꿀 수 없는 것에 집착하고 후회하기보다, 바꿀 수 있는 것에 집중하며 남은 과목에서 성적을 만회해야 한다고 생각했습니다.

저는 곧바로 침대에서 일어나 세수를 한 뒤 책상에 앉아 빈 종이를 꺼냈습니다. 이 감정을 풀어내고 해야 할 일을 정리하기 위해서 제일 먼저 문제상황을 제대로 직면하고 싶었거든요. 가장 먼저 수학시험에서 원하는 성적을 받지 못한 이유를 적어내려 갔습니다. 노력에 비해 과분한 성적을 바랐다는 반성이 곧바로 찾아왔습니다. 무작정 자책하지 않고 명확하게 '노력 부족'이라는 이유를 찾자 마음이 한결 가벼워졌습니다.

이후 시험 상황에서 내가 느낀 감정을 솔직하고 자세하게 적었습니다. 처음 4번 문제를 풀지 못했던 순간으로 돌아가 어떻게 대처해야 현명했을

> 66 저는 시험에서 실수한 것을 깨달았을 때 그 사실을 되새기며 스스로를 가두지 않으려고 노력했습니다. 그 시간을 다음 날 시험 볼 과목을 공부하는 데에 쓰려고 애썼습니다. 그럼에도 불구하고 잊히지 않으면 차라리 문제의 답을 체크했습니다. 빠르게 시험의 결과를 확인하면 오히려 현실을 받아들이기 쉬워요. 그래야 이 기분이 다음 과목 시험에 영향을 주지 않습니다. (서울대 전기정보공학부 25학번 김선재)

까 생각해 봤어요. 그러자 똑같이 노력 부족이라는 이유로 실패하는 일을 더 이상 만들고 싶지 않다는 생각이 강하게 들었고, 다시 공부를 시작할 수 있었습니다.

의도치 않게 사고가 나면 부정적인 감정에 깊게 빠져 헤어 나오기 힘듭니다. 일상적인 상황이라면 충분히 슬퍼하고 감정을 다스리는 것도 괜찮겠지만, '시험'이라는 특수한 상황은 이를 불가능하게 만듭니다. 시험은 계속되고, 경쟁은 냉정합니다. 이때는 내가 '바꿀 수 없는 것'과 '바꿀 수 있는 것'을 구분하세요. 지나간 일의 결과는 바꿀 수 없습니다. 그러나 앞으로 남은 시험에 임하는 자세와 전략은 스스로 선택할 수 있습니다.

그렇다고 시험을 망쳤을 때 무작정 감정을 억누르라는 뜻은 아닙니다. 있는 그대로 감정을 바라보고 내가 지금 이 감정을 느끼는 이

유를 명확하게 들여다보세요. 현재 내가 취할 수 있는 최선의 태도를 고민한 뒤 당장 개선할 수 있는 것들을 적극적으로 바꿔보세요. 가능한 한 빠른 시간 내에 다시 몰입할 수 있는 상태로 나를 되돌리는 것이 가장 중요하다는 사실을 명심합시다.

내신 준비의 기본은
'설계'다

　　우리는 학기마다 2번씩, 한 해 총 4번의 시험을 치릅니다. 앞서 말했듯 고등학교 내신시험은 중학교 때보다 더 성숙한 마음가짐으로 준비해야 합니다. 이때 단순히 마음을 굳게 먹는 것만으로는 부족합니다. 학습 습관도 달라져야 합니다. 열정적인 마음을 뒷받침해주는 체계적인 계획이 없다면 열심히 공부한다 해도 공부 방향의 설정이 잘못될 가능성이 생기거든요. 이에 우리는 내신 공부를 효율적으로 할 확실한 전략을 세워야 합니다.

　　내신 공부에서 설계는 매우 중요합니다. 그 설계의 목표는 정해진 시간 동안 최대한 많은 내용을 꼼꼼하게 학습하기 위함입니다. 또 출제자의 성향을 바탕으로 열심히 공부할 부분과 가볍게 넘길 부분을 정하기 위한 것이죠. 틀리라고 낸 문제를 맞히고 만족할 만한 점수를 얻기 위해서이기도 해요. 지금부터는 총 4주라는 시간을 기준으로 효과적인 학습 전략을 세우는 방법에 대해 알아봅시다.

내신 출제 유형별
맞춤 전략 세우기

내신시험은 학교와 과목, 선생님마다 출제 스타일이 다릅니다. 따라서 같은 내용을 공부하기 전 반드시 내가 다니는 학교의 기출문제를 확인하고 그 스타일에 맞게 대비해야 합니다.

지금까지는 학교 기출문제를 얻기 위해 학원이나 온라인 사이트를 이용해야 했습니다. 비공식적인 루트이지요. 최근 많은 학교가 시험 기간에 공식적으로 전년도 기출문제를 학교 도서관에 비치하기 시작했습니다. 덕분에 더욱 쉽고 확실하게 학교의 기출문제를 확보할 수 있어요.

그다음은 문제의 스타일을 분석할 차례입니다. 우선 변형과 응용 정도를 확인해야 합니다. 우리 학교가 학습자료를 그대로 활용해 시험문제를 내는지, 아니면 학습자료가 기반이지만 이를 응용해 문제를 출제하는지 파악하는 것이죠.

　수업 시간에 활용하는 학습자료를 일부 변형한 문제가 출제된다면 그 변형 정도에 따라 대비 방법이 다릅니다. 자료에서 거의 똑같은 문제가 출제되는 경우에는 교과서와 프린트, 필기 노트 등을 완벽하게, 효과적으로 암기해야 합니다. 단순히 읽는 것만으로는 기억에 남지 않으므로 스스로 질문하고 답하는 방식, 키워드로 암기하는 방식 등의 학습 기법을 활용하면 좋습니다. 중요한 개념을 질문의 형태로 바꿔보고 답을 찾거나, 간단한 키워드로 정리하면 기억에 더 오래 남습니다.

　학습자료에서 많은 변형이 일어날 때는 관련 개념을 정확히 이해하고 응용하며 풀이 과정을 꼼꼼히 이해하는 방식의 공부법이 좋습니다. 단순히 암기하기보다 왜 그러한 풀이 과정이 필요한지 꼼꼼히 따져봅시다. 처음 보는 문제가 출제되어도 당황하지 않을 수 있습니다.

　그다음으로는 시험의 구성을 확인합니다. 쉬운 문제와 어려운 문제, 객관식 문제와 서술형 문제가 어떤 비율로 출제되는지를 살펴보세요. 문제 구성에 따라 공부 전략이 달라지기 때문입니다. 예를 들어 전체 문제의 약 80%가 중간 난이도로, 나머지 20%는 어려운 난이도로 출제된다면 어떨까요? 해당 시험에서 1등급을 받기 위해서는 중간 난이도 문제를 모두 맞히고 고난도 문제를 한두 개 틀리는 선이어야 할 겁니다. 이를 위해서는 80%를 실수 없이 맞혀야 합니다. 기본 개념을 꼼꼼하게 익혀 맞히라고 낸 문제는 절대 틀리지 않아야 하는 거죠. 고난도 문제에 도전할 수 있는 시간 여유를 확보하는 것도 중요합니다.

만약 객관식보다 서술형 문제가 많은 경우라면 단순히 문제만 풀기보다 글을 써 내려가며 공부하는 방법이 더 효과적입니다. 단원별로 자신이 알고 있는 모든 내용을 백지에 적으며 개념을 제대로 이해하고 있는지를 확인하세요. 특히 서술형 문제는 원인·절차·과정을 구체적으로 물어보는 경우가 많기 때문에 단순히 키워드만 암기하는 수준을 넘어 구체적인 흐름을 이해해 두어야 합니다.

❝ 모든 시험문제가 객관식이라도 결국 교과서의 내용을 토대로 출제되기 때문에 백지 공부법을 통해 교과서의 내용을 완벽하게 숙지합시다. 그래야 오답 발생을 철저히 방지할 수 있습니다. (서울대 경영학과 25학번 이준우)

외부 지문의 활용 여부도 확인해야 합니다. 교과서에 실리지 않은 지문이나 작품이 자주 출제된다면, 새로운 지문이 나와도 당황하는 일 없이 문제를 풀어갈 수 있는 기본기를 쌓는 공부법을 선택하세요. 수능 공부를 하듯 국어에서 독해력을 키운다거나, 수학에서 논리적인 사고를 연습한다거나, 영

❝ 백지 공부법을 시행할 때 수기보다는 타이핑이 빠르므로, 스마트 기기를 활용하는 것도 좋아요. 또 타이핑보다 말이 빠르니 가족이나 친구에게 자신이 외우고 있는 내용을 확인받으면 기억에 더 오래 남을 수 있습니다. (서울대 소비자학과 25학번 송승현)

어에서 어휘 실력을 키우는 등 기본적인 역량을 키우는 공부법을 추천합니다.

외부 지문이 특히 발목을 잡는 과목은 국어입니다. 교과서에 실린 작품과 비슷하지만 다른 작품이 시험에 출제되는 경우가 많기 때문입니다. 이에 시험을 대비하며 작가의 다른 작품, 동시대에 지어진 작품, 비슷한 소재와 표현법을 가진 작품 등을 폭넓게 공부해야 합니다. 수업 시간에 중요하게 다루어진 작품의 작가·시대·소재·표현법을 정리하고 관련한 다른 작품을 사전에 공부해 두세요.

시험 단골 지문인 정철의 〈사미인곡〉은 정철의 〈속미인곡〉과 함께 출제되는 경우가 많습니다. 같은 작가가 동일한 배경을 어떻게 그려냈는지, 동일한 의미를 갖는 상징물은 무엇인지를 물어보곤 하지요. 수업에서 일제강점기에 만들어진 작품에 대해 배웠다면 동일한 시대를 공유하는 작품이 출제될 가능성이 높습니다. 예시로 윤동주와 이육사는 모두 일제강점기에 활발히 활동한 문인이지만, 두 사람이 취했던 저항의 방식이 달라 서로 비교하는 문제가 자주 출제되곤 해요.

소재나 표현법을 공부할 때는 개념을 명확하게 이해하고 있는 것이 중요합니다. 역설법이나 반어법, 객관적 상관물, 공감각적 심상처럼 작품에 활용된 표현법을 새로운 지문에서도 발견할 수 있는지 물어보는 문제가 자주 출제되니 이러한 부분을 유의해 익히도록 합시다.

4주 동안
진심을 다해라

내가 치러야 할 내신시험의 유형을 파악했다면 이제 본격적인 내신 대비 계획을 세울 차례입니다. 앞서 고등학교에서 성공적으로 내신을 관리하려면 현실적인 계획을 세우는 것이 중요하다고 지적한 바 있지요. 학습 계획을 세우는 방법은 다양하지만 많은 합격자들이 입을 모아 강조하는 계획은 따로 있습니다. 바로 4주를 기준으로 내신을 대비하는 것입니다.

내신시험 한 달 전부터 시험 준비를 시작해 주 차별로 구체적인 학습 계획을 세워보세요. 학습 내용을 꼼꼼하고 반복적으로 익혀야 하는 고등학교 내신시험에서 4주 플랜은 체계적인 학습에 큰 도움을 줍니다.

4주 계획을 세울 때 가장 먼저 해야 할 일은 틀을 잡는 것입니다. 과목별로 어떤 자료를 볼지, 어떤 문제집을 풀지, 그리고 어떤 순서로 공부할지를 결정하는 겁니다. 학교에서 제공하는 교과서, 부교재, 학습자료를 모두 확인하고 시험에 출제되는 범위를 과목과 단원으로 나눠 정리해 봅시다. 고등학교는 시험 범위가 시험 직전에 추가되

> 66 처음에는 공부할 수 있는 교재를 최대한 많이 적어 틀을 세우세요. 이후 활용에 좋은 자료만 선별해 틀을 좁혀나갑니다. (서울대 경영학과 25학번 이준우)

기도 하고, 목차 순서대로 수업이 이루어지지 않는 경우도 있기 때문에 이 역시 꼼꼼하게 확인하세요.

▶ 학습 범위 및 자료 정리					
	국어	수학	영어	통합사회	통합과학	한문
범위	1, 2단원	1, 2, 3단원	1, 2, 3단원	1, 2, 4단원	2, 5단원 *추가 예정	1, 6, 7단원
자료	교과서, 부교재	교과서, 부교재	교과서, 프린트	교과서	부교재	프린트

시험 범위를 모두 확인했다면 이제 시험 공부의 순서와 단계를 각 과목에 맞게 적용할 차례입니다. 보통 시험을 위한 공부의 기본 순서는 다음과 같습니다.

▶ 공부의 기본 순서

개념 친해지기 → 개념 암기하기 → 기초문제 풀이 →

서술형 대비 ← 심화문제 풀이 ← 문제 풀이 방식 익히기 ←

만약 수학 과목의 학습을 계획한다면 아래의 방식으로 학습법을 적용할 수 있겠죠. 여기에 문제집을 추가해 더 철저히 학습하는 것도 추천합니다.

▶ 최종 학습 계획

개념 친해지기	개념 암기하기	기초문제 풀이
↓	↓	↓
수업 복습하기	노트 정리하기	교과서 풀기 '라이트 쎈'

서술형 대비	심화문제 풀기	문제 풀이 방식 익히기
↓	↓	↓
학교 기출문제 문제은행 활용	'일품' '고쟁이' '블랙라벨'	부교재 풀기 '개념원리 RPM'

큰 틀이 정해졌다면 이제 한 주씩 세부 계획을 세울 차례입니다. 주간 계획을 세울 때는 주마다 각 과목에서 어떤 부분을 공부할지, 어떤 문제집이나 자료를 활용할지 구체적으로 정리하는 일이 중요해요. 이때 현명하게 우선순위를 정하고, 실현 가능한 계획을 세워야 한다는 것을 잊지 마세요.

시험 대비 첫 주에는 국어·영어·수학과 같은 주요 과목의 시험 범위를 천천히 1회독하며 주요 개념과 친해지고 필수 개념을 암기합니다. 주요 과목은 기초 실력을 요구하는 과목이기 때문에 벼락치기보다는 평소 꾸준히 공부해야 훨씬 더 효과적이에요. 다만 이 시기에는 시험을 준비하며 확인해야 하는 자료를 모두 읽고 기초 개념을 어렴풋하게나마 기억하는 것을 목표로, 간단한 문제 풀이를 함께 병행합니다. 사회나 과학 같은 탐구 과목도 천천히 예열한다는 마음으로 조금씩 살펴보세요.

2주 차 때는 보다 본격적으로 주요 과목의 부교재 학습을 시작합니다. 이때 문제 풀이를 통해 1주차에 익혀둔 내용과 기본 개념을 제대로 이해했는지 점검할 수 있어요. 더불어 이 과정에서 내가 취약한 문제 유형이나 학습 내용을 파악하는 것이 매우 중요합니다. 문제를 풀면서 이해가 잘 되지 않거나 유독 자주 틀리는 부분이 있다면, 반드시 따로 표시하거나 정리해 시험 직전에 다시 참고할 수 있도록 합니다. 탐구 과목의 경우 교과서에 실린 기본 개념 암기를 시작하고 부교재가 있다면 문제 풀이도 1회독 합니다.

3주 차에는 실전 연습에 돌입합니다. 어려운 고난도 문제 풀이를 시작하고, 내가 공부를 하며 놓치고 있는 부분이 무엇인지 약점을 파악해 보완하며 서·논술형 대비를 시작합니다. 주요 과목인 국어·영어·수학은 2주차에 정리해 두었던 취약 유형을 보완하는 학습을 병행해야 합니다. 유형별로 정리된 문제집을 활용해 내가 어려워하는 유형을 집중적으로 공부하세요. 탐구 과목도 수능이나 모의고사 기출문제를 풀어보는 등 고난도 문제 풀이를 시작합니다. 다만 이때는 시험의 특성을 고려해 학습 목표를 유연하게 조정하는 것이 좋습니다. 만약 빠른 시간 안에 많은 문제를 정확하게 풀어내는 '타임어택'형 시험이 출제된다면 고난도 문제를 많이 푸는 것보다 다양한 문제 풀이 유형을 익히며 시간을 절약할 수 있는 방법을 고민하는 것이 더욱 효과적이에요.

> 66 시험의 구성 파악과는 별개로 기초 문제 학습은 꾸준히 병행하세요. 이를 통해 기본 문제의 풀이를 자동화시키면 그 자체가 점수를 결정짓는 요소로 작용할 수 있습니다. (서울대 농경제사회부 25학번 정윤찬)

드디어 마지막 4주차에 접어들었습니다. 이 기간은 시험공부를 마무리하는 시기라고 생각해야 해요. 새로운 문제를 풀기보다 이전에 풀었던 문제 중 발생한 오답을 다시 살피거나, 실제 시험장에서처럼 정해진 시간 안에 기출문제를 풀어보는 등의 연습을 합니다. 더불어 시험을 앞두고 수업 시간에 선생님께서 특별히 강조하거나 짚어준 부분들을 확인하며 그 내용을 한 번 더 확인하세요. 또 여러 번 반복해 등장하는 핵심 개념을 중심으로 서술형으로 출제될 부분은 어디인지 예측해 보는 것도 좋은 공부법이에요. 이 과정을 통해 최종적으로 내가 제대로 이해했는지를 점검하며 실수를 최대한 줄여 나갑니다. 시험 시간에 많이 긴장하는 유형이라면 나만의 시험 대비 루틴 등을 연습하는 것도 긴장을 줄여 더 높은 점수를 얻는 데 도움이 될 수 있습니다.

마지막으로, 이 주간 계획을 바탕으로 매일의 공부 목표를 함께 설정합시다. 이를 위해서는 매주 일요일 밤, 돌아오는 한 주간에 학습할 내용을 구체적으로 계획해야 해요. 그리고 공부를 시작하기 전 미리 작성해 둔 계획표를 참고해 그날 해야 할 일을 정리합시다. 이때 유의할 점은 너무 과한 목표를 세우지 않는 것입니다. 날마다 꾸준히 실천할 수 있는 수준으로 공부량을 조절해야 합니다.

내신은 결국 장기전이자 체력전이므로 철저한 일정 관리를 통한 컨디션 조절은 필수입니다. 자신이 잘 소화할 수 있는 정도로 하루의 계획을 세우고 상황에 맞춰 유연하게 적용합시다. 만약 특별한 사정으로 그날 계획에 조금씩 변화가 있다 하더라도, 확실한 내신 대비를 위해서는 주 차별 계획만큼은 완벽하게 지켜내야 한다는 점을 반드시 기억하세요.

시험이 끝났다면 이것만큼은 기억하자

내신시험을 모두 마치고 내가 목표했던 점수를 얻었다고 해도 우리에게는 할 일이 남아 있습니다. 앞선 시험에 대한 리뷰를 작성하고, 개선할 점을 생각해야 해요. 이는 앞으로의 성적 관리는 물론 학습 습관을 설정하는데도 매우 큰 도움이 됩니다.

시험 준비만으로도 버거운데 복기까지 해야 한다니 너무 막막하게 느껴진다고요? 너무 큰 부담을 갖지는 마세요. 리뷰라고 해도 거창할 건 없습니다. 내가 시험을 준비하고 공부하면서 불편한 점이 있었다거나, 혹 공부를 하면서 깨달은 문제점이 있었다면 이러한 점을 모두 솔직하게 작성하면 됩니다. 필기한 내용을 그대로 보고 적느라 정작 내용은 머릿속에 잘 남지 않았다거나, 어떤 색의 형광펜으로 밑줄을 칠했는지도 기억나지만 정작 밑줄 친 내용은 기억이 나지 않았다거나, 분명히 확실히 암기했다고 생각했던 내용이 며칠이 지나면 흐릿해지는 등 공부를 하며 느낀 다양한 문제를 솔직하게 작성하세요.

그다음, 이러한 문제를 보완하기 위해서는 어떻게 공부해야 할지 생각해 봅시다. 많은 시간을 들여 정성스레 노트 정리를 했지만 정작 그 내용이 기억에 잘 남지 않는다면 시험 범위에서 다루어지는 내용을 A4용지 한두 장 정도로 간략하게 정리하도록 합니다. 또, 암기한 내용을 자꾸만 잊어버려서 문제라면 각 과목의 복습 주기를 짧게 유지하는 것도 방법이에요. 하루에 한 과목을 공부하기보다 하루에 두 개 이상의 과목을 공부해 뇌가 지루함을 느끼지 못하도록 하는 거죠. 월·수·금요일에는 국어와 수학을, 화·목·토요일에는 영어와 탐구 과목을 배치해 요일별 학습 과목을 정하는 방식도 효율적입니다.

마지막으로 시험이 모두 끝난 후 과목마다 성찰의 시간을 갖습니다. 시험이 어떻게 출제되었고, 자신이 잘한 점과 못한 점, 어떤 부분에 집중하면 좋을지 등 시험이 끝난 후 느꼈던 모든 것을 적어보세요. 누구에게 보여줄 필요도 없고 확인받을 필요도 없으니 편한 말투로, 편안한 마음으로 작성합니다. 이 과정을 통해 시험에 대한 스트레스도 풀 수 있고, 또 다음 시험을 준비하기 전에 다시 읽어보며 어떤 식으로 공부법을 보완할지 아이디어도 얻을 수 있습니다. 다만 이 과정은 시험에 대한 기억이 날아가기 전, 적어도 모든 시험이 끝난 후 3일 안에 모두 끝내는 걸 추천합니다.

내신 대비
우선순위 설정 가이드

성공적인 내신 준비를 위해 계획을 세울 때는 가장 첫 번째 단계로 내가 해야 할 일들의 우선순위를 정하고, 그에 따라 학습 시간 및 학습량을 조절해야 합니다. 우선순위를 제대로 정하지 못하면 자칫 엉뚱한 부분에 너무 많은 시간을 빼앗기거나 효율적이지 않은 방식으로 소중한 체력과 집중력을 소진하게 될 수도 있어요. 내신을 대비하며 어떤 잣대로 나의 우선순위를 정해야 하는지, 그 기준을 소개합니다.

① 과목별 단위 수 & 수강생 수 확인

단위 수가 높은 과목은 성적 반영 비율도 그만큼 큽니다. 따라서 단위 수가 높은 과목의 성적이 내 최종 성적에 미치는 영향도 커지지요. 그러니 단위 수가 높게 책정된 과목은 공부의 비중을 늘려 더욱 철저하게 대비해야 합니다.

더불어 수강생의 수 역시 중요하게 따져보아야 하는 요소인데요. 수강생이 적은 과목일수록 석차 경쟁이 더욱 치열해지기 때문입니다. 이런 과목의 경우 최대한 실수를 줄이고 더욱 완벽하게 실력 발휘를 할 수 있도록 전략적으로 대비해야 합니다. 더욱 철저한 계획도 필수예요.

② 목표 대학의 전형 & 평가 방식 확인

내가 진학하고자 하는 대학과 학과에서 요구하는 내신 반영 비율, 교과·비교과 가중치 확인은 기본 중의 기본입니다. 계열적합성을 고려하여 인문계열은 국어·영어·사회에 집중하고, 자연 계열 학생은 수학·과학에 집중하는 것도 효율적입니다. 특히 희망 전공과 직결되는 과목을 가장 최우선으로 관리해 꾸준히 상위권을 유지해야 이후 진학에 유리하다는 점을 기억하세요.

③ 취약한 과목에 더 많은 시간 투자

모두가 유난히 취약한 과목이 있기 마련이지요. 유독 집중하기 어렵고 자꾸만 뒤로 미루고 싶은 과목이 있을 수 있습니다. 하지만 나에게 취약한 과목일수록 효율적인 투자가 가능합니다. 상대적으로 점수 상승 폭이 커질 수 있거든요. 그러니 내가 어떤 과목에 취약하고, 어떤 유형에서 시간을 오래 쓰는지 정확하게 파악하는 것이 곧 성적 상승의 지름길입니다. 단, 취약 과목은 방학을 적극적으로 활용해서 보완하는 방법을 추천합니다.

④ 투자 대비 효율 분석

대입을 준비하면서 꾸준히 성실하게 준비해야 하는 과목은 누가 뭐래도 수학·영어·국어와 같은 주요 과목입니다. 이 과목들은 비단 시험 기간이 아니라도 탄탄한 기초를 쌓을 수 있도록 평소에 꾸준히 학습해야 해요.

이를 바탕으로 내신을 준비하는 4주라는 기간 동안 꾸준히 시간을 투자하는 것이 좋습니다.

그에 비해 암기 위주 과목은 단기 집중 효과가 좋아요. 이 과목들은 시험에 가까워졌을 때 집중적으로 시간을 투자하는 편이 더욱 효과적입니다.

공부 효율을
폭발적으로 높이는 실전 스킬

학습 계획도 잘 짜고, 그 계획에 맞춰 공부도 열심히 했는데 성적이 기대만큼 잘 나오지 않는 경우가 있지요. 만족스럽지 못한 성적에 배신감을 느낄 수도 있고, 앞으로는 도대체 어떻게 공부를 해야 하는지 막막함을 느껴 공부를 이어갈 의욕조차 잃어버릴 수 있습니다. 하지만 이는 공부의 효율을 높여줄 수 있는 진짜 학습법이 무엇인지 모른 채 잘못된 방향으로 공부했기 때문일지도 모릅니다.

지금부터는 시험장에서 진짜 실력을 발휘하게 할 효율적인 공부 방법과 실수를 줄이는 실전 루틴을 소개합니다. 올바른 방향의 효과적인 학습 방법을 살펴보며 나의 공부법을 점검하고, 직접 적용할 수 있는 것은 꼭 메모해 두고 실천해 봅시다.

① 암기, 피할 수 없다면 적극적으로 활용하라

어떤 과목을 공부하든 그 누구도 결코 피할 수 없는 공부 과정이 있지요. 바로 '암기'입니다. 특히 고등학교 내신을 준비할 때는 더더욱 그렇습니다. 복잡하거나 어려운 문항 없이 성적의 변별력을 확보하기 위해 교과서 구석, 지엽적이고 사소한 내용이 시험에 출제되는 경우가 종종 있기 때문입니다. 이에 많은 학생들이 어느 범위까지, 어느 수준으로 암기해야 하는지 난감함을 느끼기도 합니다.

많은 학생이 암기란 그저 언제든 기억할 수 있을 때까지 묵묵히 외우는 것이라고 생각합니다. 하지만 암기 역시 다른 학습 전략과 마찬가지로 효율을 높일 수 있는 방법이 있습니다.

우선 암기 역시 이해의 연속임을 깨달아야 해요. 많은 학생이 암기와 이해가 서로 동떨어진 개념이라고 생각해요. 하지만 이 둘은 실제로는 서로 떼려야 뗄 수 없는 밀접한 관계입니다. 같은 내용을 암기하더라도 이해가 선행되지 않았을 때와 선행되었을 때의 결과는 차이가 큽니다. 맥락을 알고 이를 바탕으로 내용을 이해해 두면 암기 속도가 매우 빨라지고 이후 기억에도 더 오래 남아요. 그러니 암기와 이해는 별개의 요소가 아닌, 상호작용을 주고받으며 도움을 줄 수 있는 관계임을 기억하세요.

마인드맵 형식으로 암기하는 것도 효과적입니다. 목차를 참고해 대단원부터 소단원까지 각 개념 순서로 마인드맵을 그려보세요. 처음에는 개념을 정리하고 이를 바탕으로 암기한다는 목적으로 목차에 소개된 개념을 외우며 마인드맵을 그립니다. 암기를 끝낸 뒤 복습을 할 때는 책을 덮고 아까 외웠던 마인드맵을 백지 위에 그려보세요. 그러면 현재 내 암기 수준을 시각적으로 확인할 수 있으며, 동시에 내가 아는 것과 모르는 것이 무엇인지 명확하게 구분할 수도 있습니다.

엉뚱한 이름을 붙이거나 이야기를 꾸며내는 방법도 의외로 큰 도움이 됩니다. 국어 문법에서 '7종성법(ㄱ, ㄴ, ㄷ, ㄹ, ㅁ, ㅂ, ㅇ의 7개 자음으로

만 모든 종성을 발음하는 것)'을 암기할 때 '가느다란 물방울'이라고 외우거나, '울림소리(ㅁ, ㄴ, ㄹ, ㅇ)'를 '모노레일'로 암기하는 식입니다. 또 아무런 관련이 없는 영단어를 암기할 때 이야기를 만들어 스토리를 외우면 기억에 더 오래 남습니다. "민수가 '현관문'을 열고 들어와 반려 '거북이'에게 '인사'하고 밀린 '과제'를 했다"와 같이 직접 문장을 만들어 외우는 방법을 추천합니다.

오답 선지를 스스로 고치는 학습 전략도 암기에 효과적입니다. 오지선다형의 객관식 문제를 풀 때 우리는 보통 하나의 정답만을 골라내는 과정에 집중합니다. 그러나 나머지 4개의 오답 역시 공부에 활용할 수 있는 소중한 자원입니다. 왜 그 선지가 정답이 될 수 없는지 이유를 생각하고, 정답이 되기 위해서는 어떻게 수정되어야 할지 적어봅시다. 직접 손으로 필기하며 개념을 한 번 더 정확하게 정리하는 과정은 현재 내 암기 수준을 객관적으로 파악하는 데 도움이 될 뿐만 아니라, 궁극적으로는 다시 한번 개념을 정리하는 작업이기 때문에 암기에 더욱 효과적입니다.

② 시험 당일, 공부한 만큼 보여주려면

우리는 시험을 치르며 주어진 문항을 한정된 시간 안에 풀어내야 하지요. 따라서 시험을 제대로 대비하려면 단순히 문제를 많이 푸는 것만으로는 부족합니다. 그 이상의 무언가가 필요해요. 한정된 시간을 적절하게 배분하고 위기 상황에서 현명하게 벗어날 수 있는 실전 연습도 필요합니다. 단순히 하나의 문제를 잘 푸는 데서 나아가 전체 시험을 장악하는 연습을 하는 것이죠.

최대한 실제 시험과 비슷한 환경을 만들어 모의시험을 치러봅시다. 시험 시간, 유독 긴장해 제대로 실력을 발휘하지 못하는 친구들은 이런 경험으로 시험에 대한 부담감을 줄일 수 있어요. 실제 시험에서 일어날 수 있는 여러 상황을 미리 경험하고 어떻게 대응해야 할지 사전에 고민해 볼 수 있거든요.

시험 중 학생들이 가장 많이 하는 실수는 바로 모르는 문제에 매달리느라 시험 전체를 망치는 것입니다. 이를 막기 위해서는 잘 풀리지 않는 문제를 과감하게 넘긴 뒤 다른 문제를 먼저 풀고, 남는 시간 동안 다시 그 문제로 돌아와 풀어야 해요. 하지만 이런 조언에 언제나 따라붙는 질문이 있지요. 바로 모르는 문제를 판단하는 기준, 또는 풀지 못할 문제를 판단하는 기준이 무엇인가 하는 것입니다.

이를 판단하기 위한 기준은 크게 두 개입니다. 먼저, 문제의 비주얼이 흉악할 경우에는 우선 풀이를 보류합니다. 이는 특히 수학 과목에서 두드러지게 나타나는데요. 제시된 문제의 비주얼이 아래와 같다면, 문제의 난이도가 매우 높을 것이라 예상할 수 있어요.

30. $\dfrac{12}{5} < k \leq 4$ 인 상수 k 와 자연수 n 에 대하여
수열 $\{a_n\}$ 이 다음 조건을 만족시킨다.

> (가) n 이 짝수이면
> a_n 은 $0 \leq x \leq 2$ 에서 직선 $y = -\dfrac{k}{2n}$ 와
> 곡선 $y = 2\sin\left(n\pi x + \dfrac{\pi}{2}\right) + \left| k\sin^2(n\pi x) - (k-1) \right|$ 이
> 만나는 서로 다른 점의 개수와 같다.
> (나) n 이 홀수이면
> a_n 은 $0 \leq x \leq 2$ 에서 직선 $y = \dfrac{k+1}{n}$ 과
> 곡선 $y = 2\sin\left(n\pi x + \dfrac{\pi}{2}\right) + \left| k\sin^2(n\pi x) - (k-1) \right|$ 이
> 만나는 서로 다른 점의 개수와 같다.

$0 < a_2 < 6$ 일 때, $\displaystyle\sum_{n=1}^{5} a_n$ 의 값을 구하시오. [4점]

[2022년 고2 9월 모의고사]

이런 문제를 마주했을 때는 우선 풀이를 멈추고 다른 문제를 먼저 푼 뒤 마지막에 다시 돌아오는 편이 더 낫습니다.

그런데 모든 고난도 문제들이 위와 같이 흉악한 비주얼을 가지고 있는 것은 아닙니다. 반대로 겉으로 보기에는 그리 어려워 보이지 않지만 사실은 상당히 난도가 높은 경우도 있어요. 그렇다면 이를 어떻게 판단할 수 있을까요?

다른 문제들과 비슷해 보이는 문제라면 우리는 당연히 풀이에 돌입할 것입니다. 하지만 그리 오랜 시간이 지나지 않아, 도대체 어떻게 풀어야 할지 감이 잘 잡히지 않을 것입니다. 그리고 이 지점이 바로 고난도 문제임을 판단할 수 있는 기준입니다. 문제를 풀기 시작한 후 30초가 지나도 풀이 방법이 전혀 떠오르지 않는다면, 그 문제는 과감하게 넘기세요. 다른 문제들을 완벽하게 다 풀고 난 다음 다시 문제로 돌아와 풀이를 시도해 봅시다.

---

22. 최고차항의 계수가 1인 삼차함수 $f(x)$가 다음 조건을 만족시킨다.

> 함수 $f(x)$에 대하여
> $$f(k-1)f(k+1) < 0$$
> 을 만족시키는 정수 k는 존재하지 않는다.

$f'\left(-\dfrac{1}{4}\right) = -\dfrac{1}{4}$, $f'\left(\dfrac{1}{4}\right) < 0$일 때, $f(8)$의 값을 구하시오. [4점]

[2024학년도 대학수학능력시험]

위에 소개한 문제가 바로 겉보기엔 난도가 높아 보이지는 않으나 실제로는 매우 풀이가 어려운 경우입니다. 이런 문제에 계속 매달려 있다 보면 전체 시험의 페이스를 잃을 가능성이 매우 높습니다. 넘겨야 할 문제는 확실히 넘기고, 풀 수 있는 문제를 실수 없이 푸는 것만이 나의 내신 등급을 좌우함을 명심하세요.

수행평가의 무게를 아는 자가
승리한다

　고등학교에서 내신을 준비하며 지필평가만큼이나 중요하며 결코 빼놓을 수 없는 요소가 하나 더 있습니다. 바로 학기중에 진행되는 '수행평가'입니다.

　수행평가란 교사가 수업 시간을 통해 학생들의 수행 과정과 결과를 관찰하고 판단하는 평가 방식으로, 우리는 이미 초등학교와 중학교 과정에서 경험한 적 있습니다. 다만 고등학교 수행평가의 가장 큰 차이는 그 무게감에 있습니다. 중학교 수행평가가 친구들과 하는 캐치볼 수준이었다면, 고등학교의 수행평가는 전문 선수들이 참여하는 프로야구라고 표현해도 과하지 않을 정도니까요.

고등학교에서는 수행평가를 치르기 위해 들여야 하는 노력뿐 아니라 그 결과의 중요함까지 무척이나 다릅니다. 이는 우리의 성적 등급에 수행평가의 1점이 미치는 영향이 무척이나 크기 때문이에요. 지필평가에서 두 문제를 틀리는 것보다 수행평가에서 1점을 깎이는 것이 더 치명적이라는 말까지 있을 정도입니다. 그러니 우리는 수행평가에 임하는 매 순간 최선을 다해야 합니다. 지금부터는 성공적인 수행평가를 위한 다양한 노하우와 전략에 대해 알아봅시다.

수행평가 만점을 위한 기초, 채점기준표 확인하기

수행평가를 준비할 때 가장 먼저 해야 할 일은 평가 기준과 평가 요소, 채점 기준을 살피는 것입니다. 사실 많은 학생이 수행평가의 점수 부여 기준이 지필평가에 비해 모호하다고 생각합니다. 수행평가는 결과보다 과정을 평가하는 데 초점을 두다 보니, 상대적으로 평가에 유하다는 인식도 존재하고요. 하지만 앞서 지적했듯 수행평가가 등급을 가르는 지표로 활용된다는 점을 명심하세요. 평가 기준을 확실하게 파악하고 대비하는 과정을 거쳤을 때 더 좋은 점수를 얻을 수 있음은 분명합니다.

그렇다면 수행평가의 채점 기준은 어디서 확인해야 할까요? 보통은 학교에서 유인물의 형태로 제공되거나 학교알리미, 리로스쿨 어플을 통해 제공받을 수 있습니다. 만약 별도의 안내물이 없는 경우라면 선생님이 수업시간을 통해 직접 공지해 주시기도 하니, 전달 내용을 반드시 적어두고 꼼꼼하게 확인하세요.

성취기준		성취기준별 성취수준
[10통과1-01-04] 자연에서 일어나는 다양한 변화를 측정 및 분석하여 정보를 산출함을 알고, 이러한 정보를 디지털로 변환하는 기술을 정보 통신에 활용하여 현대 문명에 미친 영향을 인식한다.	A	인간을 둘러싼 자연계의 변화가 전달될 때 신호가 되며, 이를 측정 및 분석하여 정보가 산출됨을 이해하고, 센서를 통해 아날로그 형태의 신호를 디지털로 변환하는 기술이 정보 통신에서 활용되는 구체적인 사례를 분석하고, 디지털 정보 처리의 장단점을 파악하여 이러한 기술이 현대 문명에 미친 영향을 설명할 수 있다.
	B	인간을 둘러싼 자연계의 변화가 전달될 때 신호가 되며, 이를 측정 및 분석하여 정보가 산출됨을 이해하고, 센서를 통해 아날로그 형태의 신호를 디지털로 변환하는 기술이 정보 통신에서 활용되는 사례를 조사하여 발표할 수 있다.
	C	인간을 둘러싼 자연계의 변화가 전달될 때 신호가 됨을 이해하고, 신호를 아날로그 신호와 디지털 신호로 구분하며, 아날로그 신호가 센서를 통해 전기 신호로 바뀌어 디지털 정보로 변환됨을 설명할 수 있다.
	D	인간을 둘러싼 자연계의 변화가 전달될 때 신호가 된다는 것과 아날로그 신호와 디지털 신호의 특징을 이해하며, 일상생활에서 아날로그 신호와 디지털 신호의 사례를 제시할 수 있다.
	E	인간을 둘러싼 자연계의 변화가 전달될 때 신호가 됨을 말할 수 있다.

평가 요소		수행 수준	배점
이산화 탄소 농도 측정하기 (5점)	① 신호 측정하기	이산화탄소 농도 측정기로 농도의 변화를 관찰하여 측정값을 모두 정확하게 기록함	3
		이산화탄소 농도 측정기로 농도의 변화를 관찰하여 측정값의 일부만 기록함	2
		이산화탄소 농도 측정 활동에 참여함	1
	② 신호 정의하기	자연계의 변화가 전달될 때 신호가 되고, 이를 측정 및 분석할 때 정보가 산출됨을 설명함	2
		자연계의 변화가 전달될 때 신호가 됨을 설명함	1
③ 정보 통신 기술 분석하기 (5점)		이산화탄소 측정기에 사용된 정보 토신 기술을 모두 정확하게 분석함	5
		이산화탄소 측정기에 사용된 정보 토신 기술 중 3가지만 정확하게 분석함	4
		이산화탄소 측정기에 사용된 정보 토신 기술 중 2가지만 정확하게 분석함	3
		이산화탄소 측정기에 사용된 정보 토신 기술 중 1가지만 정확하게 분석함	2
		이산화탄소 측정기에 사용된 정보 통신 기술을 설명함	1
디지털 정보처리 기술 활용 방안 고안하기 (10점)	④ 디지털 변환 기술 사례 조사하기	디지털 변환 기술이 활용되는 사례를 조사하고 디지털 정보 처리의 장단점을 모두 기술함	4
		디지털 변환 기술이 활용되는 사례를 조사하고 디지털 정보 처리의 장단점 중 일부를 기술함	3
		디지털 변환 기술이 활용되는 사례를 조사하여 기술함	2
		디지털 변환 기술이 활용되는 사례를 조사하는 활동에 참여함	1
	⑤ 활용 방안 고안하기	모둠원과 함께 센서, 디지털 정보 처리 기술이 포함된 장치를 고안하여 디지털 기술이 일상생활에 미치는 영향을 설명함	6
		모둠원과 함께 센서, 디지털 정보 처리 기술이 포함된 장치를 고안하여 설명함	4
		센서와 디지털 정보 처리 기술이 포함된 장치를 고안하는 활동에 참여함	2
기본점수			6
장기 미인정 결석자			5

[2025학년도 경기도 중·고등학교 학업성적관리 시행지침 및 이해하기 도움자료 61페이지]

2부 | 고등학교 3년, 치밀한 전략으로 높이 도약하라

옆의 표는 2025학년도 경기도 중·고등학교 학업성적관리 시행지침 및 이해하기 도움자료입니다. 맨 처음 표를 살펴보면 A등급을 받기 위해서 반드시 충족시켜야 할 요소를 명확히 파악할 수 있습니다.

성취기준별 성취수준
A ① 인간을 둘러싼 자연계의 변화가 전달될 때 신호가 되며, 이를 측정 및 분석하여 정보가 산출됨을 이해하고, ② 센서를 통해 아날로그 형태의 신호를 디지털로 변환하는 기술이 정보 통신에서 활용되는 구체적인 사례를 분석하고, ③ 디지털 정보 처리의 장단점을 파악하여 ④ 이러한 기술이 현대 문명에 미친 영향을 설명할 수 있다.

① 인간을 둘러싼 자연계의 변화가 전달될 때 신호가 되며, 이를 측정·분석하여 정보가 산출됨을 이해

② 센서를 통해 아날로그 형태의 신호를 디지털로 변환하는 기술이 정보 통신에서 활용되는 구체적인 사례를 분석

③ 디지털 정보 처리의 장단점을 파악하여 이러한 정보를 디지털로 변환하는 기술을 정보 통신에 활용

④ 이러한 기술이 현대 문명에 미친 영향을 설명

비교과활동과 시험 준비로 바빠 정신없이 수행평가에 임하다 보니 이렇게 명백하게 제시된 성취 기준마저 놓치게 되는 경우가 의외로 많아요. 하지만 성취도 수준에서 높은 점수를 받기 위해서는 반드시 그 기준을 빠트리지 않고 꼼꼼하게 챙겨 그에 맞는 결과를 도

출해 내야 한다는 점을 잊지 마세요.

여기서 더 나아가 평가 요소와 수행 수준, 배점을 확인하면 더더욱 빈틈없이 효율적으로 수행평가 준비의 방향성을 정할 수 있습니다.

모두 확인하셨나요? 파악한 평가 기준은 모두 몇 가지인가요? 이 수행평가에서 표에 소개된 평가 요소에 따라 아래 5가지를 모두 충족해야 만점을 받을 수 있습니다.

① 이산화탄소 농도 측정기로 농도 변화를 관찰하며 측정값을 '모두' 기록하기

② 자연계의 변화가 전달될 때 신호가 되고, 정보가 산출되는 과정을 설명하기

③ 이산화탄소 측정기에 사용된 아날로그 신호의 특징, 디지털 신호의 특징, 신호의 종류, 센서의 역할을 '모두' 분석하기

④ 디지털 변환 기술이 활용되는 사례를 조사하고 디지털 정보 처리의 장단점을 기술하기

⑤ 모둠원과 함께 센서, 디지털 정보 처리 기술이 포함된 장치를 고안하여 디지털 기술이 일상생활에 미치는 영향을 설명함

이처럼 각 평가 요소에서 최고 배점을 받기 위해 배포자료를 모두 꼼꼼히 살피고 그대로 수행하면, 수행평가에서도 좋은 점수를 받을 수 있습니다.

유형별 수행평가,
전략은 모두 다르다

앞서 내신시험을 준비할 때 '설계'를 통해 진짜 공부가 시작된다고 했던 말을 기억하시나요? 수행평가도 크게 다르지 않습니다. 수행평가는 성실히 공부하는 과정을 보여주는 것이 높은 점수를 받는 비법인 만큼 단순 암기만으로는 목표를 달성하기 어렵습니다. 평가의 형식에 따라 요구하는 능력이 다르니, 접근법 또한 달라야 합니다.

교육청에서 분류한 수행평가 유형은 구술·발표, 토의·토론, 실험·실습, 프로젝트, 포트폴리오, 논술, 실기 등 총 7가지로 나뉘는데요. 다만 학생들이 입학 후 마주하게 되는 수행평가 유형은 실질적으로는 4가지 정도입니다.

그중 먼저 살펴볼 첫번째 유형은 교과 개념 확인형입니다. 이 유형은 말 그대로 수업 시간에 배운 내용을 이해하고 있는지 확인하기 위한 것으로, 주로 교과서·부교재나 선생님께서 주신 프린트를 기반으로 간단한 테스트를 시행하는 방식입니다. 교과 내용을 단순 계산하거나 단순 적용하는 문제들로 구성되며 O/X 유형이나 간단한 객관식·주관식 등 지필평가의 예고 역할을 하는 문제가 출제되기도 합니다. 문제를 직접 제작하고 풀어보라 요구하기도 해요.

이 유형의 평가에서 높은 점수를 얻기 위해서는 수행평가가 진행되기 전, 학습할 내용의 개념을 정확히 숙지하고 교과서나 프린트를 여러 번 확인하는 전략이 유효합니다. 선생님께서 수업 시간에 강조하신 부분이 그대로 출제되는 경우가 많으므로 수업 시간 선생님의 말씀을 놓치지 않도록 집중하고, 만약 언급이 되는 부분이 있다면 꼭 표시해 둡시다. 시험을 치르기 2~3일 전 친구들과 함께 예상 문항을 만들어 함께 공부하는 것도 추천합니다.

· 교과 개념 확인형

평가 영역	경우의 수 문제 만들기	평가만점	20점	학기	1학기
수행과제	1. 경우의 수 문제 만들고 해결하기 - 소품을 소재로 합의 법칙과 곱의 법칙을 활용한 경우의 수 문제 만들기 - 만든 문제에 대한 다양한 해결 방법 찾기 2. 발표하고 새로운 방법으로 해결하기 - 문제와 해결 방법을 설명하고, 그에 대한 질문에 답변하기 - 다른 이가 발표한 문제를 기록하고, 이를 새로운 방법으로 해결하기				
성취기준	[10수학05-01] 합의 법칙과 곱의 법칙을 이해하고, 이를 이용하여 경우의 수를 구할 수 있다.				
평가기준	상	경우의 수 문제를 창의적인 방법으로 만들고 수학적으로 해결하며 다양한 경우의 수 문제의 해결 방법을 설명할 수 있다.			
	중	경우의 수 문제를 만들고 해결하며 문제 및 해결 방법을 이해하고, 다양한 경우의 수 문제를 해결할 수 있다.			
	하	간단한 경우의 수 문제를 만들고 해결하며 문제 및 해결 방법을 이해하고, 유사한 경우의 수 문제를 해결할 수 있다.			

[2023학년도 경기도 중·고등학교 학업성적관리 시행지침 및 이해하기 도움자료 40~41페이지]

두 번째는 탐구보고서&발표형입니다. 가장 많이 진행되는 유형의 수행평가이기도 해요. 과거에는 쪽지시험과 같은 형식의 수행평가가 많은 비중을 차지했다면, 최근에는 과정 중심이라는 취지를 살리고자 탐구보고서형 수행평가를 시행하는 경우가 더 많아졌습니다. 이 유형은 [주제 선정 이유 → 탐구 과정 → 자료 조사 → 결론 → 느낀 점]을 작성하는 형태로 진행됩니다. 이는 생기부 활동을 구성하는 과정과 매우 유사하기 때문에 상세한 방식은 다음 장에서 소개될 부분을 참고해 주세요.

탐구 보고서&발표형은 때에 따라서 발표를 평가에 포함하기도 합니다. PPT를 활용하거나 암기 후 정해진 시간 동안 대본 없이 발표를 하는 형식, 역할극을 하는 등 여러 형식이 있어요. 내가 진행할 발표가 어떤 유형에 속하든 최대한 대본을 모두 암기하고 큰 목소리로 발표하도록 합시다.

좋은 결과를 얻기 위한 몇 가지 팁을 공유합니다. PPT를 작성할 때는 무료 디자인 템플릿 사이트를 활용하면 훨씬 깔끔한 결과물을 얻을 수 있습니다. 발표를 할 때도 발표 내용의 핵심 키워드를 진행 순서대로 암기하면 더욱 자연스럽게 발표할 수 있어요. 또 발표를 하는 중간중간 청중을 집중시킬 만한 유머 포인트를 넣어주거나, 목소리 크기를 조정하는 등 지루하지 않은 발표를 구성할 수 있도록 노력하세요.

• 탐구 보고서 & 발표형

평가 영역	인권 문제 해결 프로젝트	영역만점	20점	학기	1학기
수행과제		탐구 주제와 관련된 국내와 세계 인권 문제의 양상을 조사한 후, 구체적인 인권 문제 해결 대상을 선정하여 인권 문제 해결 방안 제안 산출물 제작하기			
성취기준		성취기준별 성취수준			

성취기준		성취기준별 성취수준
[10통사2-01-03] 사회적 소수자 차별, 청소년의 노동권 등 국내 인권 문제와 인권지수를 통해 확인할 수 있는 세계 인권 문제의 양상을 조사하고, 이에 대한 해결 방안을 모색한다.	A	사회적 소수자 차별, 청소년의 노동권 등 국내 인권 문제와 인권지수를 통해 확인할 수 있는 세계 인권 문제에 관하여 적합한 매체와 자료를 선택하고, 조사 계획에 따라 얻은 정보를 종합하며, 이를 통해 도출된 해결 방안의 타당성을 통합적 관점으로 평가하는 과정에서 국내외 인권 문제 해결에 적극적으로 참여하는 자세를 가진다.
	B	사회적 소수자 차별, 청소년의 노동권 등 국내 인권 문제와 인권지수를 통해 확인할 수 있는 세계 인권 문제에 관한 조사를 계획에 따라 실행하여 얻은 정보를 분석하고, 이에 대한 해결 방안을 도출하는 과정에서 국내외 인권 문제를 해결하기 위해 노력하는 자세를 가진다.
	C	사회적 소수자 차별, 청소년의 노동권 등 국내 인권 문제와 인권지수를 통해 확인할 수 있는 세계 인권 문제에 관한 조사를 계획에 따라 실행하여 얻은 정보를 분석하고, 이에 대한 해결 방안을 도출하는 과정에서 국내외 인권 문제 해결 방안의 실천에 관심을 가진다.
	D	사회적 소수자 차별, 청소년의 노동권 등 국내 인권 문제와 인권지수를 통해 확인할 수 있는 세계 인권 문제에 관한 조사를 계획하고, 국내외 인권 문제 해결에 관심을 가진다.
	E	사회적 소수자 차별, 청소년의 노동권 등 국내 인권 문제와 인권지수를 통해 확인할 수 있는 세계 인권 문제에 관한 정보를 확인하고, 이러한 문제의 해결에 관심을 가진다.

[2025학년도 경기도 중·고등학교 학업성적관리 시행지침 및 이해하기 도움자료 62페이지]

세 번째 수행평가 유형은 서·논술형입니다. 이 유형은 특히 채점 요소와 평가 기준을 잘 숙지한 뒤 그 기준을 모두 충족하는 일이 매우 중요해요. 미리 문항이나 주제를 공개해 관련한 내용을 조사하고 숙지할 수 있는 시간을 제공하며, 수업 시간 동안 이를 적어 제출하는 형태로 이루어집니다.

서·논술형 수행평가에 임할 때 유의할 점은 인터넷에 올라와 있는 내용만을 암기해 시험을 치면 감점받을 수도 있다는 거예요. 가능한 한 개인 경험을 포함해 나의 가치관을 보여주는 창의적인 글쓰기가 필요합니다.

그렇다고 너무 어렵게 접근할 필요는 없습니다. 평가 기준을 어긋나지 않는 수준에서 예시 문항에서 제시한 조건을 변주하세요. '학교에서 스마트폰 사용을 금지해야 할까?'라는 질문이 출제됐다면 단순히 그렇다, 아니다의 찬반으로 접근하지 말고 조건부 찬성으로 의견을 전개하는 것도 좋은 예시입니다. 이 외에도 평소 글을 쓰며 [서론 → 본론 → 결론] 혹은 [문제 상황 요약 → 의견 제시 → 반대의견 제시 → 재반박] 등의 논리 구조를 활용하는 습관을 들이는 것도 추천합니다. 마지막으로, 암기 내용을 정해진 시간 내에 작성하고 제출하는 것이 가장 중요한 요구사항이므로, 이야기를 구상하고 작성 후 검토하는 시간을 골고루 분배하는 과정도 필수적임을 잊지 마세요.

• 서·논술형

평가영역	소설 재구성하기	영역만점	20점	학기	1학기
수행과제	- 제시한 2편의 소설을 읽고, 소설(원작)의 내용 파악하기 - 재구성된 작품을 원작과 비교 및 분석하여 원작의 변화 양상을 파악한 감상문 작성하기 - 소설(원작) 재구성하기				
교육과정 성취기준	[9국05-08] 재구성된 작품을 원작과 비교하고, 변화 양상을 파악하며 감상한다.				
평가기준	상	원작을 재구성한 작가의 의도를 고려하여 재구성된 작품과 원작의 차이를 파악하고 작품을 감상할 수 있다.			
	중	주제의 변화를 중심으로 재구성된 작품과 원작의 차이점을 파악하며 작품을 감상할 수 있다.			
	하	등장인물의 차이를 중심으로 원작과 재구성된 작품의 차이점을 파악할 수 있다.			
평가방법	논술, 교사 관찰 및 기록, 자기평가, 동료평가				
평가 요소	소설(원작)의 내용 파악하기, 재구성된 작품과 원작의 변화 양상 파악하기, 재구성된 작품과 원작을 비교하며 감사하기, 소설(원작) 재구성하기				

[2024학년도 경기도 중·고등학교 학업성적관리 시행지침 및 이해하기 도움자료 39페이지]

　

마지막 수행평가 유형은 조별활동형입니다. 학생들이 가장 두려워하는 수행평가 유형이자, 학업역량은 물론이고 공동체역량까지 동시에 드러낼 수 있어 선생님들이 자주 출제하는 유형이기도 해요. 타 모둠과의 토론 및 질의응답을 함께 진행하기도 합니다.

조원과 함께하는 활동인 만큼 각 조원의 장점을 파악하고 그에 맞

• 조별활동형

평가 영역	경제체제 비교하여 발표하기	평가만점	15점	학기	1학기
수행과제	- 모둠별로 구체적인 경제문제를 사례로 선정하여 각 경제체제별로 이 문제를 해결하는 서로 다른 방식을 조사하여 제시함. - 각 방식의 장단점을 비교, 분석하는 발표를 수행하고, 타 모둠의 발표를 경청하고 질문함. - 시장경제의 기본 원리에 관한 개선 방안을 탐구하는 토론에서 합리적이고 민주적으로 참여함.				
교육과정 성취기준	[12경제01-03] 경제문제를 해결하는 다양한 방식의 장단점을 비교하고, 시장경제의 기본 원리와 이를 뒷받침하는 사회 제도를 파악한다.				
평가기준	상	경제문제를 해결하는 다양한 방식의 장단점을 비교하고, 시장경제의 기본 원리를 설명하고 이를 뒷받침하는 사회 제도를 제시할 수 있다.			
	중	경제문제를 해결하는 다양한 방식의 장단점을 비교하고, 시장경제의 기본 원리를 설명할 수 있다.			
	하	경제문제를 해결하는 다양한 방식의 장단점을 비교할 수 있다.			
평가방법	구술 발표, 토의 토론, 교사 관찰 및 기록, 자기평가, 동료평가				

[2023 중등 학생평가 및 학업성적 관리 이해하기 40-41페이지]

는 역할을 분배해 협동하는 것이 중요합니다. 발표와 자료 조사, 발표자료 제작 등 역할 분배를 명확히 한 뒤 작업 역할과 기한을 확실하게 설정하고 진행합시다. 작업물을 제출하기 전, 중간 점검을 통해 전체 일정과 작업 정도를 확인하는 것도 유용한 전략입니다.

· · ·

    지금까지 고등학교 생활을 하며 계속 마주하게 될 평가 방식 중 하나인 수행평가에 대해 살펴봤습니다. 고등학교 내신 성적을 안정적으로 확보하기 위해서는 지필평가는 물론이거니와 학기 중 수시로 시행되는 크고 작은 수행평가 역시 최선을 다해야 합니다. 그중 발표와 보고서 작성까지 포함하는 수행평가의 경우 그 중요성이 매우 커요. 어떤 주제와 내용으로 탐구를 수행했는지가 생활기록부에 기재되어 학생부종합전형에서의 평가에 반영되기 때문입니다. 그러니 어떠한 형식의 수행평가든 학기 내내 최선을 다해 임하도록 합시다.

5장

수시 성공을 위한
두 번째 축,
생활기록부

생활기록부에 대해
알아봅시다

　내신시험에서는 좋은 성적이 학생이 교과 내용을 얼마나 잘 이해했는지, 학교생활에 얼마나 성실하게 임했는지를 보여주는 중요한 지표로 작용합니다. 이는 내가 가고 싶은 대학과 학과 지원에 필요한 기본 조건입니다. 그런데 우리에게는 고등학교 생활을 하며 결코 놓쳐서는 안 될, 열정과 진심을 담아 최선을 다해야 하는 또 다른 중요한 평가 요소가 남아 있습니다. 바로 생활기록부(생기부)입니다.

　생활기록부란 한마디로 우리의 학교생활이 있는 그대로 반영된 자료라 할 수 있습니다. 고등학교 생활 3년간 이수한 과목이 무엇인지, 그 과목들의 성적은 물론이고 평소 학교생활은 어땠는지, 어떤 탐구를 진행했는지가 모두 기록되어 있습니다. 그리고 대학에서는 이 자료를 참고해 단순히 성적이라는 수치만으로는 알 수 없는 학생 개개인의 다양한 역량과 자질을 파악하고 평가합니다. 대학은 생활기록부를 통해 학생의 진로 역량, 학업 역량, 공동체 역량을 판단해요. 따라서 생활기록부가 어떠한 방식으로 기록되고, 또 여기에는 어떤 내용이 담기는지 미리 살피고 현명하게 대비해야 할 필요가 있습니다.

지금부터는 정말 많은 학생들이 궁금해 하고 알고 싶어 하지만 어디서도 속 시원히 들어보지 못한 생활기록부 디자인에 대해 알아봅시다. 또 성공적인 입시에 도움이 되어주는 탐구의 주제 선정부터 결론까지 나아가는 방법을 함께 살펴볼 거예요.

생활기록부를 디자인한다는 말의 진짜 의미

생활기록부를 디자인한다니, 듣기만 해도 어렵게 느껴지시죠? 그렇다고 시작도 전에 겁먹지는 마세요. 누구나 할 수 있는 일이니까요. 생활기록부를 디자인한다는 건 쉽게 말해 '여기저기 퍼져 있는 탐구활동들이 하나의 이야기로 연결될 수 있도록 장기적인 계획을 세우는 것'을 뜻합니다. 보통 디자인이라고 하면 가장 먼저 예쁘게 꾸미는 활동을 떠올리기 쉬운데, 여기서 의미는 좀 달라요. 생활기록부에서만큼은 '장기적인 계획을 세운다'에 방점을 두고 바라보아야 합니다.

	학생 A	학생 B
1학년	상경 계열	자연 계열
2학년	마케팅 전공	생물학 전공
3학년	생물학 연구원	유전학 연구원

　성적이 비슷한 두 학생이 생물학과에 지원했습니다. 학생 A와 B는 각 활동에서 비슷한 수준의 탐구를 진행했다고 가정해 봅시다. 만약 여러분이 대입을 결정하는 입학사정관이라면 어떤 학생에게 더 긍정적인 평가를 내릴 건가요? 아마 '학생 B'일 것입니다.
　학생 B는 고등학교 1학년일 때 자연 계열이라는 넓은 범위를 시작으로 고등학교 3학년에는 유전학 연구원이라는 구체적인 직업을 선택해 진로를 심화시켜 나갔습니다. 이 과정이 자연과학에 대한 흥미를 토대로 자신의 관심사를 진득하게 발전시켜 온 학생 B의 여정을 보여주기에, 학생 A보다 생물학에 대한 더 깊은 고민과 애정을 갖고 있다 짐작할 수 있어요.

생활기록부에는 바로 이러한 고민들이 디자인되어 보여져야 합니다. 진학을 희망하는 학과에 대한 열정과 끈기를 보여주기 위해서는 계획적인 접근이 필요합니다. 이에 우리는 장기적인 관점으로 생활기록부를 바라볼 필요가 있습니다. 자기소개서가

> **66** 진로가 바뀐다면 당연히 동일 계열의 진로를 유지해 온 학생보다 경쟁력이 떨어질 수 있습니다. 하지만 그 변화 과정을 진정성 있게 풀어나가면 큰 마이너스가 되지는 않아요. 내가 어떤 과정을 통해 진로를 탐색했고, 결과적으로 이 진로를 선택하게 된 이유를 설득력 있게 제시하는 것이 더 중요합니다. (서울대 수의학과 25학번 오채은)

사라진 요즘, 생활기록부는 학생이 학업을 대하는 태도와 학생의 진로 계획을 있는 그대로 담아내는 유일한 자료임을 기억합시다.

생활기록부는 이렇게 작성된다

생활기록부는 학생이 평소 학교생활과 수업활동에서 보이는 모습을 교사가 관찰하고 이를 기록한 자료입니다. 즉, 생활기록부 작성에 대한 권한은 전적으로 교사에게 있어요. 교사는 생활기록부를 작성하는 책임자로서 담당하는 학생을 주의 깊게 살펴야 합니다. 학

생이 어떤 태도로 수업에 참여하는지, 어떤 목표를 가지고 있는지 등을 고려해 학생의 세부특기사항을 작성해요.

생활기록부는 인적사항부터 행동특성 및 종합의견까지 다양한 항목으로 구성되어 있고 모두 개별 기록됩니다. 그중 대학 입시에서 가장 중요하게 다루어지는 부분은 창의적 체험활동상황과 교과학습 발달상황 두 가지입니다.

일명 창체활동이라고도 불리는 창의적 체험활동상황은 자율활동·진로활동·동아리활동 총 3가지 영역으로 이루어집니다. 자율활동과 진로활동은 담임 교사가, 동아리활동은 동아리 지도 교사가 작성합니다. 교과학습 발달상황에는 원점수·성취도·교과별 등급이 적혀 있습니다. 여기에 더해 일명 세특이라고 불리는 세부능력 및 특기사항도 함께 기재되는데, 교과목 세특은 교과 담당 교사가 작성합니다.

교사는 생활기록부를 쓸 때 학생이 수업이나 기타 활동에서 보여준 모습을 있는 그대로 담아냅니다. 생활기록부는 기본적으로 학교 내에서 이루어진 탐구활동을 토대로 작성되는데요. 수행평가나 탐구 프로젝트에서 학생이 직접 작성한 보고서와 이에 대한 발표를 근거로 관심사와 역량을 파악합니다. 학생이 선정한 탐구 주제가 무엇이며 왜 그 주제를 선정했는지, 어떤 방식으로 탐구했는지, 그 결과를 어떻게 해석했는지를 종합적으로 검토하는 것이죠.

영역		설명
창의적 체험활동	자율활동	담임 교사가 작성하는 부분으로, 교내 프로그램에 참여한 내용 기재
	진로활동	담임 교사가 작성하는 부분으로, 학생의 진로역량을 드러낼 수 있는 활동 기재
	동아리활동	동아리 지도 교사가 작성하는 부분으로, 동아리 시간에 학생이 진행한 활동 기재
교과학습 발달상황	교과성적	15개정 교육과정 기준으로, 원점수·표준편차·성취도·내신 등급(1-9등급) 기재
		22개정 교육과정 기준으로, 원점수·표준편차·성취도·내신 등급(1-5등급) 기재
	세부능력 및 특기사항	교과별 담당 교사가 작성하는 부분으로, 학생이 참여한 수행평가나 그 외 탐구내용 기재
행동특성 및 종합의견	담임 교사가 작성하는 부분으로, 1년간 바라본 학생의 모습을 종합적으로 고려하여 인성평가 내용을 작성	

▶ 생활기록부 작성 요소

선생님의 기록에 긍정적인 내용을 담기 위해서는 수업 시간이나 프로젝트를 진행하며 보고서를 작성할 때마다, 또는 친구들 앞에서 발표의 기회가 있을 때마다 최선을 다해야 합니다. 설령 해당 활동이나 수행평가가 내신 성적에 반영되지 않는다 해도 이는 마찬가지입니다. 아무리 작고 의미 없어 보이는 활동이라도 있는 힘껏 노력하며 생활기록부에 '긍정적인 나'를 표현할 수 있는 기회로 삼는 태도가 필요합니다.

시험 점수는 100점이 최고점입니다. 등급의 경우도 1등급보다 높은 것은 없지요. 그러나 생활기록부에 작성되는 내용에는 한계가 없습니다. 내가 열정을 갖는 만큼, 내가 더 적극적으로 활동하는 만큼 더 좋은 생활기록부를 만들 수 있습니다. 그러니 고등학교 3년이라는 여정 내내 끈기를 가지고, 생활기록부에 더 긍정적인 나를 드러낼 수 있도록 주어진 모든 기회에 성실하게 참여하리라는 마음과 다짐을 꼭 실천하세요.

나에게 맞는
생활기록부 주제를 선정하라

생활기록부를 알차고 의미 있게 채워나가고 싶다면 성실하고 알찬 탐구활동이 가장 기본이라 할 수 있습니다. 아마 여러분도 훌륭한 탐구활동이 훌륭한 생활기록부를 꾸려나갈 매우 중요한 요소라는 이야기는 한 번쯤 들어보았을 테지요. 그럼에도 막상 나에게 도움이 될 탐구활동을 시작하려면 도대체 어디서, 어떻게 시작해야 할지 감이 오지 않을 겁니다.

실제로 많은 학생이 탐구활동을 할 때 가장 많은 시간을 소비하는 부분이 바로 '주제 설정'입니다. 다른 외부의 도움 없이 스스로 주제를 선택해야 한다면 그 고민은 더욱 깊어집니다.

　내신시험 준비란 정해진 범위의 내용을 성실히 공부하고 시험에서 높은 점수를 얻는 것이죠. 그 덕에 실제 시험 성적과 상관없이 내신을 준비하고 대비하는 방식 자체는 모두에게 익숙해요. 하지만 탐구활동은 완전히 다른 영역입니다. 정해진 답이 없는 대신, 새로운 질문과 답을 스스로 만들어내야 합니다. 게다가 왜 이러한 질문을 하게 되었는가를 명확하게 정리하는 것도 아주 중요합니다. 어떤 주제를 어떤 이유로 선택했는지가 곧 나의 관심사와 개성을 효과적으로 드러내는 방식이기 때문입니다.

　그렇다면 자연스럽게 다음과 같은 질문이 떠오를 겁니다. 과연 좋은 탐구 주제란 무엇이며, 그런 주제를 스스로 발견하기 위해서는 어떤 노력이 필요할까? 지금부터 탐구를 위한 주제 선정부터 이를 위해 학창 시절 내내 노력해야 할 부분들을 하나씩 살펴보겠습니다.

나를 이해하는 것이
가장 먼저다

　탐구 주제를 고민하기에 앞서 선행되어야 하는 것은 바로 나 자신에 대한 성찰과 이해입니다. 너무 막연하다고요? 하지만 가장 훌륭한 주제란 나의 흥미와 관심사에서 시작됩니다. 그러니 나에 대한 이해 없이는 좋은 주제를 만나기가 무척 어렵습니다. 게다가 내가 진정으로 궁금한 주제를 탐구할 때 비로소 탐구 과정에도 즐겁게 임할 수 있고, 그 과정에서 교육적인 성장을 경험할 수 있어요. 그러니 다른 무엇보다 먼저 내 자신에 대해 고민하고 파악하려는 노력을 기울여야 합니다.

어린 시절의 기억을 찬찬히 되짚어 봅시다. 그리고 스스로에게 질문을 던져보세요. 아무 이유 없이 관심이 가고 흥미를 느끼던 주제가 있었나요? 어떤 활동을 했을 때 남들보다 소질이 있다는 칭찬을 들었나요? 어떤 사회 문제가 발생했을 때 특히 더 슬프거나 화나는 감정을 느끼나요? 이러한 질문을 스스로에게 던지고 그 답을 찾아가는 과정을 글로 기록·정리하고 분석하면 나 자신을 더 면밀하게 이해할 수 있습니다. 나는 무엇을 좋아하고, 무엇을 잘하고, 무엇에 강렬한 감정을 느끼는지를 명확하게 설명할 수 있을 때 우리는 자기 자신을 잘 이해하고 있다고 말할 수 있습니다.

나의 흥미와 적성에 대해 파악하는 과정을 마쳤다면 주변 사람들과 다양한 주제를 가지고 함께 이야기를 나눠봅시다. 같은 주제에 대해서 저마다 다른 반응을 보이고 다른 감정과 생각을 가지고 있음을 확인할 수 있을 겁니다. 이것이 바로 각자가 가진 개성입니다.

같은 교육과정 속에서 똑같은 교과서로 동일한 내용을 배우는 전국의 고등학생들 사이에서 오직 '나'만이 던질 수 있는 개성 있는 질문을 찾아야 합니다. 그 힘은 바로 나를 이해하는 데서 시작됩니다. 나에 대한 이해는 곧 교과서·도서·기사에 실린 내용을 바라보는 나만의 시각을 만들어줍니다. 그리고 나만의 시각으로 학습에 열렬히 임하다 보면 좋은 탐구 주제는 자연스레 떠오르기 마련입니다.

머리로 고민하는 시간만큼 중요한 것이 있습니다. 바로 몸으로 부딪치는 시간입니다. 사실 나 스스로를 제3자의 시선에서 객관적으로 바라보는 건 성인들 역시 쉽게 해내지 못하는 매우 어려운 일입니다. 이에 우리는 그저 책상에 앉아 고민하는 수준을 넘어 밖으로 나가 진로와 관련한 다양한 경험을 쌓을 필요가 있습니다.

특히 상대적으로 시간 여유가 있는 고등학교 1학년 때 다양한 진로 체험 활동에 참여하며 내가 어떤 분야에 흥미가 있는지 탐색할 필요가 있습니다. 사실 이 기간에는 전공 적합성을 높여야 한다는 강박에 많은 학생이 새롭고 낯선 분야에 도전하는 일을 꺼리는 경우가 많은데요. 걱정하지 않아도 괜찮습니다. 이제는 전공 적합성 자체가 평가 요소에서 사라졌고 '역량' 중심 평가를 진행하기 때문입니다. 많은 대학이 진로만 강조하는 생기부보다는, 자신에게 잘 맞는 분야를 찾기 위한 고민의 흔적이 담긴 생기부를 선호합니다. 고등학교 1학년 시기에는 자신에게 잘 맞는 분야를 찾을 때까지 여러 학문과 직업에 두루 관심을 가지고 다양한 활동에 참여하는 게 자연스럽기 때문입니다.

아직 내가 원하는 것이 무엇인지 잘 모르겠고 자신의 진로가 확정되지 않았다면, 기회가 왔을 때 이 활동이 나에게 도움이 될지 안 될지를 일일이 따지며 주저하기보다 일단 참여해 최선을 다하며 다양한 경험을 쌓기를 바랍니다.

물론 경험 그 자체로는 충분하지 않습니다. 이 경험이 나에게 어떤 영향을 미쳤는지, 이 경험을 통해 나의 어떤 모습을 알게 되었는지를 고민하고 성찰해 가며 활동에 임해야 합니다. 그래야만 시간을 들여 참여한 활동이 휘발되지 않고 나의 것으로 소화될 수 있기 때문입니다.

내가 무엇에 흥미와 호기심을 가지는지가 분명할 때만이 고등학교 3년간 수행하는 여러 탐구가 맥락을 갖추어 하나의 이야기로 엮일 수 있습니다. 그렇지 않으면 서로 관련 없는 가볍고 진부한 탐구 주제들로 생활기록부가 채워질 수 있어요.

교과서에
답이 있기 마련

나에 대한 이해만큼이나 중요한 건 바깥 세계를 다양하게 탐험하는 것입니다. 여러분은 이 넓은 세상, 어느 방향으로도 나아갈 수 있어요. 교과서부터 책, 기사, 논문, 방송, 유튜브, 잡지 등 다양한 매체를 활용해 지식과 정보를 얻고 이를 통해 나의 시각과 경험을 넓혀나가야 합니다. 그래야 여러분에게 잠재된 무궁무진한 성장가능성을 새롭게 발견할 수 있게 됩니다.

참고할 수 있는 매체 중에서도 교과서는 단연 우리에게 도움이 되는 수많은 지식과 정보를 손쉽게 접할 수 있게 도와줍니다. 우리가 쉽게 이해할 수 있는 수준으로 체계적으로 정리한 가장 효과적인 매체이지요. 완성도 높은 구성력, 독립된 한 권의 책이라는 관점으로 봤을 때도 손색이 없습니다. 그런데 이 훌륭한 교과서를 우리는 그저 시험에 대비하기 위해 달달 외워야만 하는, 나를 괴롭히는 대상으로만 보고 있지는 않나요?

사실 교과서 안에는 유용한 질문거리가 가득합니다. 교과서에 소개된 내용을 적극적으로 탐구하겠다는 우호적인 태도를 갖추고 호기심 어린 시선으로 바라본다면 교과서에 수록된 작품이나 내용에 여러 '빈칸'이 있음을 발견할 수 있습니다. 현재 내가 속한 학년에 접하고 배우는 내용만으로는 완전한 설명이 어렵다는 이유로 현재로서는 원리와 과정에 대한 이해 없이 그저 받아들이기만 해야 하는 빈칸들 말입니다. 바로 지금이 빈칸의 속을 파고들며 깊이 있는 탐구를 시작할 수 있는 순간입니다.

수열의 합 단원을 학습한 후, 항이 무한일 때에 대한 의문을 가지고 수열의 합에 대한 지식의 범위를 넓히고자 주제 탐구 보고서 작성 활동에서 이를 탐구함. 무한등비급수의 수렴 조건과 무한등비급수의 합을 유도하는 과정을 공비의 범위를 구분하여 논리적으로 전개함. 이를 통해 알게 된 내용을 바탕으로 무한 반복되는 도형에서 넓이의 합을 구하기 위해 삼각함수 등 교과에서 배운 내용들을 종합하여 활용해 정확하게 풀어냄. 또한 등차수열의 합, 등비수열의 합, 자연수의 거듭제곱의 합 공식을 교과서에서 유도한 방법과는 다르게 유도하는 창의성을 보여줌.

[서울대 교육학과 합격생 L의 실제 생활기록부 내용]

위 학생은 교과서를 통한 학습을 진행하던 중 심도 있게 연구하고 싶은 부분을 발견하고 직접 탐구활동을 수행했습니다. 교과서에서 소개한 개념을 그저 받아들이기만 한 것이 아니라 상상력을 발휘해 나만의 질문을 완성하고 '항이 무한일 때는 어떻게 될까?'라는 탐구 주제를 정한 것이죠.

탐구활동에서 가장 중요한 자세는 바로 이러한 적극적인 태도입니다. 단순하게만 보이는 내용이더라도 깊이 생각하며 하나씩 뜯어보면 유의미한 탐구 주제가 떠오를 것입니다.

교과 내용을 열심히 공부하다 빈칸을 찾아내고, 그 빈칸에 대한 질문을 던지고 탐구 주제를 정하는 일은 매우 이상적인 방식임이 분명합니다. 그런데 항상 이러한 방식으로 아이디어가 떠오르는 것은 아니지요. 아무리 새로운 시각으로 교과서 속 내용을 바라보려 노력해도 미처 빈칸을 발견하지 못할 수도 있어요. 만약 그렇다면 교과서에 소개된 '탐구거리'를 참고하는 것도 좋은 방법입니다.

교과서의 각 단원 마지막 부분에는 '돋보기' '더 알아보기' '탐구활동' '생각해 보기' 등의 이름이 붙어 있는 페이지를 찾을 수 있습니다.

> 교과서 마지막 부분뿐 아니라 각 단원 시작의 학습목표를 참고하여 키워드를 선정하세요. 저는 세특 주제를 선정하기 전, 교과서 목차와 학습목표에 소개된 중요한 개념과 키워드를 종이 한 장에 정리하고 그중 내가 진행한 활동과 관련된 키워드가 무엇인지, 혹은 같거나 다른 키워드끼리 연결할 수 있는지 확인했습니다. (서울대 스마트시스템과학과 25학번 이다연)

페이지에는 해당 단원에서 배운 내용을 확장해 수행할 수 있는 탐구 주제, 혹은 주제로 삼을 만한 창의적인 아이디어와 질문이 수록되어 있습니다.

시험을 대비하며 내신을 공부할 때는 지나치기 쉬운 부분이지만, 시험이 끝나고 여유로울 때, 혹은 본격적으로 탐구 주제를 찾고자 할 때 이 내용을 점검하면 다양한 아이디어를 얻을 수 있을 것입니다. 언제나 교과서를 가까이에 두고 자세히 읽어보기를 추천합니다.

독서는 언제나
최고의 지침서

과거에는 독서활동상황이라는 이름으로 학습 과목에 맞추어 어떤 책을 읽었는지 생활기록부에 모두 기재하곤 했습니다. 그러나 현재는 교육부 지침에 의해 독서활동상황이 학생부종합전형 반영 평가 요소에서 제외된 상태에요.

그런데 한번 생각해 봅시다. 독서를 권장하지 않는 교육기관이 있을까요? 우리가 진학하고자 하는 대학도 마찬가지입니다. 기존 독서활동상황 기재란이 존재했을 때, 많은 학생이 자신의 학생부를 더욱 매력적으로 만들기 위해 실제로 읽지도 않은 책을 거짓으로 기록하는 상황이 종종 발생했던 것도 사실이지요. 이 때문에 대학은 생기부의 거짓 여부를 판단하기 위해 원서를 제출한 학생이 해당 책을 읽고 어떤 변화가 생겼는지, 또 그 독서를 바탕으로 어떤 탐구를 진행했는지에 대해 질문하기 시작했어요. 이른바 제대로 독서하는 학생을 찾고 싶었던 거지요.

그렇다면 학생부종합전형에서 독서활동상황 기재란이 사라진 이유가 대학에서 독서가 중요하지 않다고 여기기 때문이라는 해석이 과연 옳은 결론일까요? 결코 아닙니다. 독서는 여전히 탐구활동에 매우 중요한 역할을 합니다. 교과서가 담아내지 못하는 더 자세한 이야기를 풀어서 설명해 주는 것이 바로 책이며, 하나의 사건을 저자의 시각을 빌려 다양한 관점에서 바라볼 수 있게 해주는 것도 바로 책이기 때문입니다.

특히 국어나 영어, 제2외국어와 같은 언어 과목에서는 도서 자체가 탐구의 대상이 되기도 합니다. 언어 수업에서는 문학 작품을 읽고 작품 속 인물이나 사건, 당대의 시대상에 관하여 글을 쓰거나 토론을 하고, 발표를 진행하는 활동이 많이 이루어지거든요. 이 활동에 쉽게 적응하고 좋은 결과를 얻기 위해서는 평소 꾸준한 독서를 이어가는 것만 한 방법도 없지요.

교과서에 일부만 실렸지만 사실은 긴 분량의 작품을 완독하거나, 외국의 문화와 정서를 이해하기 위해 해당 국가의 고전 문학 작품을 공부하며 읽어보는 활동을 수행해 봅시다. 교과서에 실린 내용만으로는 알 수 없는 다양한 깨달음과 아이디어를 분명 얻게 될 것입니다.

2학년 [문학] 세부능력 및 특기사항

프란츠 카프카의 '변신'을 읽고 부조리에 대해 호기심을 가짐. '부조리한 삶을 우리는 어떻게 살아가야 할까'라는 탐구 주제를 설정하고 프란츠 카프카의 소설 '성', 알베르 카뮈의 '이방인', '시지프 신화', '페스트'를 읽고 부조리의 의미에 대해 배경 지식을 확장함. 이 과정에서 해당 작가들이 작품 속에서 제시한 부조리와 이에 대응하는 자세를 범주화하고 의사가 마주하는 궁극의 부조리인 안락사와 연명치료 중단과 연관지어 의미화함. 이를 통해 철학적인 개념인 부조리에 대해 세계 문학을 종합적으로 활용하여 이해하는 우수한 문화 향유 역량을 확인함.

[서울대 의예과 합격생 J의 실제 생활기록부 내용]

위에 소개된 생기부의 내용에서 미루어 짐작했을 때 해당 학생은 문학 수업에서 하나의 작품을 읽은 뒤 자연스레 탐구 주제를 생각해 냈고, 이 탐구를 지속하기 위해 추가적인 독서활동을 이어갔습니다. 비슷한 주제 의식을 공유하는 작가의 작품을 집중적으로 읽으며

자신이 선정한 키워드에 대한 깊이 있는 이해를 도모하고자 했어요. 나아가 문학 작품이 가진 의미를 자신의 진로와 연관 지어 풀어낸 부분도 눈여겨볼 만한 부분입니다.

언어 과목뿐 아니라 사회나 과학 분야의 교과를 공부할 때도 독서는 유용하게 활용할 수 있습니다. 특히 교과서 내용을 더 깊이 있게 파악할 때 큰 도움이 돼요. 교과서에는 간략히 소개된 철학자의 주장을 더 잘 이해하기 위해 원서를 찾아 읽으며 그 맥락과 배경을 파악할 수 있으며, 교과서에서 발견한 '빈칸'을 탐구하고자 할 때 전문 서적을 참고하여 더 심화된 내용을 배울 수도 있지요. 또 같은 주제에 대해 서로 다른 입장을 가진 책을 비교하며 그 공통점과 차이점을 정리하는 것도 견해를 넓히고 더 깊이 있는 이해를 돕는 방법입니다. 이러한 방식으로 독서를 지속하다 보면 자연스럽게 학문에 대한 궁금증이 생기기 마련이고, 이는 자연스럽게 탐구 주제로 발전됩니다.

1학년 [통합사회] 세부능력 및 특기사항

인권 단원을 배우고 인권의 의미와 발전 과정에 흥미를 느껴, 책 '김영란의 헌법 이야기'를 읽으며 여러 국가들의 민주주의와 헌법 발전 과정을 배움. 개헌의 주체인 국민들이 갖춰야 할 최소한의 전문지식이 헌법학적이고 정치적인 지식에만 국한되지 않고 그것이 불러올 파장에 관하여 그 역사를 들여다보는 일이 과거의 잘못을 막는 한 방법일 것이고 이런 부류의 교양교육이 개인의 주체적인 판단 및 올바른 사회 변화를 위해 필요하다고 생각함.

[서울대 약학계열 합격생 H의 실제 생활기록부 내용]

위에 소개된 학생은 수업을 통해 접한 사회 이슈에 흥미를 갖게 되었고 추가적인 독서 활동을 통해 구체적인 탐구 주제로 발전시켜 나갔습니다. 인권과 헌법은 떼려야 뗄 수 없는 관계를 맺고 있다는 아이디어를 독서로 얻은 것이지요. 이처럼 독서는 교과서에서 소개하고 있는 지식 개념을 다른 개념과 연결 짓고 주제에 대한 생각을 정리하는 데 큰 도움을 줍니다.

이 학생의 첫 번째 관심사는 인권이었지만 독서를 통해 헌법, 민주주의 등 다양한 개념을 배울 수 있었으며 여기서 나아가 역사와 교양 교육에 관한 나만의 생각을 만들어내는 기회로 삼았습니다.

탐구 주제를 선정하기 위하여 어떤 책을 읽어야 할지 고민이 될 수 있습니다. 평소 쉽게 접하지 않는 고전이나 전공 서적처럼 어려운 책을 읽는 일이 부담으로 다가올 수도 있어요. 그러나 걱정하지 마세요. 주제 선정 단계에서는 다양한 책을 넓고 얕게 읽어보는 것이 어려운 책을 읽는 것보다 더 중요합니다.

주제를 선정하고 나를 알아가는 단계에서는 굳이 너무 어려운 책을 읽기보다 다양한 책을 많이 읽어보세요. 다만 이런 독서를 통해 탐구 주제를 선정한 뒤에는, 한층 더 전문적이고 난이도 있는 책을 읽으며 탐구 대상으로 활용하세요. 혹은 학년이 올라 심화 과목을 이수해 학술적인 개념과 지식을 충분히 이해할 수 있을 때 활용하기 바랍니다.

핵심 키워드를 선정하는 것이
매력적인 주제 선정의 포인트

탐구 주제 선정 시 도움이 될 만한 또 하나의 팁을 공유합니다. 어떤 글이든 독서를 하다 보면 반복적으로 눈에 띄는 특정 키워드가 보이기 마련입니다. 실제로 교과서 역시 직접적으로 드러나진 않을지언정 모든 소개 내용에 핵심 단어가 포함되곤 해요. 용어 하나하나의 의미와 개념이 중요한 역할을 하는 학술계에서는 학술용어를 체계적으로 정리한 사전을 제작하기도 하고, 이러한 키워드를 따로 정리한 뒤 해시태그를 달아두기도 합니다. 논문 사이트에서 같은 키워드를 포함한 비슷한 주제의 논문을 검색하기 쉽도록 하기 위함입니다. 이와 마찬가지로 여러 자료를 토대로 주제를 선정하는 과정에서 우리가 주목해야 할 부분도 바로 '키워드'입니다.

나의 관심사와 일치하는 특정 키워드가 무엇인지 파악했다면 교과서·도서·기사·논문 등 다양한 읽기 자료를 찾을 때 이 키워드를 중심으로 해당 개념에 대한 지식과 정보를 쌓아나가길 추천합니다. 그래야만 단순히 다양한 자료를 읽는다는 개념을 넘어 다양한 자료에서 공통적으로 중요하게 다루어지는 주요 주제 의식이 무엇인지 알 수 있어요. 게다가 그 주제 사이의 관계를 살피며 내가 어떻게 연구를 이어가야 의미 있는 탐구가 가능한지 감을 잡을 수 있습니다.

올바른 키워드 선정은 내 탐구 주제를 직관적으로 설명하는 기능도 합니다. 탐구 내용을 정리해 보고서를 작성하거나 발표를 할 때 뚜렷한 키워드가 있다면 별다른 설명 없이도 내가 말하고자 하는 바를 더 쉽고 명확하게 설명할 수 있거든요. 키워드를 선정하고 그 키워드를 중심으로 생각을 정리했다면 그다음 단계는 질문을 구체화하는 것입니다. 이를 위해서는 앞서 선정한 키워드를 활용하여 내가 탐구하고자 하는 바를 압축적으로 담은 한 문장을 만들어내기를 추천합니다.

한 학생이 액체만으로 이루어진 식혜와 밥알을 포함한 식혜 중 어떤 것이 더 빨리 상하는지 알고 싶다는 궁금증에서 출발해 해당 주제로 탐구를 진행한다고 가정해 봅시다. 이때 우리는 연구 주제가 속하는 생물학 영역의 언어를 활용, 밥알을 '유기물'이라는 키워드로, 상한다는 현상을 '부패'라는 키워드로 표현할 수 있습니다. 이렇게 키워드를 정리했다면 이를 활용해 '유기물의 포함 여부에 따른 음료의 부패 정도 차이 비교'라는 주제를 설정하는 것입니다. 그러면 유기물의 포함 여부에 따라 음료가 상하는 속도와 정도가 달라지는 양상을 살피겠다는 탐구의 목표가 잘 드러나는 한 문장이 완성되지요.

이렇듯 학술적인 키워드를 활용하여 탐구 주제를 압축적인 한 문장으로 작성하면 내가 탐구하고자 하는 바를 더 전문적이고 효과적으로 드러낼 수 있습니다.

더불어 '식혜'라는 하나의 음료에만 집중하는 수준을 넘어 '유기물을 포함한 다양한 종류의 액체'까지 탐구 대상을 확장할 수 있습니다. 키워드를 활용해 주제를 정리했을 뿐인데 탐구의 범위가 더 깊고 넓어진 것이지요. 그만큼 탐구하고자 하는 바를 각 키워드 간의 관계가 드러나는 하나의 문장으로 정리하는 일은 꼭 필요한 단계이자 연구의 효율을 높일 수 있는 단계입니다.

·**초기 연구 주제**

액체만으로 이루어진 식혜와 밥알을 포함한 식혜 중 어떤 것이 더 빨리 상하는가?

- **밥알** → **유기물**

- **상한다** → **부패**

- **식혜** → **유기물을 포함한 다양한 종류의 액체**

·**최종 연구 주제**

유기물의 포함 여부에 따른 음료의 부패 정도 차이 비교

'세계를 바라보는 힘, 빅데이터'를 읽고 빅데이터의 정의, 데이터 기반의 의사결정을 조직에 정착시키는 방법을 탐색함. 질병 통계 전문가의 강의와 인터뷰를 통해 지역별, 국가별 암 발생률과 위험요인, 사망률에 대한 데이터 축적을 위해 '암감시(cancer surveillance)'라는 기법을 사용하며 국가공임 통계산출, 암검진 모니터링 사업등을 통한 데이터 수집 방법을 배움.

'시계열 분석법의 작동 방식과 변수 변경에 따른 효용성'을 주제로 탐구함. '현대통계학(김우철)'과 학술자료들을 통해 원리와 구조를 깊이 있게 이해한 후 이동평균법과 지수평활법을 중심으로 실습함. 차분과 자기상관함수, ADF 검정을 통해 정상성을 확보하고 시차를 기준으로 데이터를 분류하는 과정을 주체적으로 이끎.

[서울대 약학계열 합격생 H의 실제 생활기록부 中]

앞에 소개된 2개의 내용 중에서 학생이 탐구하고 학습한 내용이 더 잘 드러나는 글은 무엇인가요? 누가 봐도 아래에 있는 3학년 활동 사례일 것입니다. 3학년 활동 사례에서는 학생이 탐구하고자 하는 바가 무엇인지 맨 앞의 한 문장만으로도 쉽게 파악 가능합니다. 시계열 분석법이라는 연구 방법을 어떻게 활용하는지에 따라 달라지는 효용성에 대해 알아보겠다는 탐구 목표가 명확하게 드러나기 때문입니다.

반면 위에 제시된 1학년 활동 사례의 경우 그래서 학생이 무엇을 공부했는지에 대한 질문에 시원하게 대답하기가 어렵습니다. 연구 키워드를 모두 포함한 주제 문장이 부재하기 때문입니다.

2개의 사례를 통해 알 수 있듯 좋은 탐구 주제란 자신이 무엇을 탐구하고자 하는지가 분명하게 드러나는 것입니다. 그러니 탐구 주제를 확정하기 전, 충분한 시간을 들여 자신이 탐구를 통해 달성하고자 하는 목표를 고민해 봅시다. 그리고 나의 탐구 주제를 명확하게 드러낼 수 있는 키워드 선정에 노력을 기울여 보세요.

> **\ *Tip* 탐구 키워드 A to Z /**
>
> 키워드를 탐색할 때는 해당 학과의 교수진 소개 페이지까지 확인하는 과정이 정말 중요합니다. 예를 들어 서울대학교 교육학과 홈페이지에 들어가면 교육심리, 교육철학, 교육사 등 교수님마다 세부 전공이 구체적으로 나뉘어 있는 걸 확인할 수 있어요. 더불어 각 세부 전공의 홈페이지나 개별 교수님의 연구실 사이트에서 최근 발간된 논문의 주제까지도 확인할 수 있습니다. 이를 통해 희망하는 전공 분야가 실제로는 어떤 식으로 세분화되는지를 훨씬 구체적으로 파악할 수 있지요. 이는 전공 탐색을 좀 더 깊이 있게 할 수 있는 효율적인 과정입니다.
>
> 인공지능 AI나 다른 자료를 활용할 때 이렇게 조사한 내용을 바탕으로 키워드를 선별해 질문해 보세요. '교육학과 세특 주제 뽑아줘' 대신, '교육학과 중에서 교육심리, 그중에서도 학습동기와 관련된 분야에 대해 보고서를 쓰고 싶어. 최근 연구 동향을 파악해서 학습동기 중 내적동기와 관련한 주제 3개를 추려줘. 그 후 고등학교 수준의 모의 실험에서 진행할 만한 연구 주제를 추천해 줘'라고 이야기하는 겁니다.
>
> 이런 식으로 구체적으로 무엇을 알고 싶은지, 어떤 방향으로 생각하고 있는지를 미리 정리하면 다음 질문을 던지는 일도 더욱 쉬워집니다. 동일한 AI를 쓰더라도 질문의 수준에 따라 돌아오는 답변의 깊이나 질이 완전히 달라질 수 있음을 명심하세요.

우리 학교에서는 세부능력특기사항에 주제명만 실리는데요?

생활기록부 작성은 전적으로 선생님만의 권한입니다. 아무리 내가 열심히 탐구 보고서를 작성하고 보고서 요약을 작성해 제출했다 하더라도 학교의 방침이나 선생님의 재량에 따라 그 내용이 그대로 반영되지 않는 경우도 다수 존재하지요. 이러한 경향은 보통 학교 전반의 분위기, 교사의

▶ 서울대 수학교육과 합격생의 실제 생활기록부 내용
1학년 [국어] 특기사항
국어 부장으로서 학습준비, 수행평가 안내, 학습지 배부 및 수거 등에서 봉사함. 의문점을 스스로 또는 질문을 통해 적극적으로 해결하는 문제해결력이 매우 탁월함. 일반적인 원리에서 예외적인 상황을 알아내고 탐구할 정도로 높은 차원의 사고력과 탐구력이 돋보임. 원격 수업 시에도 일관된 태도로 성실하고 자기주도적으로 수업에 참여하는 모습이 매우 기특함. 교사가 되고 싶은 학생으로, '한 학기 한 권 읽기' 활동에서 평소 관심있는 4차 산업혁명으로 인한 교육의 변화에 대한 책인 '4차 산업혁명 교육이 희망이다(류태호)'를 읽고, 미래교육에 대한 작가의 관점을 파악하며 현재 교육의 문제점을 비판함. 탐구 주제를 '비대면교육의 부정적 영향'으로 정하고, 시스템을 활용해 개선할 수 있다는 내용의 탐구활동지를 작성함.

성향에 따라 달라집니다.

이 학생의 생기부를 살펴보면 세특의 대부분을 수행평가 내용으로 기재하고, 별도로 제출한 탐구 보고서는 탐구의 주제만을 짧게 작성했습니다. 사실 이런 경우는 생각보다 흔해요. 이때 우리가 할 수 있는 최선의 방법은 나의 탐구 주제에 소재와 방향성을 동시에 담는 것입니다.

소개된 생기부에서는 '내가 비대면 교육에 문제를 제기했다'라는 사실만 파악할 수 있을 뿐, 어떠한 동기와 결과로 해당 탐구를 이어나갔는지는 알 수 없습니다. 이 경우 '학습동기 결여 학생으로 보는 비대면 교육 비판: VR을 통한 흥미 유발 교육 제언'처럼 탐구 내용을 예측할 수 있는 형태로 제목을 수정해 봅시다.

제목 선정이 어렵다면, AI에 보고서 내용을 활용하는 것도 방법입니다. 만족스러운 결과를 얻을 수 있는 AI 활용 프롬프트를 아래에 소개했으니 활용해 보세요.

> 탐구 제목을 만들 거야. 연구보고서 형식으로 지어줘. 탐구 제목에서 탐구의 동기/탐구 방법/ 탐구 결론이 드러나야 해.

> 잘못된 예시는 '비대면 교육의 부정적 영향'이고, 올바른 예시는 '학습동기 결여 학생으로 보는 비대면 교육 비판: VR을 통한 흥미유발 교육 제언'이야.

> 내 보고서 파일을 참고해서 제목을 최대한 직관적으로 지어줘.

이제는 탐구를
수행할 차례

　다양한 자료를 바탕으로 탐구 주제를 선정하고, 핵심 키워드를 통해 탐구 주제를 효과적으로 드러내는 한 문장까지 완성했다면 이제는 탐구를 직접 수행하고 답을 찾아낼 차례입니다.

　탐구는 교과서·도서·논문 등 다양한 자료를 토대로 이론적인 부분을 조사해 이를 재구성하는 방식, 실험이나 통계 분석·인터뷰·프로젝트 등 실천적인 활동을 통해 직접 정보를 수집하고 가공하는 방식을 통해 모두 가능합니다. 서적이나 자료를 읽고 지식을 공부하는 것이 이론적인 부분에 포함된다면 지식을 활용해 자신만의 주장을 담은 보고서를 작성하고 이를 학우들 앞에서 논리정연하게 발표하는 것은 실천적인 부분에 해당돼요. 이론적인 부분에만 머물지 말고 한 발 더 나아가 실천적인 부분까지 활용할 것을 적극 추천합니다.

초반의 아이디어를 토대로 후속 탐구활동을 지속하는 등 꼬리에 꼬리를 물어가며 집요하게 탐구하는 과정은 해당 주제에 대한 학생의 동기와 끈기 있는 태도를 효과적으로 보여주기도 합니다. 이러한 연속성 있는 활동이 하나의 과목 안에서, 또 한 학기 동안 진행되는 수준을 넘어 여러 학기, 여러 학년에 거쳐 다양한 교과목과 교내활동에서 이어진다면 더 나은 결과를 얻을 수 있다는 가능성을 염두에 둡시다.

탐구의 시작은
자료를 분석하는 것이다

모든 탐구활동은 기초적인 자료 조사 단계를 거칩니다. 자료를 활용한 탐구는 고등학교뿐 아니라 대학교, 대학원, 직장에 가서도 쓰이는 아주 기초적인 방식이지요. 이를 위해서는 앞서 주제를 선정할 때처럼 교과서나 도서 단행본을 참고할 수도 있고, 학술 논문이나 전공 서적 등 보다 전문적인 내용을 담고 있는 매체를 활용할 수도 있습니다.

만약 책을 활용할 경우 우선 한 권의 책이라도 끈기 있게 정독하는 과정이 필요합니다. 앞서 탐구 주제를 모색하는 단계에서는 여러 분야의 책을 다양하게 읽는 것이 도움이 됐지만, 질문에 대한 답을 찾기 위한 정보와 지식을 수집할 때는 이와는 반대로 한 권의 책을 깊게 파고드는 접근 방식이 필요합니다.

간혹 한 권의 책도 제대로 읽지 않은 상태에서 섣불리 자료 작성에 뛰어드는 경우도 있는데, 이는 위험한 방식이에요. 양질의 보고서를 작성하기 위해서는 책 속에 담긴 배경지식이나 주장과 근거의 관계, 저자의 의도를 파악하는 과정이 반드시 필요합니다. 이 과정을 통해 단순히 정보를 모으는 것을 넘어, 지식을 실질적으로 습득하고 생각을 확장시킬 수 있어요.

다만 전문적인 지식을 다루는 전공 서적 등과 같이 난이도가 있는 책은 완독까지 너무 많은 시간이 걸리기도 합니다. 아직 우리의 수준에서 모든 내용을 이해하지 못할 가능성도 있고요. 이 경우에는 최대한 전체 내용을 파악하되 적당한 선에서 부분적으로 참고하는 방식을 활용하는 편이 좋습니다. 전공서적을 모두 읽고 완전히 이해하는 불확실한 목표를 달성하려 무리하기보다, 목차를 참고하여 특정 부분을 발췌하거나 참고하는 수준에서 활용하는 것도 충분히 의미 있습니다.

[서울대 교육학과 합격생 L의 실제 생활기록부 내용]

위의 학생은 학술 서적을 참고해 탐구활동을 수행했는데요. 이 학생이 인용한 책은 고등학생이 쉽게 이해하기 힘든 학술용어로 가득하고, 그 분량은 무려 400쪽이 넘습니다. 이 책을 고등학생이 완독하기란 현실적으로 매우 어렵겠지요. 이에 학생은 2장만을 선택적으로 읽는 전략적인 선택을 했습니다.

적은 내용이더라도 자신이 소화할 수 있는 만큼의 내용과 분량을 선정해 나의 탐구에 참고해 봅시다. 한 가지 팁을 드리면, '개론서'의 경우 고등학교 수준에서도 도전해 볼 만한 난이도인 경우가 많습니다. 특정 학문 분야의 모든 개념을 총망라했다는 점에서 관심 분야에 대한 다양한 지식을 얻을 수도 있으니 필요에 따라 개론서를 활용하는 것도 충분히 도움이 됩니다.

때에 따라 학술 자료를 활용해야 하는 경우도 있습니다. 학술 자료란 통상적으로 각종 분야의 전문 연구자가 모인 학회에서 발간한 학술지를 의미해요. 보통 DBpia, Google Scholar, RISS, KISS, PubMed 같은 사이트에서 검색이 가능합니다. 이러한 사이트에서 탐구 주제와 관련된 키워드를 검색하면 동일한 개념을 활용해 진행된 다른 학술 자료도 쉽게 찾을 수 있습니다.

이러한 학술 자료 끝에는 참고 문헌이 소개되는데요. 이를 활용하는 것도 검색 결과의 질을 관리하는 데 아주 좋은 방법 중 하나입니다. 거의 모든 학술 자료는 하나의 자료 안에도 굉장히 많은 참고문헌을 포함하고 있어서, 거기서 소개한 자료를 따라가며 검색하면 더 다양하고 많은 정보를 얻을 수 있어요. 이를 통해 주제를 다양한 각도에서 바라볼 수도 있지요. 최근에는 몇몇 학술 자료 검색 사이트에서 AI 검색 기능을 도입하고 있으니, 사이트 이용이 어렵다면 해당 기능도 적극적으로 활용하기를 추천합니다.

3학년 [생명과학 Ⅱ] 세부능력 및 특기사항

생체조직 공학, 골유도재생에 이용되는 생체고분자 관련 자료를 토대로 한국인에 맞는 생체재료 개발 및 연구의 필요성을 소수의 글로벌 기업이 우점하고 있는 관련 업계의 현황을 분석하여 논리적으로 설득력 있게 주장함. (중략) 그래핀 기반 바이오의학 기기 활용법을 연구한 자료 및 '세포 생명의 마이크로 코스모스 탐사기(남궁석)'를 탐독한 뒤 그래핀의 표면 특성에 따른 줄기세포 연구 시 활용 방향을 구분함.

[서울대 스마트시스템학과 합격생 D의 실제 생활기록부 내용]

심화학습을 위해 영어 학술 자료 An adversarial collaboration to critically evaluate theories of consciousness를 참고하여 (중략) 영어 학술 자료 The Role of p-Value in Judging in the Strength of Evidence and Realistic Replication Expectations를 읽고 (후략)

[서울대 의예과 합격생 J의 실제 생활기록부 내용]

두 학생 모두 학술 자료를 참고해 깊이 있는 탐구를 수행했습니다. 교과서나 일반 교양서적으로는 얻을 수 없는 전문적인 지식을 학술 자료를 통해 학습하고 이를 자신의 생기부에 잘 녹여냈어요.

다만 학술 자료를 참고해 탐구활동을 수행할 때 반드시 유념하고 주의해야 할 점이 있습니다. 바로 학술 자료를 그대로 베끼지 않는 것입니다.

> **❝** 보통 6어절 이상이 그대로 겹치면 표절이라고 간주하는데, 이를 방지하기 위해 자신의 언어로 재표현하는 과정이 필수적입니다. 더불어 APA, MLA, Chicago 등 여러 인용 표시 방법을 배워놓는 것도 좋습니다.
> 구글에 '○○○ citation generato'라고 검색했을 때 나오는 툴, 혹은 MS Word의 인용 삽입을 이용해도 좋으니 제대로 출처를 표기하는 법을 익혀두세요. (서울대 약학계열 25학번 최현아)

학술 자료를 활용할 때는 자료에 소개된 내용을 단순히 인용하는 수준을 넘어 나의 시각으로 내용을 제대로 이해하고 파악해야 합니다. 내가 관심 있는 주제에 대해 전문가들은 어떠한 방식으로 생각하고 바라보는지, 또 어떤 방법을 활용해 연구를 진행하는지 잘 살펴보세요. 우리가 탐구활동에 학술 자료를 활용하는 이유는 그 안에 포함된 선행 연구자들의 노하우와 연구 방식을 보고 배우려는 데 있음을 기억합시다.

책을 읽었다는 사실 자체보다 책에 담겨 있는 내용을 깊이 있게 이해하는 일이 중요했던 것처럼, 학술 자료를 참고할 때도 그 내용이 포함하고 있는 지식을 학습하는 데 초점을 두어야 합니다. 생활기록부에 담겨야 하는 내용은 내가 이만큼 어려운 연구를 읽고 참고했다는 자랑이 아니라, 그 속에 담긴 전문 지식을 학습하기 위해 나름 노력했다는 것이어야 합니다. 만약 자신이 선택한 학술 자료를 이해하기가 어렵다면 무리하며 고집하기보다 좀 더 쉬운 난이도의 도서를 참고해 기본기를 먼저 쌓을 필요가 있습니다.

모든 탐구활동은 자료 조사 과정을 반드시 포함합니다. 시간이 허락해 준다면야 주제와 관련한 다양한 자료를 모두 꼼꼼히 공부하는 게 가장 이상적인 학습법이지요. 하지만 입시와 내신, 성공적인 대입을 위해 매일 고군분투하는 우리에게 시간은 언제나 부족합니다. 그러니 자료의 모든 부분을 완벽하게 소화할 수 없는 상황이라면, 조사의 목적에 따라 필요한 내용만을 선별해 효율적으로 탐구에 임해도 괜찮습니다.

더 생동감 넘치는 탐구를 원한다면
실험을 활용하라

자료를 활용한 탐구가 다소 정적이고 간접적인 탐구였다면, 실험을 활용한 탐구는 보다 활동적이고 직접적인 탐구라고 할 수 있습니다. 실험을 진행하는 과정에서 우리가 직접 연구에 참여하며 말 그대로 살아 있는 데이터를 마주할 수 있기 때문입니다. 즉, 이미 결과로서 존재하는 지식과 정보를 학습하는 것을 넘어 새로운 지식과 정보를 찾아내기 위해 직접 연구를 수행하는 것이 바로 실험을 활용한 탐구의 핵심입니다.

다만 실험을 진행할 경우, 연구를 제대로 수행하기 위한 과정을 모두 신경 써야 합니다. 이 점에서 단순히 자료를 모아 보기 좋게 정리하고 재구성하는 것보다 훨씬 어려운 탐구 방법임은 부정할 수 없어요. 게다가 실험을 진행하기 위해서는 실험을 할 수 있는 환경과 실험 도구, 안전 장비도 마련되어야 합니다.

학생 혼자서 실험을 진행하기란 사실상 매우 어려운 일이죠. 따라서 실험을 진행하고자 하는 많은 학생이 동아리활동이나 실험 과목의 담당 교사의 지도하에 친구들과 함께 실험에 참여하곤 합니다. 관심 분야가 맞는 친구들과 동아리를 만들거나, 학교나 공동교육과정에서 개설되는 실험 과목은 무엇이 있는지 확인해 보세요. 이를 활용하면 큰 부담 없이 실험을 진행할 수 있습니다.

종종 생활기록부를 멋지게 만들고 자신의 탐구역량을 드러내기 위해서는 반드시 실험을 생기부에 포함해야 한다는 생각에 사로잡힌 친구들도 있습니다. 하지만 생기부에서 실험활동이 갖는 진짜 의미는 실험 자체보다 이를 준비하고 고민하는 과정에 있습니다. 더불어 실험이라고 해서 반드시 약품이나 분자·동물·균을 활용해 중·장기간 진행해야 하는 것은 아니에요. 그 대신 단순한 장치를 제작하거나, 컴퓨터를 활용하여 시뮬레이션을 진행하거나, 혹은 사고실험의 형태로 이루어지는 경우도 있으니 실험의 범주를 넓게 생각하세요. 그중 나의 여건에 맞는 형

> **❝** 흔한 실험이더라도 나만의 색깔을 집어넣어 탐구력과 신선함을 추가합시다. 실험의 오류를 바로잡기 위해 대조실험을 설계하거나, 실험 결과의 원인을 찾기 위한 실험을 설계하는 등 다양한 방법을 활용하세요. (서울대 의예과 25학번 김태영)

태의 실험을 계획하고 실천하면 됩니다.

이에 더해 좋고 깔끔한 결과에 너무 집착하는 태도 역시 버리기를 추천합니다. 실험이 실패한다면 실패한 대로 의미가 있습니다. 현실적으로 고등학생이 하나의 실험을 완벽하게 설계하고 준비하는 건 어려운 일이지요. 그러니 실험 시에 발생한 오차는 어찌 보면 당연한 결과이기도 합니다.

그러니 예상한 대로 결과가 나오지 않더라도, 좋은 결과가 나와야 한다는 강박에 결과를 바꾸기보다는 왜 그러한 결과가 나왔는지, 이

후에 어떤 방법으로 이를 개선하고 싶은지 분석해 봅시다. 시간적 여유가 된다면 이를 개선해서 한 번 더 실험을 진행해 실험 결과를 다시 도출하는 것도 좋은 방법이에요. 너무 성공만을 좇기보다는 실험을 진행하며 실패를 경험하고, 이후 실패 원인을 분석한 뒤 이를 개선하는 과정에 참여함으로써 문제해결 능력을 기르는 기회로 삼는 것도 바람직합니다.

만약 실험이 한 번에 성공했다고 하더라도 여건이 된다면 적어도 세 번 정도는 같은 실험을 반복 시행하기를 추천합니다. 특히 물리나 화학 과목과 관련한 실험에서는 이러한 반복 과정을 거치면서 실험의

> **❝** 실험에 실패한 원인을 분석하는 과정을 통해 나의 분석력과 끈기가 강조될 수 있습니다. 물론 실패 원인을 찾았으면 한 번 더 실험을 진행해 보완하는 과정을 거쳐야겠죠? (서울대 스마트시스템과학과 25학번 이다연)

신뢰도를 높이는 결과를 얻을 수 있습니다.

마지막으로, 실험 시행보다 중요한 것은 실험에 임하는 태도임을 명심하세요. 이 실험 과정이 어떻게 이루어지는지, 실험에 포함된 각각의 물질은 어떤 역할을 하는지, 실험 과정에서 어떤 원리가 작용하는지, 같은 성질을 가지고 있는 다른 물질이 있다면 대체 가능한지 등 실험을 진행하는 과정 내내 머릿속에 물음표를 떠우고 있어야 합니다. 이러한 태도를 가지고 심도 있게 탐구하는 과정을 거치면 첫 번째 실험을 마무리한 뒤 작은 변주를 더해 보다 확장된 개념의 실험을 진행할 수도 있어요. 이는 분명 나의 탐구 과정을 기록하

는 데 있어서 유리한 역할을 해줄 거예요.

1학년 [동아리활동] 세부능력 및 특기사항

'조직 배양 이론과 실습 교육'을 10차시 수료함. (중략) 주제를 설정하고 다양한 용량을 설정하여 배지에 첨가해 저온 배양기에서 실험을 진행하고 보고서를 작성함. 동아리 시간 이외에도 실험실을 찾아 생장 과정을 기록지에 기록하고 사진을 찍는 등 실험에 적극적으로 참여함. 실험 결과를 비교해 보고 회원들과 실험 결과를 공유하여 함께 보고서를 작성하면서 협업하는 모습을 보여줌.

2학년 [동아리활동] 세부능력 및 특기사항

최초 실험 실패 원인을 DNA 추출 실험에서 사용하고 남은 브로콜리를 선택한 것으로 보고, 염료가 가져야 되는 조건을 충족 못 한 재료 사용으로 원인을 분석하여 제안하고 시금치를 이용하여 다시 선택하여 실험을 성공시킴.

3학년 [동아리활동] 세부능력 및 특기사항

생명과학의 유기 금속 착물에 대한 관심으로 이론 탐구활동으로 '리간드에 따른 금속 착물의 색 변화'의 이론을 고찰한, 내용이 우수한 보고서를 제출함. 중심 금속 원자가 철이온과 리간드에 따라 관찰되는 색이 달라지는 것을 관찰하여 착이온에 따른 착물 용액을 탐구하는 실험을 수행함. (중략) 리간드 분광화학적 계열을 근거로 강한장과 약한장의 리간드 결합에 따라 eg와 t2g의 오비탈의 전자가 점유되는 형태를 이해하고, 착화합물 색상 변화를 추측함. Fe^{2+}와 $Fe(CN)6^{-4}$ 의 반응에서 중심 Fe의 산화수가 +3으로 바뀌는 과정을 설명하여 페로시안화 칼륨이 생성되는 과정을 제시하고, Fe^{3+}의 반자기성 물질인 사실로부터 d6 착물이 가질 수 있는 고스핀과 저스핀의 전자 배치가 가지는 홀전자를 통해 Fe^{3+}가 저스핀 착물임을 추론하는 내용이 돋보임.

[서울대 스마트시스템학과 합격생 D의 실제 생활기록부 내용]

위 학생은 생물학에 꾸준한 관심을 바탕으로 3년 동안 동아리활동을 통해 실험을 진행했습니다. 1학년 때는 이론 및 실습 교육을 받으며 이후 진행할 실험을 성공으로 이끌기 위한 다양한 사전 지식을 공부했고, 이러한 경험을 바탕으로 다양한 장비를 활용해 직접 실험을 진행하고 보고서도 작성했습니다. 2학년이 되어 진행한 실험에서는 그 결과가 예상하지 못한 방향으로 발전하였지만, 그 원인을 분석하고 해결 방안을 찾아 다시 실험에 임하는 모습을 보입니다. 3학년 때는 단순히 실험을 진행하는 것을 넘어, 실험 결과를 통해 더욱 심화된 내용을 논리적으로 추론하는 데 초점을 맞추고 진행했습니다.

이 학생의 활동 보고서를 살펴보니 어떤 생각이 드나요? 결국 실험은 반드시 성공해야 의미를 갖는 게 아니며, 실험 자체가 목적인 것도 아니라는 사실도 알 수 있습니다. 결국 우리가 진행하는 실험이란 기존 학습 이론을 점검하고 지식을 넓혀나가기 위한 수단인 것이지요.

그러니 나의 생기부를 작성하기 위해 일부러 어려워 보이고 화려한 실험을 고민하지 마세요. 그럴 필요가 전혀 없습니다. 오히려 우리가 집중해야 할 실험의 본질은 우리가 학습한 내용을 실험을 통해 직접 내 눈으로 확인하고, 그 결과를 논리적으로 해석하는 그 과정에 있는 것임을 기억합시다.

생기부 디자인의 마지막 단계, 보고서·발표·자기평가지 작성까지

　이제 우리는 생기부 디자인 여정의 마지막 단계에 도달했습니다. 주제를 정하고, 탐구활동을 설계하고, 자료를 모으며 깊이 있는 결과물을 만들어냈습니다. 그리고 이제 그 모든 활동을 하나의 결과물로 정리할 타이밍입니다. 보고서를 작성하고 그 내용을 발표한 뒤 최종 단계로 자기평가지를 작성해야 합니다.

　보고서는 자신이 수행한 탐구를 정리하는 첫 번째 관문입니다. 단순히 활동 내용을 나열하는 것에 그쳐선 안 됩니다. 탐구의 흐름을 꿰뚫고, 핵심을 간결하게 전달하면서도 자신의 사고 과정과 성장 포인트를 분명하게 보여주는 보고서가 좋은 평가로 이어질 수 있습니다. 나아가 탐구 내용을 효과적으로 전달하는 발표 역시 탐구의 연장선으로 내가 이해한 내용을 정리하고 표현하는 중요한 단계입니다. 학생 본인의 시선으로 활동을 되짚어 보며 그 의미를 정리하는 자기평가지 또한 탐구 내용을 제대로 마무리하는 중요한 과정입니다. 결국 이 3가지 활동은 단지 형식적인 단계가 아니라, 탐구의 진정한 의미를 되새기고 나만의 학습 여정을 기록하는 결정적 과정이 되어줄 것입니다.

지금부터는 탐구활동의 완성도를 높여주는 보고서·발표·자기평가지 작성법을 구체적으로 살펴보겠습니다. 이 단계는 단순히 내가 한 것을 나열하는 과정이 아니라, 어떻게 작성하느냐를 고민하는 순간임을 다시 한번 명심하세요.

보고서는 간결하게, 발표는 명확하게

주제 선정과 탐구활동을 모두 마쳤다면 이제 내가 시행하는 탐구의 동기와 탐구 과정, 탐구 내용, 탐구 결과를 종합하여 한 편의 보고서를 작성할 차례입니다.

보고서를 작성할 때 먼저 기억해야 하는 건 핵심적인 내용만 간결하게 추려내야 한다는 점입니다. 사실 오랜 기간 동안 최선을 다해, 열렬한 마음으로 탐구에 임하다 보면 내가 수행한 탐구활동이 자식처럼 애틋하게 느껴지기 마련이지요. 그렇다고 해서 불필요한 내용이나 미사여구를 보고서에 포함해서는 안 됩니다. 보고서란 그 내용을 충실하게 담아내는 것만큼이나 꼭 필요한 내용만을 남겨두어 보고서를 읽는 누구나 탐구의 과정과 결과를 단번에 파악할 수 있어야 합니다.

다만 보고서의 결론에는 탐구의 과정에서 새롭게 알게 된 사실을 충분히 서술할 필요가 있습니다. 고등학생이 보고서를 작성하는 이유는 학술지에 투고하기 위함이 아니라, 자신의 탐구 과정을 기록하고 성찰하기 위함이지요. 그러니 탐구 과정에서 깨진 통념, 바로잡은 오개념, 해소된 궁금증을 상세하게 작성하길 추천합니다. 나아가, 이번 탐구에서 부족했던 점이나 후일 더 탐구하고자 하는 바를 서술해 이러한 탐구가 이번 한 번으로 그치지 않고 발전된 탐구로 이어질 수 있다는 것을 보여주어야 합니다.

더 깔끔한 보고서를 작성할 수 있도록 기본 구조를 소개합니다. 보고서를 어떤 형식으로 작성해야 할지 감을 잡지 못하는 친구들이 있다면 최소 이러한 내용이 포함되어야 함을 알고, 하나씩 채워나가세요. 이를 통해 최대한 깔끔한 보고서를 작성하길 바랍니다.

▶ 보고서 작성 기본 구조

제목 → 학번/이름 → 보고서요약 → 탐구 동기

참고문헌 ← 시사점 ← 탐구 결론 ← 탐구 과정

보고서를 작성했다면 그다음 이루어져야 하는 것은 탐구한 바를 발표하는 과정입니다. 이때 내가 수행한 탐구를 객관적으로 바라볼 기회를 얻고, 발표 중 청중과 질의응답하며 내가 이해한 바를 한 번 더 명확하게 점검할 수 있어요. 다시 한번 강조하지만 발표의 본질은 내가 알고 있는 바를 청중에게 알기 쉽게 소개하고, 청중은 질문을 통해 이해를 심화해 발표자와 청중 모두가 성장하는 것입니다. 이러한 발표의 본질적인 의미를 기억하며 발표 준비에 적극적으로 임해야 합니다.

처음 발표 자료를 만들 때 흔히 저지르는 실수가 있습니다. 내가 공부하고 탐구한 내용을 빠짐없이 소개하고 싶어 발표 PPT에 탐구 내용을 빼곡하게 채워 넣는 거예요. 하지만 PPT는 어디까지나 발표 내용을 보조하는 수단이며, 이를 위해서는 발표의 내용 중 핵심이 되는 것만 선별해 효과적으로 소개해야 합니다. 전달하고 싶은 내용을 빠짐없이 전달하기보다 청중을 위한 자료를 만들어야 함을 기억하세요.

미리캔버스, 캔바 등의 PPT 무료 템플릿을 활용하면 자료 준비 시간을 줄일 뿐만 아니라 더 깔끔하고 명확한 자료를 만들 수 있습니다. 핵심만 선별해 키워드화해

> 실제 발표할 때는 암기한 내용을 토씨 하나 틀리지 않고 전달하겠다는 마음가짐보다는 키워드 중심으로, 전체 내용을 구조화한다고 생각하세요. 발표란 나 혼자만의 독백이 아니라 상호작용임을 유념하세요. (서울대 약학계열 25학번 최현아)

서 PPT 화면에 담고, 필요하다면 발표 스크립트를 따로 만들어도 효과적입니다. PPT에 있는 연습 기능을 활용해서 발표 시간이 얼마나 걸리는지 미리 파악하세요.

자기평가지는 생기부 작성을 위한 가이드임을 명심하라

보고서 작성과 발표까지 마쳤다면, 이제 최종 단계인 자기평가지를 작성할 차례입니다. 자기평가지는 교사가 학생이 탐구한 활동을 생활기록부에 기록하는 과정을 매끄럽게 만드는, 일종의 보완 장치입니다. 학생은 자기평가지에 1학기 혹은 1년 동안 해당 과

목에서 수행한 탐구를 종합적으로 정리해 교사가 생활기록부를 작성할 때 참고하기 편한 형태로 제출합니다.

따라서 자기평가지를 작성할 때는 많은 내용을 쓰려고 하기보다 탐구의 동기와 과정, 결과를 간략하게 언급하고 이를 통해 성장한 바를 서술해야 합니다. 앞서 탐구 보고서를 쓴 것처럼 자기평가지에도 아래의 구조를 따라 작성하면 훨씬 깔끔한 자기평가지를 만들 수 있어요.

▶ **자기평가지 작성 기본 구조**

동기 ▶ 주제명 ▶ 연구 과정 (참고문헌 포함) ▶ 연구 결과 ▶ 시사점 (성장한 점)

뒤의 생기부를 살펴보면 내가 수행한 탐구의 동기와 과정, 결과, 그리고 이 탐구를 통해 얻을 수 있었던 성장점을 자기평가지에 일목요연하게 정리해 제출했음을 짐작할 수 있습니다. 그리고 담당 교사는 자기평가지의 내용을 반영해 학생이 노력한 과정을 상세하게 정

주제: 미디어 기반 탐구활동에서 '사이버 폭력 앞의 아이들(저스틴 패친)'과 통계자료를 참고하여 청소년 사이버 언어폭력이 늘어나는 현상을 문제의식으로 설정하고 '고등학생용 사이버불링 예방 프로그램 보완: 필터버블 기술과 위험 언어 시각화를 중심으로' 탐구를 진행함.

연구 과정: 자료 수집 미디어로 신뢰성 있는 정보를 얻기 위해 학술자료를 선정함. 정보를 종합해 문제 원인을 시각적으로 폭력성과 심각성을 확인할 수 없는 비대면 특성이라고 정의함. 학술자료에서 언급한 온라인 교육 프로그램은 예방적 성격이 강해 자극을 주기 어렵다는 점을 보완하고자 통신사에서 개발한 청소년 안심 어플에 주목함.

연구 결과: 앱을 사용한 경험을 바탕으로 필터버블 기술을 통해 일차적으로 갈취, 욕설 등으로 분류하고 이차적으로 심각도를 분석해 폭력이 감지될 수 있는 시스템을 고안함. 이후 언어클라우드 기법을 통해 학생들이 폭력언어 사용 빈도와 위험도를 시각적으로 확인할 수 있도록 한 교육 프로그램을 제안함.

시사점: 일련의 과정을 통해 문화지체라는 사회적 문제에 대한 통찰력을 갖고, 비대면 사회에서 자신을 성찰하며 인간다움을 추구하는 데 미디어 능력을 활용하겠다고 다짐함.

[서울대 교육학과 합격생 Q의 실제 생활기록부 내용]

리해 생활기록부를 작성할 수 있었습니다.

사실 많은 학생을 동시에 관찰하다 보면 학생 개개인이 탐구활동에서 보여준 구체적인 모습을 모두 기억하기는 어렵습니다. 이를 보완하기 위해 학생은 내가 수행한 활동과 느낀 점을 정리하여 담당 교사가 나의 생활기록부를 작성할 때 참고할 수 있는 적절한 자료를 제공해야 합니다. 그러니 자기평가지가 성적에 반영되지 않는다고 해도 성심성의껏 작성해야 합니다.

다만 학교, 혹은 담당 선생님의 사정에 따라 자기평가지를 활용하지 않는 경우도 있습니다. 이러한 상황 또한 명확히 인식하고 있어야 합니다. 또한 생활기록부를 작성하는 주체는 담당 교사이며 모든 권한은 선생님께 있음을 기억하고 무리한 부탁을 요청하는 일도 삼가야 합니다.

내 생활기록부를
제대로 디자인하려면?

　지금까지 탐구활동을 수행하는 기본적인 방법을 배웠습니다. 이제 장기적인 관점에서 학습 활동을 계획하는 생활기록부 디자인 방법에 대해 본격적으로 살펴보도록 하겠습니다.

　매력적인 생활기록부를 작성하기 위해 고등학교 1학년 때 주목하고 집중적으로 관리해야 할 것은 각 과목이 요구하는 역량을 쌓고, 다양한 경험을 통해 여러 지식 세계에 발을 들이며 자신의 흥미와 적성을 파악하는 과정입니다. 진로를 명확히 정하지 않은 학생들은 이 기간 동안 다양한 경험을 통한 나에 대한 이해가 선행되어야 학년이 올라갔을 때 심화탐구를 원활하게 수행할 수 있기 때문입니다.

다만 고등학교 2학년과 3학년이 되었을 때도 산발적이고 즉흥적인 방식의 탐구가 이어지면 좋은 평가를 받기 어려울 수 있습니다. 깊이가 얕은 탐구활동이 무분별하게 나열된 생활기록부에서는 이 학생이 어떤 진로를 희망하는지 쉽게 판단할 수 없기 때문이지요. 따라서 학년이 올라갈수록 보다 신중한 태도로 탐구활동을 계획하고, 자신의 진로를 구체화하는 과정을 드러내는 데 집중해야 합니다.

이 과정이 바로 생활기록부를 디자인한다는 의미입니다. 이를 실천하기 위해서 2학년이 시작되기 전 고등학교 1학년 때의 다양한 경험을 바탕으로 진로와 진학 계획을 세워봅시다. 지금부터는 중장기 탐구활동 계획을 세우고 생활기록부를 현명하게 디자인할 수 있는 다양한 팁을 소개하겠습니다.

버릴 것과 취할 것을 명확히 구분하라

고등학교 2학년이 되기 전, 중장기적 관점에서 본격적으로 생활기록부의 탐구활동 계획을 세워야 할 때 가장 중점적으로 고려해야 할 것은 이미 기록된 나의 고등학교 1학년 생활기록부의 내용을 다시 살펴보는 것입니다. 이 과정을 통해 하나의 목표로 향할 수 있도록, 내 생활기록부의 전체를 꿰는 하나의 실마리를 찾아야 합니다. 지난 학년 수행했던 탐구활동 중 현재의 자신에게도 유의미한 영향을 미치는 활동을 선별하세요. 그리고 다음 학기의 어떤 과목에서 이를 연계해 탐구를 수행할지 계획해야 합니다.

고등학교 1학년 때는 탐구 주제가 다채로우면서도 산발적으로 기록될 가능성이 큽니다. 그런 점에서 버릴 건 버리고 가져갈 것은 확실히 가져간다는 생각을 해야 해요. 사전에 생활기록부를 면밀히 분석하며 기존에 수행했던 탐구를 어떻게 발전시켜 나갈 수 있을지 고민하고, 나의 탐구 계획과 시너지가 좋은 선택 과목 및 공동교육과정을 선택하세요.

학생 C는 2학년 진학을 앞두고 방학 동안 자신이 1학년 때 수행했던 탐구활동을 쭉 나열해 봤습니다. 그다음 각 활동이 자신에게 미쳤던 영향을 돌이켜 보며 생활기록부에서 '살릴 활동과 버릴 활동'을 정리했습니다. 본인이 진학하고자 하는 상경 계열이라는 넓은 범위에서부터 경제학이라는 세부 분야로 진로를 좁혀가며, 자신이 관심을 가지고 집중적으로 탐구할 주제를 골랐습니다.

• 서울대 농경제사회학부 합격생 C의 1학년 생활기록부 주요 내용 요약

자율	재화의 희소성과 가치 이론 서수적 효용에 기반한 소비자 이론 발달 과정
동아리	뉴 디맨드 전략 탐구 무역을 통한 경제 발전 모델 탐구
진로	오스트리아학파와 현대 주류 경제학의 경제이론 및 연구방법론 비교 노동시장 변화 및 블록체인 기술 화폐사를 통한 통화공급정책 방향성
세특	효용함수 탐구 (수학) 화폐 체제 탐구 (영어) 오스트리아학파 환경 경제학 탐구 (통합사회) 탈중앙화 자율 조직과 플랫폼 독점 탐구 (통합사회) 공정무역 문제점 탐구 (기술가정) 거래 비용과 표준화 탐구 (기술가정)

자신의 생기부를 살핀 학생 C는 자신의 고등학교 1학년 진로활동에서 '통화'라는 경제 개념에 관심이 있음을 파악하고 이에 집중했습니다. 이를 바탕으로 통화 개념에 관심을 이어나고자 했습니다.

2학년 [경제] 세부능력 및 특기사항
고정 환율 제도인 금 본위 제도가 전간기에 제대로 작동할 수 없었던 이유에 대해 무역 상대국 간 비대칭적 **통화정책으로** 인한 금의 이동, **기축통화**인 파운드화의 불안정성, 미약한 중앙은행의 역할로 인한 혼란 등으로 설명함.

닷컴 버블, 911 테러, 서브프라임 모기지 사태 등 역사적 사건을 바탕으로 경제적 분석을 수행하여, 주거 정책과 **통화 정책의 실패**를 논리적으로 설명한 점이 인상적임. 통화 팽창 정책에 대한 회의론을 소개하며, 장기적인 관점에서 구조개혁이 필요함을 강조한 점이 돋보임.

'중앙은행과 통화정책(김병화)'를 참고하여 주요국별 **통화정책 양상**과 이론적 근거를 대응시켜 이해함. 한국은행 강좌를 참고하여 재확인하고, 부족한 거시경제 이해도를 높이기 위하여 '거시경제학'의 경기변동 단원과 비교하며 정리함.

위 사례처럼 전년도에 수행한 탐구활동을 표로 정리한 뒤, 확장시킬 주제를 표시해 봅시다. 그리고 그 내용을 바탕으로 앞으로의 계획을 세워봅시다. 전공에 관련된 탐구 주제로 확장시킬 수 있는지, 주제에 대한 흥미가 있어서 즐겁게 탐구할 수 있는지 등을 종합적으로 고려해 나만의 선별 기준을 마련하길 바랍니다. 내년에 수강할 선택과목이나 공통교육과정과의 함께할 경우 어떤 긍정적인 영향을 미칠지 여부도 아울러 고려하면 더욱 좋습니다.

빈칸을 채우는 데
집중하라

최선을 다해 학교생활에 임하고 이를 생활기록부에 효과적으로 반영하려 할 때 저지르는 흔한 잘못이 있습니다. 바로 추후에 이어서 탐구하고자 하는 미래의 포부를 섣불리 이야기하는 것입니다. 실제로 많은 학생의 생기부에 다음과 같은 표현이 적힌 것을 확인할 수 있습니다.

- ~하고 싶다고 (싶다는 생각을) 발표함.
- ~를 해야겠다는 포부를 밝힘.
- ~을 탐구하고 싶다는 생각을 밝힘.
- ~에 대해 관심을 가지는 모습을 보임.
- ~에 대한 해결 방안을 고안할 필요가 있다고 주장함.

위 표현의 공통점은 무엇일까요? 바로 모두 미래에 활동을 진행할 것임을 다짐하는 표현이라는 점입니다. 고등학교 1~2학년 때는 교과 지식도 적고, 탐구활동을 진행하는 방법도 잘 모르다 보니 이러한 문장이 자주 나타날 수밖에 없습니다. 물론 이 표현이 생기부에 기재된 것 자체는 학생부종합전형의 합격에 큰 영향을 끼치는 것은 아닙니다. 다만, 탐구하고 싶다고 말한 주제를 실제로 탐구하지 않는 자세는 합격에서 걸림돌이 될 수 있습니다. 학생의 탐구 의지와 전공에 대한 열정을 의심하게 만들기 때문입니다.

그렇다면 이러한 표현 없이, 혹은 이러한 표현이 기재되었음에도 보완할 수 있는 방법은 무엇일까요? 우리가 다짐했던 계획을 생기부 심화활동의 소재로 살려 빈칸을 채우는 것입니다. 전 학년 때 진행했던 탐구 중 내용이 빈약하거나 수준이 낮아 아쉬움이 남았던 탐구를 심화해 추가로 진행해 보세요. 이때 빈약한 탐구란 단순히 조사를 거친 보고서를 제출한 활동이나 한 가지 주제에 대해 깊게 다루지 못하고 일부분 이해에만 그친 활동 등을 말합니다.

2학년 [진로활동] 특기사항
학생 주도 프로젝트에 참여하여 **'사이클로이드'**를 주제로 삼아 3D프린터로 사이클로이드 모형을 제작하여 학생 참여형 전시물을 전시함.

[서울대 수학교육과 합격생 B의 실제 생활기록부 내용]

학생 B는 2학년 때 '사이클로이드'에 관한 탐구를 진행하였으나, 생기부에는 아쉽게도 구체적인 활동 내용이 누락되어 빈약한 탐구로 마무리되고 말았습니다. 이에 이 학생은 고등학교 3학년 생기부에서 위의 아쉬움을 보완하기 위하여 '사이클로이드'에 관한 보다 심화된 활동을 추가적으로 진행했고, 그 활동은 아래와 같이 묘사됩니다.

2부 | 고등학교 3년, 치밀한 전략으로 높이 도약하라

지난 학년에서 조사했던 사이클로이드에 대한 심화탐구로 하이퍼사이클로이드에 대한 수학적 분석과 매개변수 방정식에 대해 탐구활동을 진행함. 사이클로이드의 개념, 한 원에 내접하는 원의 한 정점이 그리는 자취의 매개변수 표현, 사이클로이드 감속기 활용에 대해 PPT로 정리하여 친구들에게 소개함. 특히 에피사이클로이드와 하이퍼사이클로이드의 그래프를 프로그램으로 직접 구현하여 시각적으로 알아보기 쉽게 설명한 점이 인상적임.

어떠신가요? 2학년에 진행되었던 것보다 훨씬 발전된 탐구임이 느껴질 겁니다. 빈약한 탐구를 그대로 방치하지 않고 세밀한 방향의 탐구를 진행하며, 특정 주제에 대한 깊은 탐구력과 관심을 드러낸다면 생기부를 더욱 알차게 구성할 수 있습니다.

생활기록부의 빈칸을 채워간다는 생각으로 심화탐구를 설정하고 진행해 나가세요. 탐구의 그 개연성도 자연스럽게 보일 뿐만 아니라, 평가 요소로서 생활기록부의 완전성을 더해줍니다.

데이터와 구현, 실험을 기반으로 한 심화탐구를 기획하라

최근 수·과학 분야뿐만 아니라 인문·사회 분야에서도 중요도가 높아지는 키워드가 있습니다. 바로 '데이터'입니다. 이 경향에 맞추어 많은 대학들에서 데이터에 근거한 연구, 데이터 리터러시를 강조하고 있습니다.

실제로 고등학교 3학년 이과 계열의 경우 데이터와 연관이 있는 학과에 진학을 희망하는 학생 수가 크게 늘었습니다. 만약 심화 활동 진행 과정에서 주제와 관련한 데이터를 적극적으로 활용한다면 희망하는 학과에 진학하는 데 도움이 될 수 있습니다. 게다가 데이터를 활용해 탐구를 진행하면 저마다 다른 결론을 도출할 수 있어요. 그러므로 나만의 독특한 활동을 진행하는 데 큰 도움이 됩니다. 그렇다면 탐구를 위한 데이터는 어떻게 얻을 수 있을까요?

데이터는 탐구를 진행하며 직접 설문조사를 진행해 얻거나, 이미 공개된 데이터를 활용해도 됩니다. 이러한 공공데이터는 공공데이터포털, 캐글kaggle과 같은 웹사이트에서 다운받을 수 있어요. 무엇이든 자신이 선택한 방식에 따라 데이터를 확보한 뒤에는 실험이나 직접 구현하는 등의 과정을 통해 심화도 가능합니다.

'푸리에 변환'은 수학 분야에서 매우 흔하게 활용되는 탐구 주제 중 하나지요. 수학에 관심 있는 학생 상당수가 이 주제로 탐구활동을 진행한다는 점에서, 어찌 보면 다소 진부한 주제라고 여겨질 수도 있습니다. 하지만 이 뻔하다면 뻔한 주제도 어떠한 방식으로 풀어내느냐에 따라 충분히 독창적인 연구로 차별화할 수 있습니다.

학생 주도성 진로 프로젝트 활동에 '**푸리에 변환 탐구**'를 주제로 팀으로 참여함. 푸리에 변환 개념과 수식적 이해, 함수, 고속 푸리에 변환, 사례 등에 대해 주도적으로 내용을 조사하고, 탐구함. **파이썬을 이용한 고속 푸리에 변환 확인 프로그램 제작**에서 함수들을 정리해 코드를 짜는 데 도움을 주고, 분석할 샘플 데이터를 만들어 주파수를 성별로 분해하여 스펙트럼으로 나타냄.

[서울대 수학교육과 합격생 B의 실제 생활기록부 내용]

학생 B는 실험과 데이터 분석 과정을 활용해 뻔한 주제를 독창적인 탐구로 탈바꿈시켰습니다. 단순히 자료 조사를 수행해 이론을 정리하는 방식의 탐구를 넘어 직접 무언가를 만드는, 살아 있는 탐구를 진행한 거예요.

실제 음성 데이터를 확보하고 코딩으로 시각적 구현을 시도하는 등 다양한 탐구 방법을 활용해 봅시다. 탐구의 주제뿐만 아니라 방식에서도 독창성을 발휘할 수 있습니다.

융합형 인재임을 증명하기 위한
탐구활동을 실행하라

대입을 준비하며 융합형 인재라는 단어를 자주 들어봤을 겁니다. 융합형 인재는 다양한 역량을 균형 있게 길러낸 사람이라 할 수 있지요. 최근 많은 대학에서는 이러한 융합형 인재를 원한다는 내용을 공식적인 문서에 명시하고 있습니다. 이에 따라 문과 계열의 학과 진학을 희망하는 학생도 수·과학적인 역량을 기를 필요가 있습니다. 이과 계열의 학과 진학을 희망하는 학생 역시 인문학적인 소양을 길러야 합니다.

문과 학생의 경우 통계 자료를 가공하고 분석하여 탐구 주제에 대한 자신만의 해석을 제시할 수 있는 수학적 역량에 집중합시다. 실제로 사회과학 분야에서는 수치를 직접적으로 다루어 상관관계를 분석하는 양적 연구가 중요한 부분을 차지합니다. 따라서 문과 학생이더라도 수학적 역량을 함양하여 통계를 활용한 탐구활동 수행이 필요합니다. 인터넷에 공개되어 있는 KDI, OECD-PISA, e-나라지표 등의 데이터를 직접 활용해 통계를 분석하는 탐구를 하는 것도 좋은 경험이 될 수 있습니다.

3학년 [사회문화] 세부능력 및 특기사항
사회문화 현상에 대한 수업 중, 다큐멘터리 "잠자는 교실"을 보고 낮아진 학생 수업 집중력에 문제점을 느껴, **교육 CRM 기반 학습 집중력 임계점 분석**'을 주제로 양적 연구를 진행함. 우선 연구 자료를 분석하여 학생들의 집중력 임계점을 전체 수업 대비 63%로 설정하였으며 급우 25명을 실험 집단으로 설정한 후, eyetraking 프로그램을 통해 범위에서 벗어나는 시간을 측정하여 맞춤 영상 시청 전후 학습자의 집중 수준을 비교함. 시청 전 0.68, 시청 후 0.76의 집중계수를 기록하여 CRM 맞춤 서비스의 유의성을 확인함.

[서울대 교육학과 합격생 T의 실제 생활기록부 내용]

옆에 소개된 생기부의 학생은 교육 계열 분야로 진학하기를 희망하고 있었습니다. 그럼에도 적극적으로 실험을 기획하고 그 결과를 분석함으로써 유의미한 탐구를 수행했어요. 보통 문과 계열의 학생은 도서를 분석하거나 면담을 진행하는 방식을 선호해 왔고, 데이터를 직접 수집하고 분석하는 활동은 이과 계열 학생의 분야라고 여겼습니다.

그러나 '융합형 인재'가 강조되는 오늘날에는 그 경계가 허물어지고 있음을 깨달아 문과 계열 진학을 희망함에도 직접 실험을 진행한 것이죠. 최근에는 이 학생처럼 융합형 인재를 겨냥한 생기부 기획이 대두되고 있는 추세입니다.

나의 진학 계열이 어디든 내 관심 분야에서 수행할 수 있는 실험이 무엇인지 직접 기획하고 실험의 효과를 측정하며 탐구를 진행해 봅시다. 이 경험은 생기부에 도움이 된다는 차원을 넘어 실험 진행 과정에서 친구들의 동의를 받고 연구 윤리를 준수하는 등, 실제 연구 현장에서 활용되는 연구 윤리 지침을 학습하는 기회로도 활용할 수 있습니다.

이과 계열의 학생이라면 과학 분야의 전문적인 지식을 탄탄하게 공부한 만큼, 나날이 발전하는 과학 기술이 사회에 미칠 수 있는 영향력에 대해 인문학적 지식을 바탕으로 깊게 고민하는 활동을 추천합니다. 무언가를 잘 만드는 것을 넘어 후에 자신이 만들어낸 발명

품이 어떻게 쓰이게 될지 그 사회적 영향력을 살펴보는 것이지요.

3학년 [사회문제 탐구] 세부능력 및 특기사항
수업에서 '**의료민영화**'를 주제로 토론한 후 앞으로 한국 의료계가 나아가야 할 방향에 대한 '**미래 의료 정책의 방향성에 대한 제언**'을 주제로 탐구하여 의료의 질을 높이며 의료비를 최소화하는 것이 주요 과제라는 결론을 냄. 의료의 질을 높이기 위해서는 의료비 상승이 수반될 수밖에 없다는 사실을 알게 됨. 이에 한국에서 의료비 자체를 낮출 수 있는 방안을 조사함. 경중 환자의 상급병원 방문을 줄인다면 의료비를 낮출 수 있다는 결론을 내고 이에 대한 방안으로 의료전달체계 확립을 제시함.

[서울대 의예과 합격생 J의 실제 생활기록부 내용]

위 사례에서 학생은 의예과 진학을 희망하고 있습니다. 보통 의예과를 지망하는 학생은 '고급 생명과학'이나 '고급 화학'처럼 심화 과학 지식을 학습할 수 있는 과목을 선택하는 것이 일반적이었지요.

이를 통해 자신의 학업 역량과 세부 전공에 대한 열정을 보여줄 수 있었기 때문입니다.

그런데 이 학생의 경우 '사회문제 탐구'를 수강합니다. 이과 학생이면 수학과 과학만 잘하면 된다는 편견과 달리, 전공 분야와 관련한 인문·사회 분야의 탐구 역시 과학 분야에서 요구하는 전문성에 포함되기 때문입니다. 단순히 의학적인 지식을 풍부하게 쌓는 걸 넘어, 의료계가 놓인 사회적인 맥락을 깊이 있게 고민해 보는 융합적인 역량이 잘 드러나는 사례라고 볼 수 있습니다.

이과 계열의 진로를 희망하는 학생들은 자신의 관심 분야에서 발생할 수 있는 사회문제에 꾸준히 관심을 기울이고 이와 관련한 탐구를 진행해 보기를 바랍니다.

꼬리에 꼬리를 무는 연계 탐구는 나의 진심을 나타내는 지표다

관련 주제를 연계해 지속적으로 진행하는 탐구활동은 의미 있는 생활기록부를 디자인하기 위해 꼭 필요합니다. 학생부종합전형은 진로에 대한 분명한 목적의식을 가지고 주체적으로 학교생활에 임한 학생을 높게 평가하기 때문입니다.

이에 우리는 탐구활동을 기획할 때 꼬리에 꼬리를 물어 지속적으로 연계하고 확장해 나가는 방식으로 임할 필요가 있습니다. 이러한 연계 탐구는 나만의 독창적인 이야기를 만들어줄 수 있어요. 내가 관심 있는 주제에 대해 열정과 끈기를 가지고 여러 학기 동안 다양한 과목에 걸쳐 깊이 있는 탐구를 수행해 나가는, 진심이 담긴 이야기를 완성해 보세요.

외교관이 꿈인 학생 R은 정치외교학과에 진학하는 것을 희망하며 외교와 문화, 국가에 대한 탐구활동을 꾸준히 지속하고 관련 경험을 쌓아왔습니다. 영어Ⅱ 과목에서도 이슬람 문화에 관심을 가져 '이슬람 공포증'에 대한 탐구를 진행했고, 세계지리에서는 '이스라엘·팔레스타인 분쟁'에 대해 살펴보지요.

이러한 관심은 3학년 1학기까지 이어졌습니다. 사회문제 과목의 탐구활동을 진행하며 2학년 때 진행한 영어와 세계지리의 탐구 주제를 연계해 설정했어요. 그저 생기부를 채우기 위한 일회적인 탐구에 그치지 않고 이슬람 문화에 대해 탐구하고자 하는 개인의 열정을 점점 심화한 것입니다. 여기에 더해 동일한 과목 내에서도 심화 탐구를 실시해 주제를 확장해 나가는 모습을 보여주고자 노력한 것도 확인할 수 있습니다.

2학년 [영어 Ⅱ] 세부능력 및 특기사항

문화에 대한 오해 및 편견을 소개하는 활동에서 '**이슬람 문화권**에는 테러리스트가 많이 있나?' 라는 주제를 선택함. 제주도에 예멘 난민 수용에 대한 설문조사에서 테러리즘에 의한 안전 문제로 반대하는 사례를 들며 '**이슬람 공포증**'이라는 용어를 설명하고 미국 내 실제 테러 공격이 많지 않았다는 통계 자료를 근거로 제시함. **이슬람 문화**에 대한 이러한 테러 관련 편견을 줄이기 위해 특정 종교를 부각하지 않고 종교의 자유를 인정하는 관용적 자세의 중요성을 강조하는 등 영어로 제작된 자료를 활용하여 흡입력 있는 발표를 진행함으로써 뛰어난 문화적 역량을 보여줌.

2학년 [세계지리] 세부능력 및 특기사항

'공존과 평화의 세계' 단원을 공부하던 중 **이스라엘·팔레스타인 분쟁**에 관심을 가지게 되어 갈등 양상과 해결 방안에 대한 보고서를 작성하고 발표하였으며, 관련하여 '지리의 힘(팀 마샬)'을 찾아 읽고 책 소개 활동을 진행함.

3학년 [사회문제 탐구] 세부능력 및 특기사항

주제탐구 보고서 작성하기 활동에서 세계지리 시간에 탐구한 내용과 영어 시간에 발표한 주제를 융합하여 '**타 종교에 대한 선입견과 사회적 갈등 해결의 관련성**'을 주제로 선택함. 조사를 위한 설문지를 종교별로 상세하게 구성하여 제작하고 설문 조사를 진행함. 수집한 자료를 분석한 결과 타 종교에 대한 선입견이 사회적 갈등 해결을 어렵게 만든다는 가설이 수용됨을 확인함. (중략) 이 **주제를 심화탐구**하기 위하여 '다르지 않은 타자(엄한진)'를 읽은 뒤 중동에 대한 선입견을 깨닫고 국제적 연대로 문제를 해결해야 함을 주장함.

[서울대 정치외교학과 합격생 R의 실제 생활기록부 내용]

1학년 [진로활동] 특기사항

교내 모의 유엔 UNEP 위원회의 '탄소배출권 거래 시장의 신규칙 제정을 위한 논의'에 독일 대사로 참여함. **탄소배출권 시장의 특성**과 그에 따른 문제점을 이해했으며 이를 해결할 방안을 구상함.

2학년 [세계지리] 세부능력 및 특기사항

기후위기와 관련해 교육과 환경에 대해 탐구하는 창의융합 활동을 실시함. 체험을 통한 교육이 강의식 교육보다 효과적일 것이라는 의견을 수합 후 '제1회 세계 시민의 날'을 기획함. **탄소배출권 제도를 학교에 도입**하는 상황을 연출함. (중략) 학교에 건의해 실제 행사를 진행해 보고 싶다는 의지를 밝힘.

2학년 [자율활동] 특기사항

기후위기의 원인과 해결책을 앎에도 이를 실천하지 않는 친구들을 보며 **환경교육의 실질적 효과에 의문을 제기**함. 참여형 환경교육 프로그램 'CER in school'을 직접 기획함. **탄소배출권 제도의 시장 원리**를 바탕으로, 배출권 거래를 활성화시켜 적극적인 참여를 유발하도록 함.

2학년 [진로활동] 특기사항

기후위기 대응 세계시민포럼에 참여하여 계획한 프로그램을 실제로 도입하기 위해 그 필요성과 상세한 계획을 전교생에게 연설함. 청중의 피드백을 반영하여 학교 공간 에너지 선순환, 기후행동 참여소득제를 추가로 고안하여 내용을 보완함. 이후 행정실에 전기계량기 설치 가능 여부를 문의하는 등 열의를 다했으나, 예산 부족과 같은 현실적 제약에 부딪혀 실제 도입에는 어려움을 겪음. 하지만 환경교육의 문제점을 파악하고 이를 해결할 실제적인 교육 프로그램을 기획해 보며 교육행정가로서의 자질을 함양함.

교내 기자팀의 기자로서 편식하며 신청한 급식을 먹지 않아 발생하는 잔반 문제를 알리고자 '급식이란 무엇인가'라는 주제의 기사를 교지에 기고함. 급식의 교육적 취지와 환경오염을 근거로 신청한 급식을 꼭 먹을 필요가 있다고 강조함. 더불어 새벽부터 저녁까지 이어지는 조리사분들의 노고를 영상으로 담아 '노동의 가치를 무의미하게 만들지 말자'라는 관점에서도 잔반 문제를 조명함. 머리로는 이해, 마음으로는 공감을 바탕으로 잔반 문제 해결을 위해 힘씀.

[서울대 교육학과 합격생 Q의 실제 생활기록부 내용]

학생 Q는 환경교육과 관련하여 1학년 때부터 3학년 때까지 연계되는 장기적인 탐구활동을 수행했습니다. 사실 이 학생의 경우에는 3년 동안 어떤 활동을 수행할지 미리 계획해 둔 것이 아닙니다. 대신 매 순간 나의 지난 활동을 돌아보며 발전시켜 나갈 수 있는 부분을 찾았고, 자연스레 심화 연계 탐구가 이루어진 경우입니다.

이 학생의 생기부에서 주목할 또 다른 부분은 탄소배출권에 대한 이론적인 부분에서 출발해, 새로운 교육 프로그램을 만들고 이를 실제로 학교에 도입하기 위해 노력한 지점입니다. 교과 수업과 비교과 활동을 연계해 연구를 진행하는 방식 역시 충분히 가능하다는 점을 보여주는 좋은 사례예요.

위 두 사례를 모두 꼼꼼히 읽고 참고해 봅시다. 나의 생기부 디자인에 적용 방식을 고민할 만한 훌륭한 예시입니다.

    자칫 한 번으로 끝날 수 있는 무의미한 탐구활동도 당연히 있을 수 있습니다. 하지만 이렇게 파편적으로 이루어진 탐구를 하나의 맥락으로 엮어 의미 있는 이야기를 만들어내는 것은 해당 분야의 학업에 대한 진심과 끈기를 보여주는 효과적인 방법입니다. 그러니 나의 생기부를 명확히 파악해 하나의 실마리를 찾고, 이를 바탕으로 더 짜임새 있는 생기부를 꾸려나가 봅시다.

6장

이제는
실전이다

전략적 원서 접수가
입시 성공의 첫 시작이다

9월 모의고사가 끝난 직후 수만휘와 같은 입시 관련 사이트에는 원서 접수와 관련한 글이 폭발적으로 올라옵니다. 대망의 수시 원서 접수 기간이 찾아왔기 때문이지요. 수시를 준비하는 학생들에게는 수시 원서 접수 기간이야말로 1년간의 수험 생활 중 가장 신경이 곤두서 있는 시기일 수밖에 없습니다.

학생들이 지원할 수 있는 수시 원서는 총 6장으로, 여기에 KAIST 등 일부 과기원은 포함되지 않아요. 언뜻 6개 대학에 진학할 수 있다니 꽤 가능성이 크다는 생각도 듭니다. 하지만 어디에 지원해야 합격률을 높일 수 있을지 세세하게 따지다 보면 이야기가 달라지지요.

대학마다, 또 학과마다 시행하는 수시전형은 너무나 다양하고 학교마다 선호하는 인재상도 천차만별입니다. 게다가 같은 학교, 같은 학과여도 전형이 다르면 중복 지원이 가능한 경우도 있으니 전략적인 설계가 더욱 중요해집니다. 이 전략적인 설계를 더욱 성공적으로 계획하기 위해 이 시기에는 원서 컨설팅에 비용을 아끼지 않는 풍경을 매우 흔하게 볼 수 있지요.

하지만 기억해야 할 것이 하나 있습니다. 결국 이 모든 준비와 선택 과정에서 제일 주도적이어야 할 사람은 바로 나 자신이라는 것입니다. 지금부터 복잡하게만 느꼈을 수시 지원 전략을 최대한 쉽고 현실적으로 정리하려 합니다. 6장의 소중한 기회가 온전히 나의 입시 성공으로 이어질 그 방법을 차근차근 배워봅시다.

치밀한 전략을 세우고 꼼꼼히 확인하라

"나에게 잘 맞는 전형은 무엇일까?" "6장의 원서를 어떻게 구성해야 할까?" 대한민국 수험생이라면 9월 모의고사를 치른 후 이 질문을 던지며 치열한 고민을 시작하게 됩니다. 실제 원서 접수는 생각보다 훨씬 복잡한 일이지요. '안정은 교과로, 상향은 학종으로'라는 널리 퍼져 있는 이야기에 기대어 단편적으로 결정해서는 안 될 일입니다. 원서에 대해 고민하기 전, 우선 수시전형에 대해 파악할 필요가 있습니다.

수시전형은 크게 학생부교과전형, 학생부종합전형, 논술전형 총 3가지 전형으로 나뉩니다. 지금부터는 이 3가지 전형의 기준과 특징, 또 합격의 가능성을 높일 수 있는 기본 전략까지 하나씩 알아봅시다.

― 학생부교과전형(교과)

학생부교과전형은 교과 성적을 50% 이상 반영하는 전형으로, 교과 성적이 우수한 학생에게 유리합니다. 대학마다 기준이 다르지만 보통 고등학교 3학년 2학기 기말고사 성적을 제외한 5학기의 내신 원점수·표준편차·석차등급·성취도를 종합적으로 고려해 정량평가를 실시합니다.

이때 대학에서 단순히 등급 숫자만을 고려하지 않고 성취도와 표준편차를 함께 고려한다는 점에 주목해야 합니다. 이는 대학에서 단순히 교내 성적을 비교하는 데서 그치는 것이 아니라 전국을 기준으로 그 학교의 학업 수준까지 반영함을 의미해요.

'내신 성적 안정권에 있는 학생이라면 무조건 교과로 써야 한다'라는 이야기가 학생들 사이에 흔하게 퍼져 있는데요. 이는 교과전형이 정량평가로 이루어지는 데다 합격자 커트라인에 큰 변동이 없기 때문입니다. 실제로 교과전형은 다른 전형에 비해 상대적으로 경쟁률이 낮은 편이며, 합격컷의 안정성이 높은 유형이에요.

교과전형을 통해 내 성적 기준보다 조금 더 높은 성적 수준의 대학에 상향 지원하고자 한다면 수능 최저학력기준을 제시하는 곳, 서류나 면접을 일정 비율 반영하는 곳에 지원하는 것이 합격 가능성을 더욱 높일 수 있는 방법입니다.

― 학생부 종합전형(학종)

학생부종합전형은 입학사정관 등이 참여해 학교생활기록부를 중심으로 학생을 정성평가하는 전형입니다. 주로 부족한 내신 성적을 보완할 수 있는 우수한 생기부를 가진 학생들에게 유리해요.

학종은 학생이 속한 환경에 대한 평가는 물론 학습 동기와 노력, 의지, 자기주도능력처럼 수치화할 수 없는 부분을 종합적으로 고려하며 진로역량·학업역량·공동체역량 세 분야를 평가 요인으로 제시합니다. 서울교육청 교육연구정보원에서 발표한 〈쎈(SEN)진학 2026 대입 고3 학년 초 대입전형의 이해와 대비 자료집〉에서는 각 역량을 다음과 같이 설명하고 있으니 참고해 나의 생기부를 꾸려 나가세요.

· 학생부 종합전형 평가 요소 및 세부 내용

평가 요소	평가 항목	정의	세부 평가 내용
학업 역량	학업 성취도	고교 교육과정에서 이수한 교과의 성취 수준이나 학업의 발전 정도	• 특정 교과에 치우치지 않는 균형 있는 학습 성과가 보이는가? • 학업성취에 있어서 꾸준한 진보를 보이는가? • 대학에서 수학하기 위한 기초적인 학습능력을 갖추고 있는가?
	학업 태도	학업을 수행하고 학습해 나가려는 의지와 노력	• 학업에 대한 목표를 세워 꾸준히 추진한 노력이 보이는가? • 교과별 학업 목표나 학습과제를 해결하기 위해 자기 주도적으로 노력하고 있는가? • 교과 수업 활동에 적극적으로 참여하고 수업 내용을 이해하기 위해 다양하게 학습하고 있는가?
	탐구력	지적 호기심을 바탕으로 사물과 현상에 대해 탐구하고, 문제를 해결하려는 노력	• 교과 학습에서 지식과 정보, 데이터를 활용하여 문제를 해결한 경험이 있는가? • 새로운 지식이나 정보, 경험 등에 대해 비판적 사고하여 해결해야 할 문제를 도출할 수 있는가? • 배운 지식을 확장하기 위해 다양한 자료(도서, 논문, 보도 자료 등)를 수집하여 활용한 경험이 있는가? • 진로 분야와 관련된 적절한 주제를 설정하고, 자기 주도적으로 문제를 해결한 경험이 있는가? • 학업과 관련된 새로운 지식의 습득을 위해 스스로 탐구하여 발견해 본 경험이 있는가?

진로 역량	전공 (계열) 관련 교과 이수 노력	고교 교육과정에서 전공(계열)에 필요한 과목을 수강하고 취득한 학업 성취 수준	• 전공(계열) 관련 교과 학습에 목표의식과 열의를 보이는가? • 전공(계열)과 관련된 과목을 이수하기 위해 노력하였는가? • 희망 전공 관련 심화 과목, 선택 과목을 얼 마나 도전적으로 선택하여 진로를 탐색하 였는가?
	전공 (계열) 관련 교과 성취도	자신의 진로를 탐색하는 과정에서 이루어진 활동이나 경험 및 노력 정도	• 전공 관련 과목에서 깊이 있는 탐구활동을 한 경험이 있는가? • 전공(계열)과 관련된 교과 학습 내용을 이 해하고 해당 과목에서 우수한 성취를 이루 었는가? • 전공(계열)과 관련된 활동의 경험 과정에서 목표를 설정하고 이를 달성하기 위한 노력 과 결과가 있는가?
	진로 탐색 활동과 경험	공동체의 목표를 위해 협력하며, 구성원들과 합리적인 의사 소통을 할 수 있는 능력	• 전공(계열) 관련 활동 경험을 스스로 기획 하여 수행한 적이 있는가? • 진로 탐색 과정 중 다양한 자료를 활용하여 성과물을 만들어낸 경험이 있는가? • 교내의 다양한 프로그램에 참여하며 진로 를 탐색한 경험을 충분히 가지고 있는가? • 교과 수업에서 희망 전공과 관련된 주제 탐 구활동을 통해 전공 관련 지식을 확장하였 는가? • 자신의 관심, 적성, 흥미에 따라 자기 주도 적으로 탐색한 경험이 있는가?

공동체 역량	협업과 소통 능력	공동체의 목표를 위해 협력하며, 구성원들과 합리적인 의사소통을 할 수 있는 능력	• 타인과의 의사소통과 협업의 필요성에 대해 공감하고 실천의 의지를 보이는가? • 다양한 맥락 속에서 의사소통과 협업 능력을 유연하게 적용하여 문제를 해결한 경험이 있는가? • 공동체에 갈등이 발생했을 때, 갈등을 해결하기 위해 노력한 경험이 있는가?
	나눔과 배려	상대방을 존중하고 이해하며 원만한 관계를 형성하며, 타인을 위하여 기꺼이 나누어 주고자 하는 태도와 행동	• 상대방을 이해하고 존중하는 노력을 기울였는가? • 구성원을 위해 나눔(또는 배려)을 실천한 경험이 있는가? • 상대방에 대한 이해와 존중을 바탕으로 나눔을 실천하고 배려하거나 양보한 경험이 있는가?
	성실성과 규칙 준수	책임감을 바탕으로 자신의 의무를 다하고, 공동체의 기본 윤리와 원칙을 준수하는 태도	• 공동체 생활 속에서 자신이 맡은 일에 대해 책임감을 느끼고 수행하는 자세가 내면화되어 있는가? • 학급(또는 동아리)에서 자신에게 주어진 역할을 성실하게 수행하였는가? • 책임감과 규칙을 준수하는 모습이 다양한 활동에서 드러나는가?
	리더십	공동체의 목표 달성을 위해 구성원들의 상호작용을 이끌어가는 능력	• 리더십의 필수 요소를 잘 이해하고 발휘할 능력이 있는가? • 구성원들에게 비전을 제시하거나 노력과 성과에 칭찬과 격려 등을 함으로써 공동체의 사기를 진작시키는 능력을 지니고 있는가? • 자신이 속한 집단의 갈등이나 문제를 해결한 경험이 있는가?

— 논술전형

마지막으로 논술은 수시전형 중에서도 가장 높은 경쟁률을 보이는 전형입니다. 인기 있는 대학이나 학과의 경우 단 하나의 자리를 두고 수백 명이 경쟁하기도 해요. 내신 성적이나 생기부가 상대적으로 미흡한 경우에도 지원이 가능하기 때문입니다.

많은 학생이 지원 자격에 제한이 없고, 단 한 번의 시험으로 당락이 결정된다는 점을 논술전형의 가장 큰 장점으로 꼽아요. 하이 리스크 하이 리턴이라고 할 수 있지요.

인문사회 논술의 경우 사탐 과목에 자신이 있거나 논리적인 글쓰기에 자신이 있다면 유리합니다. 수리과학 논술은 논리구조를 세워 풀이 과정을 설계하는 데 자신 있는 사람이 유리해요.

한편, 일부 대학에서 실시하는 약술형 논술은 문제 유형이 수능과 유사하여 수능이나 최저학력기준 대비와 병행할 수 있다는 장점이 있으니 언제나 가능성을 염두에 두고 고려해 보는 것도 좋습니다.

상향·소신·안정·하향 중
나에게 맞는 방향을 정하라

흔히 수시를 지원할 때 전략에 따라 나의 현 점수 대비 합격이 안정적으로 보장되는 곳과 무리해서라도 지원을 시도할 곳 등으로 목표를 나누어 골고루 배분해 지원하곤 합니다. 이를 간단하게 상향·소신·안정·하향이라고 표현하는데요. 지금부터는 이 개념에 대해 알아봅시다.

수시 지원을 앞둔 상황에서는 매년 다양한 변수가 존재하기 때문에 고정된 정보로 파악하기에는 한계가 있기 마련입니다. 하지만 통상적으로 아래와 같은 기준을 사용합니다.

· 수시 지원 유형

상향	3개년 입결을 기준으로 합격자 80~90% 컷
소신	3개년 입결을 기준으로 합격자 70% 컷이 학생의 점수와 비슷하거나 살짝 높은 정도
안정	3개년 입결을 기준으로 합격자 50~70% 컷 사이
하향	3개년 입결을 기준으로 합격자 50% 컷 이하

원서를 작성할 때 기본적으로 우선해야 하는 것은 해당 학교의 3년의 입결 기록을 확인하는 것입니다. 그리고 이 3년 동안의 입결을 확인할 때 고려해야 할 점이 있습니다. 바로 학교 자체 점수를 사용하는 게 아니라, 기본 등급 계산으로 제시될 가능성이 높다는 것입니다. 다시 말해 특목·자사고 학생의 성적과 일반고등학교 학생

의 성적이 혼합되어 제시된다는 점을 주의해야 해요.

　서울대의 경우, 3개년 입결을 살피다 보면 2등급, 혹은 3등급인 내신 성적으로 합격한 경우를 종종 확인할 수 있습니다. 하지만 이때 해당 학생의 고등학교를 확인해 보세요. 특목·자사고학생의 것일 확률이 높습니다. 그러니 단순히 3개년 입결 수치만 비교하는 데서 그치면 실수를 저지르기 쉬워요. 다양한 모의지원 사이트에서 합격자 표본을 구체적으로 열람해 보는 과정이 필수적입니다.

우리에게는
6장의 패가 주어졌다

　수시 원서를 접수하며 가장 유념해야 할 기본사항은 6장의 원서 지원 기회를 한쪽으로 치우쳐 배치하지 말아야 한다는 것입니다. 이 경우 원서를 제출한 6개 대학에서 면접의 기회도 얻지 못한 채 빛의 속도로 탈락하는 일이 일어날 수 있어요. 이런 사태가 결코 일어나지 않도록 최선을 다해 원서 전략을 고민해야 합니다.

　언뜻 6번의 기회가 많다고 생각할 수도 있습니다. 접수 가능한 지원서가 6장씩이나 되니 그중 적어도 1장은 합격할 거라는 근거 없는 자신감이 생기기도 합니다. 그러나 실제 경쟁률을 고려하면 아무런 전략도 세우지 않은 상태에서는 '6광탈'이 나의 일이 될 수도 있습니다. 이에 우리는 앞서 살펴본 상향·소신·안정·하향을 균형 있게 섞어 전략적으로 지원해야 합니다.

그렇다면 균형을 어떻게 맞출 수 있을까요? 간단하게 생각하면 상향(소신), 안정, 하향을 2개씩 지원하는 것이 가장 기본입니다. 실제로 많은 학생이 상향에 1장, 소신·안정에 3장, 하향에 2장의 구성을 택합니다. 이러한 배치를 기본으로 한 뒤 나의 상황과 장단점에 따라 전략을 조정하지요.

그렇다면 나에게 맞는 전략을 세울 때 고려해야 하는 요소는 무엇일까요? 첫 번째, 자신이 재학 중인 학교의 입시 경향을 파악해야 합니다. 학교의 특징이 곧 나의 대입 전략과 밀접하게 연결되기 때문이에요. 그러니 학교 선배들이 전통적으로 어떤 경로를 거쳐 대학에 진학했는지를 반드시 확인해 두어야 합니다. 주로 수시전형으로 합격하는지, 아니면 정시로 합격하는지를 살펴보세요.

예를 들어, 특목·자사고의 경우 학생부종합전형에서 강세를 보이기 때문에 이 유형의 학교에 재학 중인 학생들은 6장의 원서를 모두 학생부종합전형에 쓰기도 합니다. 농어촌 지역의 일반고등학교에서는 농어촌전형을 활용해 최상위권 대학에 합격하는 사례가 많아요. 이처럼 자신의 학교가 어떤 전형에 특화되어 있는지를 명확히 파악하고 본인의 상황에 적용해 보는 것이 입시 전략 수립의 출발점입니다.

두 번째, 재학 중인 학교의 동 내신대 입시 결과를 알아봅시다. 이때는 선생님과의 상담을 통해 얻을 수 있는 학교 자체의 입시 데이터가 매우 중요합니다. 명심하세요. 그 어떠한 사설 컨설팅과 모의지원 시스템보다 내가 다니고 있는 학교가 갖고 있는 선배들의 정보를 통해 알 수 있는 바가 훨씬 많습니다. 나와 동일한 등급의 내신을 가진 같은 학교 선배의 입시 결과를 알아두면 원서 전략 수립에 유의미한 도움을 얻을 수 있으며, 동시에 가장 기본적인 데이터이기도 하니 꼭 확보하길 바랍니다.

세 번째, 면접이나 최저학력기준, 논술과 같이 별도 준비가 필요한 평가 요소를 고려합시다. 이러한 요소가 지원에 포함된 경우 원서를 제출한 이후에도 해당 시험 당일까지 지속적인 준비가 반드시 필요합니다. 그렇기 때문에 나의 강점과 시간적 여유를 고려하여 지원 전략을 세워야 합니다.

마지막으로 한 가지 더 고려해야 할 중요 요소는 고등교육법 시행령 제42조 제2항에 따라, 수시모집에서 합격한 학생은 같은 해 정시모집에 지원할 수 없다는 점입니다. 이는 수능에서 아무리 뛰어난 성적을 받았더라도 수시에 이미 합격했다면 정시모집 지원이 불가능하다는 사실을 의미합니다.

이런 경우가 생각보다 매우 흔하게 발생하는 까닭에 '수시 납치'라는 단어가 존재하기도 하는데요. 따라서 재학생과 졸업생 대부분이 수능을 통해 정시로 대학에 진학하는 학교에 다니거나, 내신 성적보다 모의고사 성적이 더 우수한 경우라면 수시 납치를 방지하기 위한 전략을 반드시 수립해야 합니다. 수능 이후에 면접을 실시하는 전형에 지원하거나, 자신의 예상 수능 성적으로 지원할 수 있는 대학에 상향 지원하도록 합니다.

더불어 만약 수시 반수나 재수를 생각하고 있다면, 3학년 2학기 내신도 끝까지 관리해야 한다는 점을 당부합니다. 고등학교를 졸업한 이후 수시에 지원할 경우 고등학교 3학년 2학기 마지막 기말고사까지 모두 평가 요소로 활용됩니다. 따라서 자신이 감당할 수 있는 학습량과 시간을 명확히 판단하여 무리하지 않는 선에서 현실적인 지원 전략을 짜는 것이 중요합니다. 3학년 2학기 내신 성적과 수능 공부를 동시에 챙기다 보면 오히려 2개 영역 모두 학습의 질이 떨어져 결과적으로 불리한 위치에서 입시를 치를 수도 있습니다.

지금부터 접수를 시작합니다

수시 원서는 정해진 기간에만 제출할 수 있습니다. 그러니 원서 접수의 가장 기본은 내가 진학하고자 하는 학교마다 접수 기간을 미리 확인하고 원서 제출 일정을 꼼꼼하게 정리하는 것이라 할 수 있어요. 학교마다, 그리고 전형마다 원서 제출 일정이 모두 다르므로 언제부터 언제까지 원서 접수를 받는지 꼭 파악해 두어야 합니다.

아래는 수시 원서 접수 기간을 포함한 2026년 대학입시 주요 일정입니다. 지금부터 주요 일정을 달력에 적어두는 것은 어떨까요?

· 2026년 대학입시 주요 일정

구분		2026년
수능	원서 접수	8월 21일(목)~9월 5일(금)
	시험일	11월 13일(목)
	성적 발표일	12월 5일(금)
수시 모집	학생부 작성 마감일	8월 31일(일)
	원서 접수	9월 8일(월)~12일(금) 중 3일 이상
	전형 기간	9월 13일(토)~12월 11일(목)(90일)
	합격자 발표	12월 12일(금)
	합격자 등록	12월 15일(월)~17일(수) (3일)
	미등록충원 합격 통보 마감	12월 23일(화) 18시까지
	미등록충원 등록 마감	12월 24일(수) 10시까지

본격적으로 원서 접수 시기가 시작되면 합격 예측 사이트를 활용해 봅시다. 진학사, 메가스터디, 유웨이어플라이, 내신닷컴, 대학어디가 등이 대표적입니다. 해당 사이트에서 나의 성적과 생기부 등 입시에 필요한 정보를 입력하면 학교별 평가 기준에 얼마나 부합하는지와 합격 가능성이 어느 정도인지를 확인할 수 있습니다. 여기 소개한 사이트 모두 무료 체험 기회를 일정 부분 제공하니 적절히 써봅시다.

이 외에도 전년도 실제 합격자들의 내신 성적과 추가합격 비율, 3개년의 자료를 바탕으로 합격 가능성을 제시해 주기도 하니 이 결과를 참고하세요. 다만 이때도 앞서 언급한 3가지 조언과 함께 종합적으로 고려하여 입시 전략을 세워야 합니다.

원서 접수는 대부분 온라인 사이트를 통해 진행됩니다. 수시 원서 사이트는 유웨이어플라이, 진학어플라이 총 2곳이며 대학별로 접수 사이트를 다르게 사용하는 경우가 있으므로 이 또한 미리 확인해 둡시다. 통합회원으로 가입 시 두 사이트 모두 동시에 가입할 수 있고, 이후 공통원서접수를 통해 원하는 대학을 선택하는 형식이에요.

다만 KAIST 등 과학기술원이나 사관학교의 경우 일반원서접수를 선택해 등록해야 합니다. 전형료를 결제한 후, 수험표가 올바르게 조회된다면 성공적으로 원서가 완료된 것입니다.

원서 접수 기간이 도래하면 원서 접수 사이트들은 가이드 영상과 주의사항을 업로드하곤 합니다. 해당 사이트에서 제시하는 기준과 절차를 한 번 더 확인하고 접수에 임하라고 권장하는 것이지요. 마찬가지로, 진학을 희망하는 대학교의 모집 요강을 최소 3회 이상 정독하며 중요한 일정을 정리하기 바랍니다. 지원 일정, 지원 자격, 수능과목 요건, 제출 서류 또한 모두 필수적으로 확인해야 합니다.

서울대나 연세대, 고려대 등 일부 대학의 경우 원서 접수 마감일과 마감 시간을 별도로 지정하는 경우도 있습니다. 게다가 원서 접수 마감 직전에는 사람이 몰려서 종종 사이트에 오류가 발생하는 경우도 있어요. 접속이 불가하여 원서를 제출하지 못하는 불상사는 없어야 하니, 꼭 접수 마감 1~2시간 전 여유 있게 지원할 것을 권장합니다.

원서 접수가 끝난 뒤 수만휘에는 수능 최저 응시 과목 요건을 확인하지 않은 채 지원했다가 허망하게 원서 1장을 날렸다는 사례가 자주 올라오곤 합니다. 이런 실수를 피하려면 각 대학이 요구하는 수능 최저학력기준의 세부 내용을 정확히 파악하고 정리하세요. 특히 탐구 영역에서 과목 제한을 두거나, 특정 과목을 필수로 요구하는 대학이 있으므로 반드시 모집 요강의 세부 항목까지 꼼꼼하게 읽어보고 파악해 둡시다.

지원 이후에도 자신이 지원한 대학과 전형이 별도의 서류를 요구하는지 확인하고, 미리 준비해 마감일에 급하게 처리하는 일이 없도록 합시다. 참고로 과학기술원에서는 대부분의 대학에서 더 이상 요구하지 않는 자기소개서를 여전히 요구합니다. 또 정원 외 전형의 경우 증빙 서류를 요구하는 경우도 있고요. 원서 접수 이후 이런 서류 제출 기한을 놓쳐서 탈락하는 사례도 적지 않기 때문에 이 또한 꼭 미리 확인해 둡시다.

마지막으로, 지원한 대학별 합격자 발표일과 등록 일정, 추가 합격 통보 일정도 꼭 메모해 놓치지 않도록 관리합니다. 미리 일정을 정리해 두는 것이 입시 과정에서 발생할 수 있는 실수를 최소화하는 가장 확실한 방법임을 기억하고 철저히 대비하도록 하세요.

원서 배치 유료 컨설팅이나 사교육의 도움이 필수인가요?

원서철이 되면 입시 커뮤니티에 각종 유료 컨설팅 홍보 게시물이 잔뜩 올라오곤 합니다. 실질적인 정보를 얻고자 하는 마음, 자신의 수준을 객관적으로 평가받고픈 마음에 많은 수험생들이 관심을 가지지요.

다만, 유료 컨설팅의 경우 서울이나 특정 지역의 데이터를 기준으로 진행되기 때문에 지방이나 학교 특성을 고려한 전략을 제시하지 못하는 경우가 많습니다. 높은 가격에 비해 불만족스러운 상담 결과를 받아오는 수험생도 많고요. 그러니 학생의 사례와 상황에 부합하는 원서 전략을 제시해주는 곳을 찾기란 매우 어려운 게 현실입니다.

결국 원서 전략에서 가장 중요한 데이터는 학생이 재학 중인 학교의 입시 결과입니다. 희망 학과나 내신 성적이 비슷한 선배들의 진학 결과를 파악하는 것이 곧 가장 정확한 예측 결과를 가져다줍니다.

더불어 학교 선생님만 접근할 수 있는 입시 결과 공유 프로그램이 있다는 점에서 학교의 진로·진학 담당 선생님, 부장 선생님, 담임 선생님 등 교내 전문가의 도움을 받기를 강력하게 추천합니다.

마지막으로, 정보의 홍수 속에서 최적의 선택을 하고 책임을 지는 주체는 본인임을 분명히 기억해야 합니다. 결국 6장의 수시 카드를 결정하고 지원하는 주체는, 학생입니다.

수능 최저학력기준
당락을 결정하는 필수 조건

"수시에 신경 쓴다고 수능 점수는 등한시하고 최저기준을 못 맞추면 잘 봐둔 수시도 모두 실패하는 거야." 고등학교 3학년 담임 선생님들의 단골 멘트입니다. 섬뜩하게 들리기도 하지만, 수능 최저학력기준의 중요성을 가장 명확히 드러내는 말이기도 해요.

수능 최저학력기준이란 대학에서 특정 전형에 응시하기 위해 요구하는 최소한의 수능 성적을 이야기합니다. 대개 수능 최저학력기준을 적용하는 전형은 최저기준이 없는 동급 대학의 전형보다 합격 커트라인이 낮게 형성되는 경향이 있지요. 그 이유는 수능 최저기준이 합격의 필수 조건이기 때문입니다. 만약 그 조건을 충족하지 못할 경우 학생부·면접·교과 점수가 모두 아무리 높다 할지라도 합격할 수 없어요.

수능 최저학력기준이 있는 전형의 경우, 결국 그 기준을 충족한 학생끼리 경쟁한다는 의미에서 '실질 경쟁률'이라는 개념도 등장했습니다. 예를 들어 고려대학교 학업우수전형은 원서 접수 당시 경쟁률이 약 15:1 정도로 꽤 높았습니다. 하지만 국어·수학·영어·탐구 4개 영역 등급의 합이 8 이내, 한국사는 4등급 이내를 받아야 하는 지원 조건이 있었지요. 수능이 끝난 후 고려대학교 학업우수 전형의 최종 실질 경쟁률은 약 2:1 수준으로 크게 낮아졌습니다.

이렇듯 수능 최저학력기준은 단순한 지원 요건을 넘어 합격 가능성을 결정짓는 핵심 요소 중 하나입니다. 수능 최저기준을 충족하면 실질 경쟁률이 크게 낮아지는 효과를 누릴 수 있기 때문에 반드시 전략적으로 접근하도록 합시다.

최저기준 달성을 위한
시기별 학습법

수시를 준비하는 학생이 최저기준을 대비하기 위해서 따라야 하는 일반적인 학습 타임라인을 알아봅시다. 지금부터 제시하는 기준을 참고해 나의 상황에 맞는 방식과 학습량을 적절하게 조율하고 성실하게 임해봅시다.

─ 고2 겨울방학~고3 1학기

실전 개념을 익히고 이를 활용해 기출문제를 푸는 과정이 필요합니다. 여기서 말하는 실전 개념이란, 몰라도 문제를 푸는 데 큰 지장을 주지는 않지만 알고 있다면 풀이 속도를 높일 수 있거나 개념 이해를 더 탄탄하게 만들어주는 팁을 의미합니다. 가장 대표적인 실전 개념으로는 수학 II에서 활용하는 넓이 공식이 있습니다. 이러한 실전 개념은 문제 풀이 시간을 절약하는 데 큰 도움이 되므로 익혀두기를 추천합니다.

실전 개념의 습득과 더불어 EBS 연계교재 학습도 필수로 진행해야 합니다. 겨울방학에 출간되는 〈수능특강〉과 5월 쯤 출간되는 〈수능완성〉은 수능에 직간접적으로 연계되는 매우 중요한 학습자료입니다. 수능에 직접적으로 출제되는 시험 범위이기 때문에 내신 준비와 각종 탐구활동으로 인해 시간이 부족하더라도, 적어도 〈수능특강〉만큼은 3학년 1학기가 끝나기 전 1회독을 마치도록 합시다. 여름방학에 접어들어 처음 〈수능특강〉을 펼쳐본다면 수능을 제대로 준비할 시간이 부족해진다는 점을 유념하세요.

한편, 과목에 따라 EBS 교재와의 연계가 이루어지는 양상이 저마다 다르게 나타난다는 점도 유념해야 합니다. 국어에서 문학과 독서의 경우 EBS에 소개된 작품과 소재가 직접적으로 연계되어 출제되기 때문에 그 체감 정도가 상당히 높은 반면, 수학과 영어의 경우에는 어떤 부분이 연계되어 출제되는지 경계가 모호하다는 평도 많아요. 그러니 연계교재 학습은 과목별 특징에 맞추어 진행하는 것이 좋습니다.

― 고3 여름 방학~수능 1달 전

일명 'N제'를 활용한 문제 풀이 학습과 〈수능완성〉을 중점으로 한 연계 교재의 학습이 필요합니다. 수능을 목표로 한 학습 과정에서 기출문제를 푸는 것이 기본적인 주춧돌 역할을 해준다면, N제 풀이는 그 주춧돌 위에 세울 건물과도 같습니다. 수능에서는 언제든지 새로운 유형이 등장할 수 있는데, 그에 대한 대비는 고난도 N제 학습을 통해 가능합니다. 그런 점에서 N제 학습은 단순히 새로운 문제를 경험하는 것을 넘어, 이제껏 다루어지지 않은 측면을 살피고 진짜 실력을 끌어올리는 역할을 해요.

다만 기출 학습이 완전히 끝나지 않은 상태에서 N제 학습을 시작하는 것은 시기상조입니다. 아무리 건물을 크게 세운다고 해도 기초가 불안정하다면 결국 그 건물은 쉽게 무너질 수밖에 없지요. 그러니 반드시 기본 개념을 탄탄히 다지고 기출문제를 모두 익힌 뒤 N제 학습에 돌입하세요.

한편 이 시기에는 새로이 출간된 연계교재인 〈수능완성〉에 대한 학습이 필요합니다. 고등학교 3학년 1학기 동안에는 〈수능특강〉을 공부하느라 현실적으로 〈수능완성〉까지 꼼꼼하게 살펴볼 시간이 부족합니다. 그러니 고등학교 3학년 여름방학 전까지 〈수능특강〉을 완벽하게 끝낸 뒤 여름방학부터는 미처 살펴보지 못했던 〈수능완성〉 학습을 시작합니다.

─ 수능 2달 전~1달 전

수능까지 60일도 남지 않은 시점부터는 실전 모의고사를 중점적으로 다루어야 합니다. 수능시험장에서의 시간 안배나 심리적 압박, 집중을 가로막는 소음 등 여러 변수가 평소 실력을 제대로 발휘하지 못하게 방해하는 여러 제약으로 작용할 수 있습니다. 이를 극복하고 온전히 내 평소 실력에 따른 결과를 얻기 위해서는 모의고사를 활용한 실전 연습이 반드시 필요합니다.

물론 이 기간에도 여전히 N제 학습과 연계 교재에 대한 다회독이 진행

> 66 나만의 시간 분배 방식을 정해둡시다. 국어 문제를 풀 때 초반 13분은 선택 과목, 그 뒤 27분은 독서 지문, 다음 25분은 문학 풀이, 나머지 15분은 제쳐두었던 어려운 문제를 풀고 마킹하는 것처럼요. 나의 풀이 습관에 따라 시간 구성은 달라지겠지만 이 루틴을 지키며 모의고사를 푼다면 실전에서 시간이 부족할 일은 많이 줄어들 거예요. (서울대 수학교육과 24학번 오인경)

되어야 합니다. 다만 그 과정에서 일주일에 1번 정도는 실제 시험이 진행되는 방식과 시간에 맞추어 전 과목의 실전 모의고사를 풀어보는 편이 좋습니다. 이 모든 과정을 통해 자칫 느슨해질 수 있는 실전 감각을 살리고, 학습 과정에 놓친 부분을 점검 후 보완하며 혹시나 모를 제3의 변수를 미리 대비할 수 있습니다.

─ 수능 1달 전~시험 당일까지

수능이 1달 앞으로 다가왔다면, 이제 실전 연습과 약점 보완에 중점을 두고 학습에 임해야 합니다. 이때는 실전 모의고사 풀이를 중심으로 각 과목마다 내가 자주 저지르는 실수가 무엇인지 파악하고 이를 보완하는 것이 핵심입니다. 보완이란, 개념을 다시 복습하거나 더 많은 문제를 풀며 문제 풀이 시간을 절약하도록 훈련한다는 의미임을 기억하세요.

수능이 가까워질수록 전 과목 실전 모의고사 학습의 비중 역시 늘려야 합니다. 수능 1달 전부터는 일주일에 2~3번, 2주 전부터는 3~4번, 1주 전부터는 매일 진행하는 것이 좋습니다. 전 과목 실전 모의고사 연습을 진행하지 않는 날에는 그동안 모의고사를 진행하며 파악한 나의 약점을 집중적으로 보완하는 시간을 갖고, 여유가 있다면 N제 등을 활용해 더 다양한 문제를 풀어보길 권합니다.

모의고사 역시
꾸준한 훈련은 필수

모의고사는 과목마다 20개, 30개, 45개 문제로 구성되며 이 문제를 정해진 시간 안에 모두 풀어야 하는 시험입니다. 즉, 모의고사를 진행할 때는 평소 평범한 문제집을 풀 때와는 달리 수능시험장의 방식에 맞추어 진행해야 합니다. 꾸준히 모의고사를 공부하는 궁극적인 목표는 수능 당일에 진짜 실력을 발휘하고 이를 통해 좋은 성적을 거두기 위함임을 잊지 마세요.

주기적으로 치러지는 교육청과 평가원의 모의고사에 성실하게 참여하는 것도 이를 실현하기 위한 방법입니다. 앞서 이야기한 나만의 전략을 시험해 볼 수 있는 연습 무대로서 활용하세요.

반대로 해석하면 수능을 잘 보기 위해서는 본인만의 전략이 필수적이라는 이야기이기도 해요. 예를 들어 국어의 비문학이 약한 학생이라면 [선택과목 → 독서론 → 문학 → 비문학] 순서에 맞춰 문제를 푸는 게 더 좋은 전략일 수 있습니다. 내가 어떤 문제를 마주했을 때 긴장하고 집중력이 떨어지는지 미리 파악해 두는 거예요. 그렇게 최초 전략을 수립한 뒤에는 주기적으로 치러지는 모의고사에 성실히 참여하고, 그 결과를 참고해 더 나은 성적을 얻을 수 있는 방향으로 전략을 수정하세요.

단순히 많은 문제를 푸는 것이 수능 점수를 올릴 수 있는 방법은 아닙니다. 그러니 실전과 같은 환경에서 모의고사에 참여하는 경험을 꾸준히 지속하고, 이를 통해 나만의 전략을 수립합시다. 또한 시험장에서 벌어질 수 있는 다양한 상황에 대처하는 방안도 생각해 두세요. 이와 같이 시험장에서 일어날 수 있는 변수에 대한 대응책 마련과 보완·수정의 과정이야말로 모의고사에 참여하는 가장 중요한 의의 중 하나입니다.

모의고사는 어디까지나 '모의'고사다

수만휘 사이트에 가입한 학생들이 가장 활발하게 게시판에 글을 올리는 날은 아마도 매월 모의고사가 끝난 직후가 아닐까요. 오늘 치른 모의고사의 난이도부터 각 과목의 등급 컷에 대한 내용, 시험 당시 나의 감정 등 모의고사를 치르며 일어난 수많은 이야기가 실시간으로 공유되곤 합니다. 동시에 모의고사에서 얻은 등급을 걱정하며 고민을 토로하는 친구들 역시 셀 수 없이 많습니다.

하지만 결코 잊어서는 안 될 가장 기본적인 사실이 있습니다. 모의고사는 어디까지나 '모의'고사라는 거예요. 물론 모의고사에서 거둔 성적이 나의 현재 실력을 보여주는 지표인 것은 맞습니다. 하지만 모의고사의 점수가 곧 수능 성적인 건 결코 아닙니다.

당일의 컨디션이나 출제된 단원의 난이도 분배에 따라서 모의고사 성적은 얼마든지 다르게 나타날 수 있습니다. 게다가 모의고사를 치른 뒤 얼마나 열심히 학습하냐에 따라 수능 성적도 충분히 달라질 수 있지요.

그렇기에 모의고사 성적이 잘 나왔다고 너무 자만하지도, 또 기대에 부응하지 않는다고 해서 너무 좌절하지도 마세요. 모의고사와 수능은, 비록 어느 정도 밀접한 관계를 맺고 있다 하더라도 결국은 독립된 결과를 얻는 별개의 시험입니다. 그러니 지나친 자만이나 좌절에 빠져 정작 중요한 수능시험에 영향을 끼치는 일이 발생하지 않도록 주의하세요.

다만 모의고사 성적이 잘 나오지 않는 경우에는 나의 학습 방법에 대한 주의가 필요합니다. 특히 목표에 훨씬 미치지 못하는 성적을 얻은 데서 오는 좌절감은 쉽게 떨쳐낼 수 있는 감정이 아니지요. 물론 이에 대한 가장 좋은 치료제는 다음 모의고사에서 좋은 성적을 거두는 것일 테지만, 냉정히 따져보면 다음 모의고사에서 반드시 좋은 성적을 거둔다는 보장은 없어요. 다만 다음 모의고사 때까지 성적에 좌절한 상태를 유지하면 심각한 학습 손실을 불러 일으킬 수 있습니다.

이 상태를 벗어날 수 있는 한 가지 팁을 공유합니다. 만약 이번 모의고사에서 만족스럽지 않은 결과를 얻었다면 동일한 모의고사 문제지를 하나 더 구해, 실제 시험과 똑같은 환경을 조성한 뒤 다시 풀어보세요. 이미 한 번 풀어본 문제이기에 성적은 당연히 잘 나올 거예요. 다만 이 과정에서 성적보다 더 중요한 것은 스스로에게 패배를 안겨준 문제지를 결국은 잘 풀어냈다는 데 있습니다. 이는 좌절감을 극복하는 데 분명히 도움을 줄 것입니다.

모의고사는 어디까지나 수능을 위한 연습입니다. 그리고 모의고사의 결과는 미래를 보여주는 것이 아니라 현재 내가 어디에 위치하는지를 보여주는 지표입니다. 그러니 모의고사 결과에 너무 일희일비하지 마세요. 모의고사는 앞으로의 학습 계획을 세울 때 참고하는 사항 그 이상의 의미로도, 그 이하의 의미로도 받아들이지 않기를 바랍니다.

유형별 면접
완벽 대비

면접을 준비하는 많은 학생이 스스로를 말을 잘하는 사람이 아니라 생각하며 합격할 수 있을지 막연한 두려움을 갖곤 합니다. 하지만 대입 면접은 화려한 말솜씨를 가진 아나운서를 선별하는 시험이 아닙니다. 수시 면접에 합격하기 위한 포인트는 내가 어떤 사람인지 드러내는 것입니다. 서툴더라도 나의 생각과 경험을 더 진정성 있게 전달하는 사람이 합격하는 시험이지요.

수시 면접은 대개 두 시기에 나누어 진행됩니다. 수능 전에 진행되는 경우, 수능을 모두 끝낸 후 진행되는 경우입니다. 이 둘의 장단점은 분명합니다. 수능 전에 면접이 진행된다면 면접과 수능 준비를 동시에 진행해야 한다는 점에서 부담이 클 수 있지만, 합격률이 상대적으로 높다는 매우 큰 장점이 있어요. 반면 수능 이후에 진행되는 면접은 수능이 끝난 해방감을 미처 즐길 새도 없이 다시 긴장의 끈을 바짝 조이며 준비를 이어가야 한다는 부담이 있지요. 어느 쪽이든 중요한 것은 흔들리지 않는 마음과 꾸준한 준비입니다.

면접을 진행하며 꼭 기억해야 할 기본 사항이 있습니다. 첫 번째는 공손한 태도입니다. 첫인상으로 합격과 불합격이 결정된다는 말은 입학사정관의 단골 멘트이기도 합니다. 예의를 갖춘 겸손한 태도는 어느 곳에서는 플러스 요인이 됩니다. 하지만 예의 있는 태도를 과도하게 신경 쓰다 긴장한다면 이는 평소 실력을 미처 발휘하지 못하는 결과로 이어질 수 있으니 균형을 찾는 연습을 계속해야 합니다.

두 번째, 답변은 언제나 두괄식으로 이루어져야 한다는 겁니다. 면접을 진행하다 긴장하게 되면 어느새 핵심 메시지를 전달하지 못하고 횡설수설하며 답변이 늘어지는 경우가 많지요. 답변을 하기 전 항상 질문이 요구하는 바가 무엇인지 떠올리고 그에 맞는 간결한 답을 먼저 말하는 연습을 하세요. 이는 명쾌한 문장 구조를 만드는 데 많은 도움이 될 것입니다.

공손한 자세와 두괄식 답변은 비단 수시 면접뿐만 아니라 인생에서 마주할 수많은 면접에서 기본적으로 작용될 중요 요소입니다. 지금부터는 이 기본기를 토대로 면접이 유형에 따라 어떠한 특징을 가는지, 이에 대비하는 방법은 무엇인지 함께 알아봅시다.

생활기록부 기반 면접 완벽 대비

생활기록부 기반 면접은 말 그대로 내가 제출한 생활기록부를 바탕으로 진행되는 면접을 말합니다. 면접은 보통 학생 1명이 들어가고, 2~3명의 면접관을 마주합니다. 해당 학과의 교수님일 수도 있고 입학사정관일 수도 있지요. 짧게는 3분에서 길게는 약 15분까지 진행돼요. 면접을 준비할 때는 나의 생활기록부가 교과서나 참고서라고 생각하고 철저히 분석하는 자세가 필요합니다.

생활기록부는 본인이 고등학교 3년 동안 실제로 경험했던 활동을 기반으로 작성된 것이기 때문에 꼼꼼하게만 준비한다면 다른 유형의 면접보다 훨씬 자신 있게 대처할 수 있습니다. 하지만 반대로 말하면, 제대로 답변하지 못했을 때 내가 기록한 활동에 대한 신뢰도가 급격히 떨어질 수 있다는 뜻이기도 해요. 그러니 나의 생활기록부에 어떤 내용이 기록되어 있는지 정확히 파악하는 것이 무엇보다 중요합니다.

내가 진행한 활동마다 그 활동을 시작하게 된 동기부터, 활동의 주제, 참고 자료 및 활동의 과정과 결과, 이것이 시사하는 바를 기본 구조(동기 → 주제 → 참고한 자료 → 과정 → 결과 → 시사점)로 간략히 정리하고 이를 중심으로 답변을 연습합시다. 그러면 어떤 면접 현장에서도 막힘없이 대응할 수 있습니다.

생활기록부 기반 면접에서 자주 이루어지는 질문의 의도는 어떻게 구성될까요? 첫 번째는 활동의 진위 여부를 파악하는 질문입니다.

- **고등학교 3학년 때 A활동을 했다고 적혀 있는데, 어떤 활동인지 자세히 설명해 보세요.**
- **생명과학Ⅰ 과목에서 B기술을 조사했다고 기록되어 있는데, B기술이 무엇인가요?**

이는 생활기록부 기반 면접의 가장 대표적이고 핵심적인 질문 유형으로, 학생이 실제로 생활기록부에 기록된 활동에 참여했는지를 확인하는 것이 목적입니다. 이때는 정리해 둔 내용을 바탕으로 활동의 주제를 먼저 밝힌 뒤, [동기 → 과정-결과 → 시사점]의 순서로 간단명료하게 답변합니다. 첫 번째 질문에 대한 이상적인 답변은 다음과 같습니다.

청소년의 디지털 중독 문제를 실질적으로 줄이기 위해 직접 행동에 나섰던 A 프로그램입니다. 고3 때 친구들의 스마트폰 과의존이 학습 집중력과 수면에까지 영향을 준다는 걸 느끼고, 디지털 중독 방지 교육 프로그램을 직접 기획하고 운영했습니다. 간단한 설문조사로 사용 실태를 파악한 뒤, 자가진단표와 사용 시간 기록표, 실천 가이드북을 포함한 3주짜리 프로그램을 만들어 학급 단위로 시범 운영했습니다.

그 결과, 참여 학생의 70% 이상이 디지털 기기 사용 시간을 줄였고, 스마트폰 사용을 스스로 조절하려는 인식 변화도 확인할 수 있었습니다. 이 활동을 통해 교육은 생활에 밀접하게 연결되고, 자율성과 실천 가능성을 담보할 때 더 효과적이라는 점을 배웠습니다.

두 번째 질문처럼 명확한 개념어에 대한 설명을 요구하는 경우라면 우선 질문이 요구하는 정확한 지식과 정보를 간략히 설명하세요. 그 다음에 본인이 수행했던 활동이나 개인적 해석을 간단히 덧붙이는 방식이 효과적입니다. 지나치게 긴 설명이나 불필요한 답변으로 흐르지 않도록 주의해야 하며, 꼬리 질문을 자연스럽게 유도할 수 있도록 간결하고 명확하게 답변하는 것이 좋습니다. 이상적인 답변은 아래를 참고하세요.

B기술은 특정 유전자를 재조합하고 조작해 인슐린 같은 유용 단백질을 대량 생산할 수 있는 생명공학 기술입니다. 질병 치료뿐 아니라 식량문제 해결, 환경정화 등 다양한 분야에 응용이 가능하다는 점에서 주목받고 있는 기술이기도 합니다. 이 기술이 사람의 생명과 건강에 직접적인 영향을 준다는 점이 중요하다고 생각해, EBS 다큐를 보며 학습했습니다. 이런 학습 경험은 이후 A활동인 '유전자 재조합 모형 제작 워크숍' 참여로 자연스럽게 이어지기도 했습니다.

두 번째 의도는 지원자의 생각을 듣고자 하는 질문입니다.

- **공교육의 문제를 개선하기 위해 인공지능 교육을 제시했는데, 정말 인공지능 교육이 효과가 있다고 생각하나요?**
- **환경 문제에 관심이 많아 보이는데, 왜 사람들이 환경에 관심을 가져야 한다고 생각하나요?**

이 유형은 겉보기엔 생활기록부에서 벗어난 것처럼 느껴질 수 있어 면접 현장에서 당황하기 쉽습니다. 하지만 이 질문 역시 생활기록부 속 활동과 연관되어 있음을 명심해야 합니다. 즉, 생활기록부를 기반으로 학생이 평소 어떤 사고를 해왔는지를 알아보기 위한 질문입니다. 따라서 질문의 의도를 정확히 파악한 뒤 짧고 명확하게 본인의 의견을 제시하고, 생활기록부에 기록된 관련 내용을 근거로 삼아 답변을 이어간다면 충분히 이상적인 답변을 할 수 있습니다.

> 저는 인공지능 교육이 공교육의 격차 문제를 일정 부분 해소하는 데 효과적일 수 있다고 생각합니다. 단순 지식 전달이 아닌, 학습자의 수준에 맞춘 개별 피드백과 진단이 가능해지기 때문인데요.
>
> 실제로 저도 '공교육 혁신 아이디어 제안 활동'에서 지역별 교육자원 격차 문제를 조사한 뒤, AI 튜터 시스템을 적용한 모의 수업 시나리오를 제안한 적이 있습니다. 그 활동을 통해 AI는 교사의 역할을 대체하기보다는 보완하고 지원하는 도구로 활용될 때 교육의 질을 높일 수 있다는 결과를 얻었습니다. 따라서, 인공지능 교육의 지위가 재정립되고 적극 활용될 때 격차 문제 해소에 기여할 수 있다고 판단됩니다.

생활기록부 면접은 시험 범위가 정해진 면접이라고 할 수 있기 때문에 가장 쉬운 유형으로 분류되기도 합니다. 다만 면접을 처음 보는 학생들에게는 정해진 범위가 오히려 부담으로 다가와 긴장을 유발하는 요인이 되기도 하지요.

이때, 현실적으로 적용할 수 있는 전략은 나의 생활기록부에서 꼭 자랑하고 싶은 5가지 요소를 선택하는 것입니다. 아무리 전체 내용을 완벽히 암기했다고 자신해도, 극도로 긴장하면 백지 상태가 될 수 있어요. 그러니 내 생활기록부에서 해당 학과에서 요구하는 역량을 잘 드러내거나 심화탐구역량을 보여줄 수 있는 탐구활동 3개, 공동체역량을 보여줄 수 있는 사례 1개, 역경이나 실패 등을 극복한 문제해결능력을 드러내는 사례 1개를 골라보세요.

이 사례들을 선정하며 가장 인상깊은 도서 1권을 함께 기억하는 것도 추천합니다. 어떤 질문이 들어오든 두괄식으로 대답한 후, 관련 사례로 이용한다는 기본 원칙을 기억합니다. 긴장했을 때 가장 위험한 일이 아무런 근거 없이 짧게 답변을 마무리하는 행동입니다. 하지만 앞서 이야기한 5가지 주요 키워드만 면접 직전까지 복기하며 후회 없이 말하고 올 수 있도록 노력해 봅시다.

인성 면접(공통질문 면접) 완벽 대비

인성 면접은 학생들이 잘 봤다고 자만하거나 합격했다고 착각하기 쉬운 유형의 면접입니다. 실제로 면접에 합격하지 못한 많은 학생들이 '나는 잘 대답했다고 생각했는데 왜 떨어졌지?'라는 의문을 갖는 면접이기도 합니다. 인성 면접은 언뜻 보면 굉장히 쉬워 보이는 질문들이지만, 막상 가볍게 답하면 쉽게 떨어질 수 있어요.

- **"지원 동기를 말해주세요."**
- **"해당 전형에서 학생을 뽑아야 하는 이유는 무엇인가요?"**
- **"학생의 인성을 보여줄 수 있는 사례를 제시해 보세요."**
- **"고등학교 생활을 하면서 가장 힘들었던 것은 무엇인가요?"**

공통질문은 모든 학생에게 동일하게 주어지는데요. 그 때문에 지원자 간 답변의 질적 차이가 쉽게 드러날 수밖에 없습니다. 결국 합격을 결정짓는 핵심은 바로 생활기록부에 있는 본인의 실제 경험과 활동을 활용해 구체적이고 논리적인 근거를 제시하는 것입니다. 이때 중요한 부분은 단순히 사례를 나열하는 데 그치지 않고 경험을 통해 배우고 성장한 점, 어려움을 극복한 과정에서 드러난 본인의 가치관이나 강점을 명확히 드러내는 것입니다.

예를 들어 '해당 전형에서 학생을 뽑아야 하는 이유는 무엇인가요?'라는 질문을 받았을 때는 해당 전형이 강조하는 역량을 떠올리고, 적합한 생활기록부 사례를 근거로 들어 본인의 강점을 부각하는 편이 좋습니다. 예를 들면 이런 답변이 되겠지요.

"제가 추천을 받을 수 있던 이유는 선생님께서 저의 끈기와 꿈을 향한 열정을 알아봐 주셨기 때문입니다. 저는 교육공학자를 꿈꾸며, 학교폭력 문제에 관심이 많은 학생이었습니다. 1학년 때는 학교폭력 관련 법을 개정하고, 2학년 때는 학교폭력 기사를 찾아보며 현황을 파악했습니다. 이런 활동을 심화시켜 3학년 때는 사이버불링 해결 프로젝트를 진행했습니다. 기존에 있던 논문은 사전예방적인 성격이 강해 사후처방을 위한 앱을 고안했는데요. ○○○사에서 개발한 ○○○을 직접 사용한 다음 문제점을 찾아 필터버블을 적용해 절차를 나눌 수 있도록 보완서를 작성했습니다. 이에 그치지 않고 ○○○사에 코멘트를 보냈고, 절차를 긍정적으로 고려하겠다는 답변을 받았습니다. 이처럼 저의 추진력과 열정을 알아보신 선생님께서 저를 추천해 주셨다고 생각합니다."

또, '고등학교 생활을 하면서 가장 힘들었던 것은 무엇인가요?'와 같은 질문에서는 학생의 문제해결능력을 보여줄 수 있는 사례를 근거로 제시하며 답변하면 됩니다. 단순히 힘들었다는 사실만 나열하지 말고, 이를 통해 학생이 어떤 성장을 이루었는지에 초점을 맞추는 편이 바람직합니다.

"고등학교 첫 수학 시험에서 예상과는 다른 점수를 받았던 것이 가장 힘들었던 일이었습니다. 중학교 때와는 다른 내신 스타일이 낯설기도 했고, 수학 과목에 있어서 단순히 암기하는 방식만 사용했기에 점수가 낮았습니다. 그 경험을 계기로 저는 문제를 단순히 외우는 데 그치지 않고, 개념을 이해하고 적용하는 방향으로 학습 방식을 바꾸었습니다. 오답노트를 만들어 틀린 문제를 분석하고, 선생님께 질문하며 부족한 부분을 메워갔습니다. 이후 점차 성적이 안정되었고, 무엇보다 '공부는 이해를 기반으로 해야 한다'라는 중요한 교훈을 얻었습니다."

공통적인 질문을 받을 때는 막연한 이야기 대신 자신의 실제 경험과 사례를 중심으로 구체적이고 논리적인 답변을 준비하는 것이 중요합니다. 단순히 좋은 말로 추상적으로 대답하는 대신 본인의 생활기록부에 담긴 실제 경험이나 활동 사례를 구체적으로 들어서 답변의 신뢰성을 높여봅시다.

제시문기반면접
완벽 대비

제시문기반면접은 기재된 제시문을 읽고 그에 대한 문제 풀이를 면접관에게 직접 설명하는 방식으로 진행됩니다. 따라서 제시문을 차분하게 읽고 그 핵심 요소를 파악하는 능력이 중요합니다.

제시문기반면접은 대학교마다 학과마다 성격이 무척 다르기 때문에 자신이 지원하는 대학교와 학과의 제시문 면접 사례를 충분히 분석하는 과정이 매우 중요합니다. 학과 홈페이지 자료실에 기출문제가 제공되는 경우가 많으니 이를 꼭 확인하고 직접 풀어보며 출제 포인트를 파악하기를 권장합니다.

제시문 면접이 출제되는 포인트는 학교별로 다르지만, 기본적인 구조는 유사합니다. 이때도 면접의 기본 원칙인 두괄식 구조로 주장을 정리하고, 명확한 논리 구조를 갖춰 이야기하는 태도가 매우 중요합니다.

사실 제시문기반면접 유형은 이른바 SKY라고 불리는 서울대와 고려대, 연세대에서 주로 이루어집니다. 그 외 특수한 경우 상황을 제시하는 정도로 교대에서 실시하는 제시문형 면접 정도가 있지요. 게다가 SKY는 단순히 정답을 맞추는 것보다 각 대학에서 원하는 포인트에 맞춰 대답을 했는지가 더 중요합니다. 하지만 이 또한 면접에서 공통적으로 요구하는 유형에 대응하는 기본 방법이 있으니 하나씩 살펴보겠습니다.

첫 번째는 요약을 요구하는 유형입니다. 이 경우에는 제시문에서 소재를 명확히 잡고, 그 소재를 제시문에서 어떻게 바라보고 있는지 방향성을 제시하는 형태의 답변을 하는 것이 바람직합니다. 제시문에서 지문의 머리나 꼬리 부분에 중심문장을 명확히 제시하는 경우가 존재하므로, 연결사나 보조사에 집중하며 제시문을 읽어봅시다. 또한 제시문에 변화가 등장한다면 당연히 그 원인이 답변의 핵심 포인트가 될 것이니 주의해서 읽어야 합니다.

[문제1]

제시문 (가)와 (나)를 바탕으로, 제시문 (다)가 제시하는 사회적 상황을 분석하고, 이에 대한 대응 방안을 설명하시오.

[합격자 답안]

제시문 (가)는 상실 후 정신적 에너지 표출의 대상을 바꾸는 것을 애도라고 표현하며, 상실의 대상조차 인지하지 못할 때 우울의 상태가 된다고 말합니다. 이때, "애도할 수 없음의 상황에 직면할 때 큰 문제를 겪게 된다고 지적"하며 사회 현상으로서의 우울은 위험할 가능성이 농후하다고 주장합니다. 제시문 (나)는 모여 사는 것은 단순히 공간을 공유하는 것을 넘어서며, 서로 간의 의존성과 책임을 인정하는 행위이기에 전혀 관련 없는 사람의 죽음조차 우리에게 애도의 대상이라고 이야기합니다. "상호 의존과 상호 책임의 관점에서 내가 알지 못하는 이의 죽음조차도 나의 애도 대상"이라고 말하는 부분에서 알 수 있습니다. 제시문 (다)는 코로나 사망자 수의 급증으로 무연고 시신의 경우 냉장 트럭에 일시 보관했다가, 섬에 임시적으로 묻는 상황을 보여줍니다. 이는 제시문 (나)에서 이야기하는 공동체 애도가 불가능해진 상황으로 바라볼 수 있습니다. 이는 곧 사회적 책임을 외면하는 행동이기에, 부정적 영향을 초래할 것입니다. 그러나 사망자가 급증하게 됨에 따라 보관기간이 축소되고 도시 공장으로 위치가 바뀌는 등 점점 상실의 대상에 대해 무뎌지는 현상에 대하여 제시문 (가)는 코로나에 대한 애도가 우울로 바뀌는 모습이라고 해석할 것입니다.

두 번째는 비교 문제입니다. 이때 '비교'라는 워딩에서 차이점만 떠올리는 학생이 많습니다. 하지만 이 유형에서는 공통점과 차이점을 명확히 정의하고 근거를 제시하는 게 중요합니다. 아래 소개하는 단어는 모두 답변에 주로 사용되는 중심 개념입니다.

2부 | 고등학교 3년, 치밀한 전략으로 높이 도약하라

• 비교 유형 문제 답변에 자주 사용되는 개념

인문사회/ 통합형 면접	긍정·부정 / 개인·집단(미시적 관점·거시적 관점) / 사회문화현상·자연과학현상 / 감정·이성 / 수평·수직
자연과학 면접	가역성 / 방향성 / 공존 / 선택 / 효율 / 교환 / 증가·감소(비례·반비례) / 상쇄 / 예외 존재 여부 / 양면성 / 일계(경계) / 회복리(부원력·단성력) / 결핍·대체 / 규칙·질서 / 상호의존성 / 작용·반작용

아래는 연세대학교 24학년도 기회균형전형 면접에서 제시된 문제유형과 합격자 답변을 소개한 것입니다. 이와 더불어 위에서 보여준 핵심 개념어를 활용해 나의 답변을 생각해보세요.

[문제 1]

세상을 바라보는 관점에 있어서 제시문 [가], [나], [다]를 비교하여 설명하시오.

[합격자 답안]

[가], [나], [다] 제시문은 모두 원인을 추론하여 변화를 설명하려는 인간의 태도에 관한 글입니다. 제시문 (가)는 박테리아가 위장병의 원인이라는 증거를 확보하는 과학적 탐구 과정을 제시합니다. 자연과학 현상을 탐구하는 인간의 모습을

보여주며, 기존 동물 실험에서 실험 대상을 본인으로 바꾸는 새로운 방식을 채택합니다. 제시문 [나]의 자연주의 육아법은 아이를 아프게 하는 원인과 건강하게 하는 원인을 제시합니다. 과학적 방식이 아니라 비과학적인 방법을 도입하고, 비전문가끼리 의견을 공유하며 새로운 신념을 만들어냅니다. 제시문 [다]는 나쁜 일의 원인을 악당들의 존재에서 찾는 음모론에 관해 논하고 있습니다. 음모론적 상상력을 도입하여 사회문화 현상을 해석하려는 시도를 보여줍니다.

세 번째 유형은 평가 문제입니다. 평가 유형은 비교 유형에서 비롯된 문제라고 볼 수 있습니다. 제시문 간의 상반된 지점이나 일치하는 지점을 찾아서 옹호, 비판 여부를 결정하면 됩니다. 구술 면접의 특성상 동어 반복은 지양하는 것이 좋으므로, 활용 가능한 다양한 어휘를 익혀두면 유리합니다. 이때, 꼭 한 가지의 답변을 제시할 필요 없이 일부 옹호, 일부 비판도 가능하다는 점을 기억합시다.

> **• 평가 문제 유형에 활용 가능한 표현**
>
> **• 제시문 (가)는 제시문 (나)를 옹호할 것입니다.**
>
> = 제시문 (가)의 A파트는 제시문 (나)의 예시가 될 수 있습니다.
>
> = 제시문 (가)와 (나)는 ~를 공통적으로 주장하기에, 동의할 것입니다.
>
> **• 제시문 (가)는 제시문 (나)를 비판할 것입니다.**
>
> = 제시문 (가)의 A파트는 제시문 (나)의 반례가 될 수 있습니다.
>
> = 제시문 (가)와 (나)는 ~하는 바가 다르기 때문에, 합리적이지 않다고 비판할 것입니다.

아래 연세대학교 22학년도 학생부교과전형 인문사회통합계열 오전 면접에서 제시된 문제 유형과 합격자 답변을 소개합니다.

[문제 1]

제시문 (가), (나), (다)에는 근면에 대한 다양한 관점이 포함된다. 제시문 (나)의 관점에서 제시문 (가)와 (다)를 각각 평가하시오.

[합격자 답안]

제시문 (나)는 여가의 중요성을 강조합니다. 비약적인 과학기술의 발전 속에서 여전히 노동에 혹사 당하는 현실을 비판하며, 여가는 문명에 필수이고, 과학기술의 발전으로 인간은 4시간 정도의 노동만으로도 문명에 피해를 주지 않으면서도 공평하게 여가를 분배할 수 있다고 주장합니다. 제시문 (나)의 관점에서 제시문 (가)와 (다)를 '지나치게 근면을 강조한다'라는 이유로 비판할 것입니다. 다만, 그 시대에 따라 다를 수 있습니다. (가)는 과학기술이 발전하지 못한 조선시대로, 자급자족을 해야 하기 때문에 가족 구성원이 모두 근면해야 생계를 유지할 수 있습니다. 따라서 이때의 노동은 과학기술이 발전되기 전이므로 양해해 줄 가능성도 존재합니다. 반면 (다)는 공평한 여가 분배가 없었다는 점을 가장 큰 이유로 제시하며 비판할 것입니다. (다)의 등장인물인 베짱이의 경우 최소 4시간 정도의 노동도 시행하지 않으며, 기본적인 노력도 하지 않는다고 비판받을 것입니다.

SKY 합격 포인트

위에서 잠깐 언급한 바와 같이 제시문 면접을 보는 대학은 이른바 SKY 라 불리는 서울대, 고려대, 연세대입니다. 그런데 사실 이 대학들은 모범답안이 존재하지 않고, 각 대학마다 요구하는 포인트에 맞는 대답을 했는지가 당락에 더욱 유효하게 작용해요. 아래 SKY 합격을 위한 유형별 합격포인트를 소개합니다. 모두 참고하여 합격의 확률을 높여보세요.

서울대	**인문사회:** 제시문을 논리적으로 탄탄하게 요약한 후, 다양한 관점에서 비교분석할 수 있어야 합니다. '비정형성'이 서울대 제시문의 핵심입니다. 답이 정해지지 않은 형태로 출제되기 때문에 적절한 사례를 들어 본인의 사고력이나 가치관을 드러내는 과정이 필수적입니다.
	수학과학: 단순히 정답을 맞히는 것보다 풀이 과정의 논리성과 체계성을 평가합니다. 따라서 문제를 맞히는 것에 급급하기보다는 본인이 알고 있는 지식을 활용하여 차근차근 문제에 접근하고, 논리적으로 과정을 전개하는 것이 핵심입니다.

연세대	의예과를 제외한 학과에서 '통합형' 면접을 실시하고 있습니다. 구조를 명확하게 하고 제시문 간 연결고리를 정확히 잡아내 논리적으로 설명한 사람들이 합격했습니다. 연습할 때 본인만의 명확한 답변 구조를 만들고, 타임어택 속에서 침착함을 유지하는 것이 관건이라고 이야기할 수 있겠습니다. 특히 '사회문화 현상'과 '자연과학 현상' 사이의 차이점이 합격 포인트로 제시되고 있습니다.
고려대	'정형성'이 핵심인 면접으로 불립니다. 고려대학교에서는 다른 대학에 비해 훨씬 상세한 평가 기준과 모범 답안을 제시하는 만큼, 자료를 참고하여 합격 기준과 비슷하게 사고하려고 노력해야 합니다. 문학을 출제한다면, 문학을 활용한 문제가 핵심 문제일 확률이 높습니다. 이때는 인물·배경·소재(핵심어휘), 상징물을 잘 활용하여 각각이 무엇을 의미하는지 다른 제시문과 매치하여 조목조목 해석하는 것이 중요합니다.

논술고사
완벽 대비

    26학년도 논술전형을 실시하는 학교는 44개교로, 전체 모집 인원은 1만 2599명입니다. 논술전형에 내신 성적이 반영되는 경우도 존재합니다. 논술 점수만 100% 반영하는 학교부터, 논술 점수는 70%까지만 반영하고 교과 성적을 30% 반영하는 학교까지 다양하게 존재합니다. 다음 표에 26학년도 논술 실시 대학을 반영 비율에 따라 분류해 두었으니 참고합시다.

• 2026 대입 논술 실시 대학 및 반영 비율

대학	논술	교과	기타
가천대, 건국대, 경희대, 고려대, 고려대(세종), 국민대, 덕성여대, 동덕여대, 삼육대, 서강대, 성균관대, 성신여대, 연세대, 연세대(미래), 이화여대, 한국기술교대, 한국외대 ,한국항공대	100%		
경기대, 상명대, 서경대, 숙명여대, 신한대, 홍익대	90%	10%	
한양대	90%		10%
가톨릭대, 강남대, 광운대, 단국대, 서울시립대, 서울여대, 숭실대, 아주대, 을지대, 한국공학대, 한신대	80%	20%	
수원대	75%	25%	
동국대, 중앙경북대, 부산대, 서울과기대, 세종대, 인하대	70%	30%	
동국대, 중앙대	70%	20%	10%

한편, 26학년도 논술전형에서는 통합형 논술, 자료 분석형 평가, 문제해결력 중심 평가가 강화될 것이라는 예측이 존재합니다. 단순 암기형 시험에서 벗어나 높은 수준의 사고력을 요구하는 시험으로 변화된다는 뜻이지요. 대학별로 명확한 논술 스타일을 가지고 있으니 원하는 학교의 기출문제를 통해 출제 포인트를 분석하는 걸 추천합니다.

2부 | 고등학교 3년, 치밀한 전략으로 높이 도약하라

논술 유형 분석 및 완벽 대비

논술을 제대로 대비하기 위해서는 가장 먼저 인문계와 자연계로 나누어 논술 출제 유형을 분석하는 것을 시작으로 합니다.

인문계	자연계
언어논술	수리논술
언어논술 기반 통계자료 분석	수리논술 + 과학논술
언어논술 + 영어 제시문	수리논술 + 의학논술(메디컬 학과)
언어논술 + 수리논술	언어논술 + 수리논술
수리논술	
교과논술/약술형 논술	

표에서 알 수 있듯이 인문 계열의 경우 언어논술을 기반으로 논리 사고력을 평가하고자 합니다. 요약·비교·특정 주장 지지 혹은 비판 등 주요 출제 요소가 존재하는데, 이때 답변을 구성하는 기본적인 논리는 제시문 면접 파트에서 언급한 바와 유사하니 이를 참고하면 도움이 될 수 있습니다.

실제로 SKY 인문·통합형 제시문 면접과 일부 대입 논술이 비슷한 경우가 많아 각 전형의 기출문제를 넘나들며 연습하는 학생들도 다수 존재합니다.

인문 계열 학부에서 진행되는 논술시험이지만 통계자료 해석이나 수리논술이 중시되는 경우도 흔합니다. 그렇지만 명확한 빈출 유형과 대처법이 존재하므로 너무 겁먹을 필요는 없습니다. 실전에 적용 가능한 몇 가지 팁은 아래와 같습니다.

✔ *Tip* 인문 계열 통계분석 ✔

① 그래프나 도표가 나오면 X축과 Y축을 명확히 확인하고, 전체적인 추이를 살펴보자.

② 특이한 증감 구간이나 예외가 존재한다면, 타 제시문과 연계하여 그 이유를 추론하자.

③ 통계자료와 제시문의 내용을 '연계하여' 해석하는 것이 포인트이므로, 모의고사 국어 문제의 [보기]를 활용하듯 제시문을 반드시 이용하자.

다음은 자연 계열 논술입니다. 우선 자연 계열은 수리논술을 기반으로 하는데, 출제 범위부터 확인해야 합니다. 수 I·수 II, 미적분, 기하, 확률과 통계 등 넓은 범위가 출제되는 경우도 있고 과학논술을 포함하는 경우도 있습니다.

자연 계열 논술은 일반적으로 고난도의 수·과학문제처럼 보이는 경우가 많습니다. 이 문제를 풀 때 주요 포인트는 긴 서술형 문제에서 증명과 구성의 논리성과 정확성을 갖추는 것입니다. 또한 미적분 교과의 출제 빈도가 높은 편이기에, 미적분의 풀이 과정을 깔끔하게 적어낼 수 있도록 반드시 연습해야 합니다.

과학 논술은 자연과학 지식을 기반으로 인문·사회 역량을 필요로 하는 통합형 논술이 자주 출제되는데요. 단순히 지식을 암기하기보다는 기본 지식을 활용하는 능력을 키우는 문제를 접해야 합니다.

＼ Tip 자연 계열 ／

① 수식을 연결하는 언어도 논리적인 전개에 도움이 된다.
② 구조에서 '인과관계'는 매우 중요한 요소이다. 따라서 단순히 답을 나열하는 것보다는 체계적인 구조를 짜는 것이 고득점에 유리하다.
③ 고교 교육과정에서 습득한 지식을 바탕으로 통합적인 사고력을 요구하기 때문에, 내신 기간에 고난도 서논술형 문제의 풀이 과정을 쓰는 습관을 들여야 한다.

성공적인 논술을 위한
최종 확인사항

논술은 가성비전형이라고 불릴 만큼 다른 수시전형에 비해 준비

기간이 짧은 편에 속하고, 낮은 교과 성적을 논술로써 만회할 수 있는 전형입니다. 하지만 그만큼 많은 학생이 지원하기 때문에 경쟁률이 매우 높아요. 대부분 경쟁률이 세 자릿수를 기록하기 때문에 이렇게 치열한 경쟁 속에서 좋은 결과를 얻으려면 평소 논리적으로 사고하는 습관을 들이고, 전략적으로 준비하는 것이 중요합니다. 지금부터는 논술전형에서 성공을 도모하기 위해 최종적으로 확인해야 할 사항을 점검해 봅시다.

논술고사가 실시되는 시험일과 출제 유형을 확인해 원서를 준비하는 것은 기본 중의 기본입니다. 논술고사는 수능 전 시행과 수능 후 시행으로 나눌 수 있는데요. 대개 수능 전 시험은 준비할 게 많은 학생 입장에서는 다소 부담스러운 것이 사실이지요. 자연스레 많은 친구들이 수능 후 진행되는 시험을 선호합니다.

다만 이때는 수능 직후나 3주 이내에 시험이 몰려 있는 경우가 대부분이기에, 전략적으로 출제 유형이 유사한 학교를 지원하는 등 나만의 계획을 잘 세워야 합니다. 출제 유형이 비슷하면 한 번의 공부로 여러 개의 논술시험을 효율적으로 준비할 수 있기 때문에 많은 시간을 절약할 수 있어요. 또한 약술형 논술처럼 수능과 함께 준비할 수 있는 논술고사도 존재하기에 자신이 주력하고자 하는 전형에 맞추어 원서를 배치하는 것을 추천합니다.

논술고사를 준비할 때는 대학에서 제공하는 기출문제를 적극적으로 활용해야 합니다. 앞에서도 몇 번이고 강조했지만, 논술전형은 내가 진학하고자 하는 대학의 출제 포인트를 분석해 그 대학에서 요구하는 바를 명확히 충족하는 것이 합격의 주요 요인입니다. 자신이 옳다고 생각하는 답을 논리적으로 적는 동시에 문제를 출제한 사람의 의도를 파악하고 대학이 중요시하는 역량을 충분히 드러내세요.

이를 위해서는 여러 기출문제를 접해보고 강점을 파악한 뒤, 해당 학교의 고득점 답안과 본인의 답안을 비교하며 준비해 봅시다. 특히 당해 모의논술에서 출제했던 유형이나 개념이 본고사에서 연계되는 경우가 많으므로 모의논술 일정도 함께 체크해 두는 것이 좋습니다.

논술시험 당일에 실수하지 않기 위해서는 평소 시험 시간을 바르게 배분하는 연습과 문제의 정확한 분석에 많은 노력을 쏟아야 합니다. 문제를 읽는 시간과 전반적인 답안의 개요를 작성하는 시간, 실제로 답안을 작성하는 시간과 제출 전 마지막으로 검토하는 시간을 명확하게 나누고 이를 지키는 습관을 들입시다. 논술의 경우 매우 긴 호흡으로 시험이 진행됩니다. 이 시간을 효율적으로 나누어 활용해야 구조가 탄탄한 글을 작성할 수 있습니다.

또, 문제나 지문에서 원하는 답의 방향성을 제시하는 경우가 많으므로 키워드를 명확히 찾아내고 답안이 무엇을 요구하는지 미리 캐치하도록 합시다.

논술전형은 수시의 히든 카드입니다. 전략적으로 준비한다면 가
장 큰 반전을 이룰 수 있는 유형이에요. 논술전형이 받는 가장 큰 오
해는 합격자가 로또당첨자라고 불릴만큼 운이 합격을 좌우한다고
여기는 것이지요. 하지만 수백분의 1이라는 확률을 뚫고 합격을 이
뤄내는 학생들은 결코 그저 운이 좋았기에 합격했다고 말할 수 없습
니다.

　　꾸준히 기출문제를 분석하고, 본인만의 스타일을 명확히 파악해
논술 연습을 해온 학생들이 결국 합격을 쟁취합니다. 여타 전형들과
마찬가지로 논술전형 역시 성실한 태도로 준비해야 합격할 수 있습
니다.

수만휘
수시 합격 바이블

초판 1쇄 인쇄 2025년 7월 2일
초판 1쇄 발행 2025년 7월 9일

지은이 김지원, 김주혁, 한정윤 외 서울대생 30인
펴낸이 김선식

부사장 김은영
콘텐츠사업2본부장 박현미
책임편집 이한결 **책임마케터** 박태준
콘텐츠사업7팀장 김민정 **콘텐츠사업7팀** 이한결, 남슬기
마케팅1팀 박태준, 권오권, 오서영, 문서희
미디어홍보본부장 정명찬 **브랜드홍보팀** 오수미, 서가을, 김은지, 이소영, 박장미, 박주현
채널홍보팀 김민정, 정세림, 고나연, 변승주, 홍수경 **영상홍보팀** 이수인, 염아라, 김혜원, 이지연
편집관리팀 조세현, 김호주, 백설희 **저작권팀** 성민경, 이슬, 윤제희
재무관리팀 하미선, 임혜정, 이슬기, 김주영, 오지수
인사총무팀 강미숙, 이정환, 김혜진, 황종원
제작관리팀 이소현, 김소영, 김진경, 이지우, 황인우
물류관리팀 김형기, 김선민, 주정훈, 양문현, 채원석, 박재연, 이준희, 이민운
외주스태프 표지 디자인 이효진 내지 디자인 정윤경

펴낸곳 다산북스 **출판등록** 2005년 12월 23일 제313-2005-00277호
주소 경기도 파주시 회동길 490 다산북스 파주사옥
전화 02-702-1724 **팩스** 02-703-2219 **이메일** dasanbooks@dasanbooks.com
홈페이지 www.dasanbooks.com **블로그** blog.naver.com/dasan_books
용지 스마일몬스터 **인쇄** 민언프린텍 **코팅 및 후가공** 평창피엔지 **제본** 국일문화사

ISBN 979-11-306-6824-6 03370

다산북스(DASANBOOKS)는 독자 여러분의 책에 관한 아이디어와 원고 투고를 기쁜 마음으로 기다리고 있습니다.
책 출간을 원하는 아이디어가 있으신 분은 이메일 dasanbooks@dasanbooks.com 또는 다산북스 홈페이지 '투고
원고'란으로 간단한 개요와 취지, 연락처 등을 보내 주세요. 머뭇거리지 말고 문을 두드리세요.

수시 합격 보장 생기부 사례집

• 서울대학교 농경제사회학부 25학번
• 서울대학교 스마트시스템과학과 25학번
• 서울대학교 의예과 25학번

수 만 휘
수시 합격 바이블
별 책 부 록

<서울대 선배들의 수시 합격 족보> 활용법

서울대에 합격한 선배들은 어떤 생기부를 가지고 있을까요? 수시를 준비하는 많은 친구들이 가장 큰 궁금증일 겁니다. 얼마나 매력적인 생기부를 가지고 있기에 서울대 입학사정관들의 마음을 얻을 수 있었는지 말이에요.

지금부터는 실제로 수시를 통해 서울대학교에 합격한 25학번 선배들의 생기부를 살펴보며 합격하는 생기부에는 어떤 특징이 있는지 꼼꼼히 읽고, 선배들의 노하우도 함께 배워봅시다.

생기부의 특정을 더욱 효과적으로 파악할 수 있도록 몇 가지 설명을 더했습니다. 아래 소개한 부록 활용법을 통해 선배들의 생기부를 더욱 면밀히 살펴볼 수 있어요. 선배들의 노하우를 통해 나의 생기부를 더욱 알차게 꾸려봅시다.

• 생기부 핵심 요약

생기부의 특성을 한눈에 살펴볼 수 있는 페이지입니다. 어떤 생각으로 생기부를 디자인했고, 그 계획에 따라 어떤 활동을 어떻게 진행했는지 그 해심을 들을 수 있습니다.

• 컬러 블럭

본문에 표시된 컬러 블록은 각기 다른 의미를 지닙니다. 아래 설명을 잘 읽고 생기부를 더욱 면밀히 살펴봅시다.

[연계] 여러 학기 동안 다양한 과목에서 연계해 진행된 짜임새 있는 활동을 확인합니다.

[융합] 다양한 학문 분야를 넘나들며 창의적인 접근을 시도한 활동을 확인합니다.

[심화] 실제 연구 방법론을 활용하여 체계적으로 진행한 탐구 활동을 확인합니다.

[주목] 위 세 유형에 포함되지는 않지만 주목할 만한 지점을 확인합니다.

2

학생C

학생C

서울대학교
농경제사회학부
25학번

학생C의 생활기록부를 한마디로 표현하는 키워드는 바로 '연계의 정석'입니다. 중학교 2학년 때 처음 경제학 분야에 관심을 가진 C군은 이후 이 분야와 관련한 독서를 꾸준히 진행했습니다. 이를 통해 경제학의 배경지식을 착실히 쌓을 수 있었습니다.

일찍부터 자신의 흥미와 작성을 과악한 덕에 전체 생활기록부의 방향을 쉽게 설정했는데, 이는 '진로 탐색'보다 '진로 발전과 심화'가 드러나는 경우에 해당한다고 할 수 있습니다.

해심 교과인 국어·영어·수학에서는 무리해서 진로 관련 활동을 수행하기보다, 교과 자체가 요구하는 역량을 충실히 보여주었습니다. 다만 경제학과 밀접한 관련이 있는 수학 과목에서는 자신의 흥미를 토대로 깊이 있는 수학 지식을 탐구하는 모습이 두드러집니다.

생명 개념은 많은 문과 학생이 진학을 희망하는 분야이지요. 그만큼 생기부에 자신의 고유한 개성을 담아내는 게 중요합니다. 학생C는 경제학의 다양한 분과 중 비주류학과의 이론에 주목해 경제를 공부했는데, 이는 하늘의 시각을 넘어 태도라고라고 할 수 있어요. 이를 위하여 주류 이론과 비주류 이론을 비교해가며 한쪽에 치우치지 않는 균형 있는 시각을 기르는 데 집중했습니다.

탐구 활동을 할 때 가장 적극적으로 활용한 매체는 바로 '책'입니다. 경제학, 지리학, 연구방법론을 공부할 때 체계적으로 지식을 정리한 전공 서적을 탐독했어요. 그 결과 깊이 있는 주제 선정과 내실 있는 탐구 내용이 조화를 이뤄 밀도 있는 생활기록부를 완성하였습니다.

만약 자신의 흥미와 작성을 빼르게 과악한 경우라면 학생C의 생기부를 참고해 하나의 관심 분야를 선정한 뒤 더 깊이 있는 탐구를 수행해 보세요!

3

학교생활세부사항기록부

졸업대장번호					
구분 / 학년	학과	반	번호	담임성명
1				
2				
3				

1. 인적·학적사항

학생정보	성명 : 성별 : 주민등록번호 : 주소 :
학적사항	
특기사항	

2. 출결상황

학년	수업일수	결석일수			지각			조퇴			결과			특기사항
		질병	미인정	기타	질병	미인정	기타	질병	미인정	기타	질병	미인정	기타	
1														
2														
3														

3. 수상경력

학년 (학기)	수상명	등급(위)	수상연월일	수여기관	참가대상(참가인원)
1					
2					
3					

4. 자격증및인증취득상황

<자격증및인증취득상황>

구분	명칭 또는 종류	번호 또는 내용	취득 연월일	발급기관

<국가직무능력표준이수상황>

5. 창의적체험활동상황

학년	영역	시간	창의적체험활동상황 특기사항
1	자율활동	57	2학기 학급회장(2022.08.16.-2023.02.28.)을 맡아 활동함. 영어에세이 쓰기 프로그램(2022.05.04.-2022.05.27.)에 참여하여 3권의 영어 에세이를 작성하고 3회 재수강하여 제출함. 글의 내용 초성 및 영작 실력이 뛰어나 하던 우수작 3건 중 하나로 선정됨. 제출의 에세이는 가치를 다양한 예시를 통해 쉽게 이해할 수 있도록 하였고, 기수적 효용과 서수적 효용을 대조하면서 서수적 효용의 이론 설득 과정을 논리적으로 전개함. 주류 예세이에서는 주류 경제학과 경제학자들의 관점 제시하며 이에 대한 본인의 생각을 설득력 있게 제시함. 독서교육 독자가의 갓안과 질의응답을 통해 인문학적 감수성을 함양함. 시인만이 가질 수 있는 무형의 가치인 시어 사이 언어에 대해 흥미를 가지고, 운문 문화의 본질이 입체적 표현에 관심가지고 이해할 수 있는 기회를 가짐. 독서토론&퀴즈한마당(2022.10.26.)에 참여하여 '세계시민을 위한 없는 나라 지리이야기'(시해드 외)을 읽고 그리고리 효과를 바탕으로 발표함. 메음의 방향 예측 등 여러 주제를 가지고 친구들과 토론하고 퀴즈를 풀며 다양한 독후활동을 경험함.
	동아리활동	34	(디지리어스)(34시간) 독특하고, 사고력이 높으며, 경제 분야에 매우 탁월한 강점을 드러내는 학생임. 발표를 비롯한 활동들에서 탄탄한 경제학 배경 지식으로 지도 교사를 자주 놀라게 하며, 여러 활동에 전지하게 참여하는 모습이 돋보임. 트렌드 코리아 2023 3 주제 발표 활동(2022.12.23.)에서 '뉴 디맨드 전략'을 발표함. 발표를 위해 '트렌드 코리아 2023'(김난도 외)와 함께 '경제학의 역설(로서 배두우스)'을 참고하여 자료를 제작함. 시장 경제를 다룬 전형적인 내용과 기존의 방법론을 정리하고 변화하는 경제 상황 속 기업의 새로운 수요 창출의 주목함. 특히 한 챕터의 내용을 소화하여 새로운 좌 한편의 경제 발전의 정도의 준비도를 보여줌. 지속가능한 발전(SDGs) 발표 활동에서 '무역을 통한 지리경제학'을 르 (50만 사진으로 모는 돈의 역사(홍준욱))을 읽고 자료를 구성함. 그래프로를 통해 여러 상황을 설명함. 국세 무역의 영향을 개념 무역 당사국의 상황에 따라 다르므로, 장기적으로 무역 당사국 간 경제 수준이 수렴할 가능성을 부정할 수 없음을 결론으로 제시함. 영화를 배우는 경로으로 참여함.

[주목] 공동체 역량을 보여주는 요소예요. 학급 회장으로서 수행한 활동을 자세히 소개하기보다 활동을 약닥만 간단히 작성했습니다.

[주목] '주제를 자유롭게 선정할 수 있는 활동은 자신의 관심 분야를 드러내기에 좋아요. 자신이 공부한 개념이나 사례를 자연스럽게 녹여내기에 적절합니다.

[연계1 - 오스트리아학파의 경제학 이론] 학생 C의 생활기록부 전반에서 '오스트리아학파'라는 키워드를 확인할 수 있어요. 오스트리아학파는 비주류 경제학 분야로서 일반적인 대학 교재에서는 쉽게 찾아볼 수 없는 주제입니다.

[주목 - 매년 바뀌는 동아리] 많은 학생이 3년간 동일한 동아리를 유지하는 것과 달리 학생 C는 매년 다른 동아리 활동을 진행했어요. 학생이 자율적인 탐구가 가능한 환경이라면 어떤 동아리에서 활동하는지는 크게 중요하지 않다고 생각한 기반입니다.

[주목] 지속 가능한 발전'이라는 매주제 안에서 '무역'을 통한 경제 발전 모델'이라는 세부 주제를 선정함으로써 나의 관심사를 자연스럽게 노출했습니다.

[연계2 - 지리경제학] 농경지(사회학부)는 부동산이나 금 같은 실물 자산을 다뤄요. 학생 C는 2학년부터 해당 학과 진학을 고려했는데요. 1학년 시기 공부한 지리학이 '공간 경제'를 탐구하는 데 도움을 주었습니다.

창의적체험활동상황

학년	영역	시간	특기사항	
			희망분야	경제학자
1	진로활동	42	진로와 관련된 '인성, 경제, 국가(마데이라, 라스바드)'를 읽고 오스트리아학파 경제학과 현대 주류 경제학의 '경제이론과 연구방법론'을 비교 분석함. 이를 토대로 현대 독서활동 프로그램 '독도, 해자 함께'(2022.12.28.)에 참여함. 교육과정 자율주간 1학년 중 교사가 되어답하는 '2030 죽의 전환(마우호 기예)' 도서 선정과 함께 교사가 이사들 표현하는 요청과 함께 관련 주제에 대한 책에 대한 제안 설명을 함. 얼음 뒤 발표안 작성 과정에서 담당 교사와의 소통이 인상적이었으며, 노동자 복지, 블록체인 기술과 경제 표현의 개념을 중심으로 PPT를 작성하는 모습에서 경제 현상에 대한 이해도가 타월함을 엿볼 수 있었음. 이 활동에서 제출된 노동공시장에 대한 이해를 바탕으로 경제 현상으로 이해하게 진학에 보무하는 현실 공무원 시험과 모스를 입시 과정 성질에 모든 현상을 성실히 진행에 평소에 대해 유연한 사고가 필요하다는 의견을 제시함. 화폐(중요소)를 읽고 화폐상황에 맞춘 화폐의 '공급과 감소 두 측면에서 자료를 비교분석함. 현재 우리나라의 경제상황이 적절한 통화공급정책이 무엇인지 고민하고 '50대 시대의 화폐 유동성에 대한 근거 자료를 작성함.' 비탈리 부터린 지분증명(비탈리 부테린)을 통해서 이 분야에 관심 증진 블록체인 기술들의 과정들의 기술을 넘어 이사이트를 넓혀 경제적으로 평가하는 시각을 갖출 수 있었던 작가의 논리와 인사이트를 얻음.	
2	자율활동	60	독서 최선을 다해 조력하는 모습을 보임. 학급 독서 활동을 아침 독서에 성실하게 참여하여 매 데이타기나 만드는 세상(박동어와 마이어 쉐레크) 외 1명과 4차 산업혁명, 일과 경영을 바꾸다(신동윤 외 6명)를 읽고, 4차 산업혁명 시대에 대두될 정보의 제 시민 문제의 갖게끔 주도성의 보고서를 작성함. 학급 특색 활동으로 독서에 참여하여 '책수문화분별표회(2023.12.22.) 항상 분야 참여를 위해 아수되 연습 시간을 잘 지키고 주어진 파트 연습에 재미있게 참여함. 극중 솔로 부분을 없어 성심히 준비하고 개인이 돋보이기보다는 전체가 돋보일 수 있도록 책수문화분별표회(2023.12.22.) 국중 솔로 부분을 맡아 회음을 만듦. 유재한 태도로 인무 연습에도 뒤처짐 없이 참여함. '2학년 독서 활동 프로그램 '있솔진주 주제탐구 발표회(2023.12.27.)'에 '경기변동 이론과 응용(전용덕 등)'을 읽고 탐구 계획서를 작성하여 본선에 참여함. 본선에서는 작성과정에서 무작한 본인의 주도성을 보였으며, 구성원들의 역량을 배분하고, 전체적인 계획을 수립함. 발표는 작성과정에서 본인의 주도성을 바탕으로 하되 전체 구성원이 눈앞에서 논리적으로 설명함. 비주류학파의 이론을 활용하여 여 주류학파의 경제의 정책을 비판하는 것으로 설명함.	

9

학년	영역	시간	창의적 체험활동상황
			특기사항
2	동아리활동	35	(비경상화급) (35시간) 동아리 구성원을 다독이며 참여를 유도하고, 다양한 주제를 발굴하는 등의 역할을 탁월하게 수행함. 토론 활동에서 다양하고 깊이 있는 조사를 통해 이론적이거나 경험적인 논거를 제시하여 상대를 압도하는 논리적인 발표를 함. 토론에서 제시된 결과를 통해 주제를 발굴하여 자율적으로 주제 발표 토의를 체화하고 발표함. 토의 시에는 방향성을 다잡아주고, 토론 때에는 양측의 입장을 정리해 줌. '잉스너 과소비에 관한 주제 토론(2023.05.31.)'에서 주장이 설득력을 높이기 위해 리커트 5점 척도를 활용하여 설문지를 작성함. 설문조사 결과를 SPSS 프로그램을 통해 소비액과 주요 소비 품목 간의 상관관계를 분석하고, 이를 명품소비와 편의점 소비로 해석한 결과를 발표함. 토론과 조사를 종합하여 기존 세대보다 단단한 소비문화를 지향하고, 무분별한 비난을 지양하는 식견을 여실함. 설문 조사에서 높은 비율을 차지하는 식비 지출에 제로웨이스트 소비를 위해 탄당성을 제고를 위해 20명의 학생과 인터뷰를 진행함.
	진로활동	42	희망분야 / 경제학자
			진로 시간에 나의 꿈 발표에서 경제에서 관심을 가지고 있는 연구 분야에 대해 발표함. 자신이 경제하에 관심을 가지는 이유와 향후 장래성을 제시하였으며, 경제학 분야 중 공공부문의 전망(경제학)에 대해 발표함. 관심 연구분야를 소개하고. 이후 진로수업 관련된 심화발표 시간에 '전쟁의 경제적 영향'의 동향을 심도있게 발표함. 리서어-우크라이나 전쟁이 발발한 이후 주요국의 독물, 완곡, 인자재 가격의 동향을 살피고, 전쟁이 유럽 주요국과 우크라이나 경제에 미치는 영향을 발표함. 국제 공급망의 변화를 심도있게 살피고, 전쟁에 따른 주요국 통화정책에 대한 종합적인 분석을 하여 발표자료를 제시함. 교재 인문사회주제탐구발표(2023.08.30.)를 위해 '빅데이터가 우리 사회에 미치는 영향'을 주제로 함. 스몰데이터와는 다른 빅데이터의 정보 주체가 가지는 효용과 기존의 개인정보 보호법에서는 정보 주체가 개인 정보의 수집에 동의하는 것이 중요했지만 빅데이터에서는 정보의 다양한 활용이 중요시되기 때문에 범정 및 규제 측면에서의 변화가 필요함을 주장함. 2023 수학탐구하기(2023.11.22.)에서 '경제하에서 한계의 개념이 수학에서 미분의 개념과 연결되는 것을 주제별 프로젝트에서 한계대체율의 개념을 미분으로 정의하고 최적정보분석 과정을 설명함. 다양한 함수의 미분을 이용한 분석의 한계를 느끼고, 스스로 조사한결과 다양한 함수의 음함수의 미분을 활용할 수 있다면 실제 경제 상황에 가까운 개념을 분석할 수 있다는 어려움을 선회하여 친구들이 공감을 얻음.

학년	영역	시간	창의적체험활동상황 특기사항
3	자율활동	65	1학기 학급 진로 진로부장(2024.03.01.-2024.08.11.)으로 활동하며 학급 내 과목 철학 탐구를 진행하며 자연과학과 사회과학의 연구방법론을 각각 나눠 탐구하여 공유함. '경제탐구원'(반주회)를 읽고 주류사회과학, 특히 '경제학'에서 기계론적 세계관의 문제점을 이해함. 인간본성에 대한 논의 결여를 지적함. 하이에크로 대표되는 철학적 접근이 혼합된 오스트리아학파에서의 과학적 접근을 동시에 활용할 필요가 있다고 결론짓고 오스트리아학파의 주류경제학이론에 대한 실증 분석을 그 예시로 제시함. 정보처리학의 사상적 뿌리인 칸트의 4범주에 대해 알게 되고, 정확한 학습을 위해 칸트의 인식론 학습을 결심함. 학급 내 탐구활동으로 윤리와 사상을 수강한 친구와 함께 순수이성비판의 전체를 이해하고자 함. 경험론과 합리론의 난점에서 비롯된 코페르니쿠스적 전회를 이해하고, 구성을 통해 인식될 대상의 지성에 의해 개념화됨을 배움. 인식과정에서 인간의 주체성 의미 구성이 중요함을 알았다고 느낌. 나아가 인식론이 역사적 흐름과 여기에 따른 과학·철학 사상의 변화에 대해 알고자 함.
	동아리활동	27	(수학의 신)(27시간) 문제해결이 시의 생각 자체보다 원리와 원칙을 강조하여 설명함. 함수가 만들어지는 문제상황과 전후상황의 주된 상황에 대해 설명함. 자유주제탐구로 이전에 공부한 적이 있는 DSK 모형의 수확의 표현적 방식 중 2차식 모형에 대해 탐구함. 배경지식으로 행렬의 기본 개념과 다변수 함수의 미분, 벡터와 다양한 수식들을 이용한 최적화 풀이에 대해 학습함. '경제경쟁수학'의 최적화 단원을 참고하고, 두 벡터의 방향을 이용하여 제약상태에서 제약없이 일계점을 구할 수 있음을 알게 됨. 이를 바탕으로 '로그함수', 경제지리학에서 수확 체증을 쉽게 함. 모형이 가장 간결하게 독점적 경쟁과 거대비용 개념에 수익성에게 영향을 주는 일계 단일 제약 상태에서 CES함수의 최적화와 시장 균형을 해결해 냄. 함수에 대한 기초 지식을 확장할 수 있었다고 밝힘. 동차함수에 대해 공부한 이후에 간결하게 정리가 가능한 장점이 있다고 이해함. 다른 독점적 경쟁모형에 비해 디시트-스티글리츠의 모형이 갖는 장점 역시 간결함에 있다는 점에서, 다항함수와 초월수일에서 수요 식 생성은 편리하다 한다는 원리의 수학이 일반적으로 적용된다고 생각함.

창의적체험활동상황

학년	영역	시간	특기사항
			희망분야 / 경제연구원
3	진로활동	43	진로자유주제발표 활동에서 '경기변동이론, 통화정책이론' 등을 현실경제에 적용해 보고자 노력하는 모습이 인상적임. 특히 채권시장 기간구조와 시중은행 지급 준비율 조절 구조를 파악하고 정책기제들을 상세하게 비교분석함. 또한 양적완화 사례로 볼 수 있는 공개시장 운영 원리와 비전통적 통화정책 효과를 비교하는 등 거시경제와, 주요국 통화정책들을 참고로 자신이 학습한 내용을 발표하는 모습이 인상적임. 특히 이론적 내용과 실제의 경제적 상황을 비교하며 분석하는 모습을 보여주면서 자본구조 과리를 막으면서 인정적 경제상황을 위해 필요한 점으로 비즈니스 사이클에 대한 심증 연구, 현재 경제하과 고전학 차이를 이론적 측면에서 심증시켜 이해함. 2학년 때 탐구했던 '경기변동이론'을 바탕으로 경기안정화정책을 심화 근거를 대응시켜 이해함. 한국은행의 경기변동 단기와비교하며 정리함. 중앙은행의 정기변동 효과와 양적완화의 개념에 대해 설명함. 단기적 경기변동에 관한 이론적 배경으로 IS-LM모형, 빈델 플레밍 모형을 제시함. 여수신제도, 지급준비제도, 공개시장 조작으로 대표되는 통화정책의 구체적 정책기구에 대해 알게 됨. 단기적인 통화정책, RP거래 매매에 대해 알고, '경제상황 판단에' 있어 실무자들이 참고하는 실물경제지표들에 대해 알게 됨. 통화정책이 선제에 대한 오스트리안의 이론을 해결해 보고 싶다고 밝힘.

봉사활동실적

학년	일자또는기간	장소또는주관기관명	활동내용	시간	누계시간
1					
2					
3					

[연계3 - 통화공급정책] 1학년 때부터 이어져 온 통화, 그리고 경기변동이론에 대한 탐구가 3학년이 되며 매우 높은 수준에서 이루어지고 있음을 확인할 수 있습니다. 이에 학생는 이렇게 말합니다.

"경제와 인문서를 읽을 때 꽤 많은 분량이 단기 거시경제학, 특히 금리와 통화의 개념을 설명하고 있었습니다. 이에 통화의 개념을 중요하게 여긴 것은 매우 자연스러운 과정이었습니다."

생기부의 주제와 키워드를 선정할 때 너무 긴 고민으로 고생하는 친구도 많으리요. 중요한 것은 계속해서 발전시켜 나가는 지속된 활동임을 기억합시다.

[연계3 - 통화공급정책] '2학년 때 탐구했다'는 서술을 통해 생활기록부에 연계 과정이 직접적으로 드러남을 확인할 수 있습니다.

[연계3 - 통화공급정책] 학생는 일련의 심화 탐구 활동을 통해 실제 경제 분석에서 통화량보다 금리가 훨씬 중요하다는 점을 깨달았습니다. 이를 토대로 채권 금리를 통해 거시 경제 상황을 분석하는 방법을 배웠습니다. 이론적인 탐구에서 '실제 현장'에서 활용되는 지표라는 새로운 배움을 얻어내셨습니다.

6. 교과학습발달상황

[1학년]

학기	교과	과목	단위수	원점수/과목평균 (표준편차)	성취도 (수강자수)	석차등급	비고
1	국어	국어	4				
	수학	수학	4				
	영어	영어	4				
	한국사	한국사	3				
	사회(역사/도덕 포함)	통합사회	3				
	과학	통합과학	4				
	과학	과학탐구실험	1				
	기술·가정/제2외국어/한문/교양	기술·가정	2				
2	국어	국어	4				
	수학	수학	4				
	영어	영어	4				
	한국사	한국사	3				
	사회(역사/도덕 포함)	통합사회	3				
	과학	통합과학	4				
	과학	과학탐구실험	1				
	기술·가정/제2외국어/한문/교양	기술·가정	2				
이수단위 합계			50				

10

과목	세부능력특기사항
	(1학기)국어: 이강백의 희곡 '파수꾼'을 단편 영화로 각색하여 연기하고 촬영함. 인물의 감정을 전달하기 위한 연기가 타당하고, 인물을 포착하는 카메라 구도와 첫 편집이 1970년대의 사회를 풍자하는 작품의 주제의식을 효과적으로 드러냄.

(2학기)국어: 대표적인 고전 작품의 특징을 이해하고 '님의 오마 하기들', '오우가' 등을 감상함. 진로 연관 기사문을 총 5회 찾아서 읽고, 정리하고, 적용한 평가 요소를 설정하여 비평적으로 평가하며 성실하게 작성함. '고양이가 기운 다듬어서(이강린)를 읽고, 어미 고양이가 먼난 처음에는 귀여운 새끼 고양이들이 어미를 잃고 죽음에 이르게 되어가는 모습에 동정심이 생겨들었으나 양육의 책임이 커지자 버리고 떠났던 것이라고 말하는 최근 우리 사회에서 유기된 애완동물들이 연상되면서 작가의 비판 의식이 반영된 것이라고 설명함. 인간과 관점에서 자연을 대하던 어머니의 태도 변화에서 자연으로서 존중받아야 한다는 가치를 작가는 전달한다고 작품의 의미를 해석함. 수학은 안점, 역자는 빼정 당신의 시험지에서 어머니의 의미를 해석함. 다시텔 배열에 비판적 수용 태도를 갖게 되었으며 비판적 수용 태도를 설득력 있게 설명하며 매체의 '펠터 배열'에 유의할 것을 다짐함.

수학: 수학부장으로서 원거수업의 원활한 수업준비를 수월하게 협조하고 수학 수행평가 주제 선정에 어려움을 겪는 친구들에게 청근감 있게 이과분수와 이과함수의 최댓값, 최솟값을 이용하여 합리적으로 소비하는 것에 대해 탐구함. 규모의 경제를 이용하여 y의 범위를 공식으로 하나 경제학의 공급함수는 y가 가격으로 정의역, x가 수량으로 하는 차이가 있음을 소개하고, 그래프를 이용하여 정다면체에 면 색상하는 문제에 잘 설명하며 효율적으로 해결함.

영어: 영자신문 사설(Another infectious disease)을 읽고 한 수의 두창이 확산이 따른 위험성과 대비책을 구체적으로 설명하면서 관련 용의와 표현들을 익힘. 어휘의 맥락적 의미를 잘 파악하며, 영어 기사 읽기에 흥미를 느껴 구조히 읽겠다는 포부를 밝힘. '영어가 우리 화폐에 무슨 일을 해왔는가(머리 로스배드)'에 대한 영어 서평을 작성함. 판세시설과 전시사들을 사용하여 화폐의 체계에 관한 경제 이론을 다른 제어 있게 소개함.

'해외봉사활동 프로그램 소개하기' 프로젝트에서 'NGO 매니지먼트 인턴십'이라는 프로그램을 소개함. 집이 없는 아이들을 도와 주는 활동, 관리와 건설에 관한 봉사활과 경험을 얻을 수 있다는 이점, 그리고 18세 이상이어야 하고 기본적인 수준의 영어 구사 능력을 갖추어 한다는 등의 사항 등에 대한 구체적인 정보를 검색하여 영어로 작성하고 발표함. 또한 평소 국가의 부족함을 비정부 기구가 해결할 수 있고, 비정부기구는 국가에는 다르게 사람들의 자발성을 바탕으로 하고 있기 여러 프로젝트에 활동을 계기로 비정부기관에서의 봉사활동에 참여하려는 다른 사람을 돕고 싶다고 이야기함.

[주목] 학생은 경제학에서 활용되는 수학을 설명하고 자신 탐구를 수행했습니다. 다만 지나치게 어려운 개념을 활용하기보다 '고등학교 1학년 수준의 수학'에서 최선을 다하는 모습을 보여줍니다.

[주목] 영어 서평을 작성하는 활동에서 자연스럽게 자신의 관심 분야인 '경제'와 관련된 글을 택하였습니다.

과목	세부능력및특기사항
한국사	국가사에 대한 배경지식이 탄탄하며, 배운 내용을 정리하며 한국사가 스스로 학습할 수 있는 능력을 갖춘 학생임. 한국사가 수업에 발표 시간에 '일제강점기 토지와 쌀 수탈'에 대한 주제를 이야기함. 일제강점기 토지와 쌀 수탈이 어떤 구조적 수탈이 이루어졌다는 요점의 내용으로 교과서에 나오지 않은 전체를 탐구하여 친구들에게 제시하여 좋은 평가를 받음. 평소 지식 호기심을 바탕으로 심도 있는 독서활동을 통해 역사에 대한 탐구력을 매우 잘 것을 학생임. 일제강점기 실태양상을운동에 관해 읽기 작성하기 시간에 물산장려운동을 선정하여 작성함. 교과서에서 배운 역사적 상황을 잘 이해하여 역사주제별하의 활용 함으로 우리과 어떻게 쓰기를 우수하게 진행을. 특히, 물산장려운동을 우리 사회의, 오늘날의 불매운동을 통한 단체행동이나 도소매과같은 문화의 근간이 필수 있는 지식임으로 파악하였고 소비자의 집단행동에 근간으로 불매운동이나 도소매과같은 문화의 근간이 필수 있는 자신의 생각을 일목요연하게 잘 작성함.
통합사회	늘 바른 자세로 수업을 듣는 모습이 인상적인 학생임. 다국적 기업의 성장 수업에 흥미를 가지고 참여함. 특정 스마트폰의 상품 사슬의 마케 후, 상품을 결정하는 디자인과 마케팅이 미국에서 이루어지기 때문에 이 제품의 원산지는 미국이다고 주장함. 자수 가운데 발전 목표 탐구 활동에서 환경 보호에 대한 움직임을 주제로 급을 쓰고 발표함. 정부 개입을 통한 해결책을 소개하고, 그와 대비되는 관점에서 자유시장적 하과 환경 경제학을 제시함. 오스트리아 하과 경제학을 제시함. 이 가치에 관해 오스트리아 하과의 경제학을 느끼도로 자신의 주장을 발표함. 이식과 행동의 지역의 최소화에 원인임을 주장함. 자연의 한계 있음과 부한경의 차이가 인간 행위에 어떤 영향을 주제 되는 논리적으로 설명함. 행복과 배뭘의 관계를 발표함. 베뭘과 사회적 인정을 지뭘되는 과정과 타인의 반응 자체에서 오는 인증을 득을 즉 만족감 등으로 인해 행복감이 기여함을 설명함. 비신자 서비스 장세로 전국가의 피해를 준 소셜 플랫폼 즉 코로나 시기에 배달 업제의 높은 수수료 인상으로 논란이 된 배달 플랫폼 독점을 문제안으로 기업의 사회적 책임의 이행을 가능하게 하는 방안을 조사하여 해결방안으로 기업의 사회적 책임의 이행을 가능하게 하는 답을 배달맺뭇 독점을 조사하고 해결방안으로 기업의 사회적 책임의 이행을 가능하게 하는 방안을 발표함.
통합과학	타이타늄, 아이오딘의 특징을 원소기호로 창의적으로 표현함. 생활 속 중화반응 사례(주방, 무좀용품, 환경, 이약품)과 원리를 밖으로 표현함. 하습하고 있는 다양한 지식의 새로운 가치를 창출, 인간 복지에 기여함을 일고 과학의 유용성에 대해 안내함. 신소재 수뭘 중 벨크로 베이스로의 발명 과정과 기뭘의 성장 과정을 보존하기 위한 방안으로 내 낸 나뭐 사용 자세히하기, 자동 엘리베이터 사용하지 않기 등을 제시하며 하급 함여을 다양하게 작성함. 생활다양성을 보존하기 위한 방안으로 내 낸 나뭐 사용 자세히하기, 자동 엘리베이터 사용하지 않기 등을 제시하며 하급 함여을 다양하게 작성함. 실험 설계 과정에서 다양한 방안을 찾고 변인을 통제하여 정확한 실험 결과를 도출해 냄. 신체생 에너지에 대한 조사 조사 수뭘에서 현재 뭘용할 기술의 기능수 군및 활용방안 장치, 최근 미국에서 개발 성공한 베이지 방식의 확뭘용 발전 사례, 활용함 발전 기능의 경제의 경제적 뭘용을 잘 설명함. 지구 시스템을 이루고 있는 하부 권역 간의 상호 작용을 다양한 자료를 참고하여 조사하고, 지구 시스템의 각 권의 상호 작용하는 동뭇 에너지의 흐뭇과 뭇질의 순환 때문에 나타나는 지표의 변화, 날씨의 변화 등과 같은 자연 현상을 설명함.

12

과목	세부능력특기사항
과학탐구실험	다양한 실험 활동마다 실험 설계, 실험 수행 및 발표 자료 제작 등의 역할에 책임감을 가지고 임하며, 전반적인 과학의 탐구에 대한 관심이 많아 수업 중에 학습된 내용과 관련지어 보다 심화된 내용을 스스로 탐구하는 자기주도적 학습 능력도 보임. 자연 발생설과 생물 속생설 주장의 차이를 설명함으로써 생명발생에 관한 논쟁을 조사하여 발표함. 아리스토텔레스가 주장한 자연 발생설에 관해 설명하였고 자연 발생설과 접목되어 이해되어지는 생기론에 대해서도 생기론의 실험에 대해서도 조사함. 헬몬트 실험의 오류가 무엇인지 파악하여 그 오류를 수행할 수 있는 실험을 다시 설계하여 설명함. 왓슨과 크릭에 의해 DNA 구조가 밝혀지고 크리스퍼 유전자 가위 기술이 탄생되기까지의 과정을 설명함. 크리스퍼 유전자 가위의 발전 배경과 작동 기제에 대해 설명함. 기타 관련 생명공학 기술도 유전자 가위와 관련지어 설명하고 활용사례를 조사하고 활용함에 있어 유전자 가위를 이용한 방식의 유리한 점을 제조함과 기술, 해석함, 조직 배양, 세포 융합의 원리를 제조하였으며 비교 설명함에 대해 대조적으로 비교 설명하여 유전자 가위를 이용한 방식의 유리한 점을 정리하여 설명함.
기술가정	경제적 자립의 중요성을 보수하기 위해 가정구성원 역할 체험으로 부모의 역할을 보여 적극적으로 연구를 신보임. 가상으로 상황이 설정된 가족의 재무설계표를 교육부의 금여이 금여이 모의 비포율하이라는 이 건을 제조하여 각 내용을 해 결합 수 있는 방법으로 과외를 줄이고 택시 대신 대중교통을 이용하는 방법을 제안하며 답안을 이름이 이름의 내용을 완성하는 모습을 보임. 지속 가능한 소비 생활의 단위에서 공정 무역에 대해서 배려있고 공정무역 제품처럼 속에 판매하는 문제, 노동에 대한 대가지불에 접중하여 노동조건을 개선하지 못하는 문제, 선진국의 가이드라인 기조에 현지 문화를 고려하지 못하는 철수라이 철행이 되어야 한다고 주장함. 더 나아가서 단점의 해결 방법을 탐구하고자 하는 열정이 있음. 폴 크루그먼의 지리경제학을 읽고나서 교역의 거래 비용의 중요성을 알게 되었고 다양한 표준화를 조사하면서 기술사가 거래기준을 줄여 무역을 활성화시키고 인류의 삶의 향상에 기여함을 깨달음.

수업랑 유연화에 따른 교육과정 자율주간 '영자 신문으로 읽는 우리 사회 프로그램(2022.7.14.)에 참여하여, 주제별 영문 기사를 분석하고 관련 주제에 대해 조별 신문을 선택하여 기사 내용을 구조적으로 보석하고 조별 발표 내용과 관련 사건을 추가하는 것에 대해 적극적으로 의견을 제시함. 보이의 진로 희망인 정상 제업과 연관지어 작은 기술에서도 사람들이 발명을 해소하고자 하는 기업들의 노력에 흥미를 느꼈다고 소감문을 작성함. |

[주목] 억지로 진로와 연결 짓기보다 과목이 요구하는 활동에 충실히 임하는 모습을 보여줍니다.
실제로 과학탐구실험 과목에서는 '연구의 방법론'에 대해 관심을 가지고 탐구하길 추천합니다. 교과서에서 개념적·영역적 탐구법을 다루고 있기에, 과학이 활용하는 방법론에 대한 탐구를 수행하는 것도 좋은 탐구가 될 수 있습니다.

[주목] 1학년 동아리활동과 연계되도 탐구 활동을 수행했습니다. 교과나 창체에서 탐구 활동을 할 때 모두 다른 주제일 필요가 없음을 보여주는 사례입니다. 독창은 내용이 반복되기만 하는 것은 무의미하다는 것을 명심하세요.

[주목] 책을 참고할 때는 모든 활자를 이해한다기보다 핵심 아이디어를 받아들인다는 태도로 임하세요. 전체 내용을 파악한 뒤 자세한 독해가 필요한 경우 해당 단락을 다시 찾아 읽는 것도 방법이에요.

〈진로 선택 과목〉

학기	교과	과목	단위수	원점수/과목평균	성취도 (수강자수)	성취도별 분포비율	비고
이수단위합계							

과목	세부능력및특기사항
해당사항없음	

〈체육·예술〉

학기	교과	과목	단위수	성취도	비고
1	체육	체육	2		
	예술	미술	2		
	예술	미술	1		
2	체육	체육	2		
	예술	음악	2		
	예술	미술	1		
이수단위 합계			10		

과목	세부능력및특기사항

체육: 체력을 증진하겠다는 목표를 가지고, 체육 활동에 열정적이고 적극적인 모습을 보임. 자신에게 체형 교정이 필요하다는 사실을 인지하고, 이를 위해 스트레칭을 실시함. 상대방과 일정한 거리를 둔 채로 호흡을 맞추면서 유대감을 형성하고자 배드민턴 활동을 함. 배드민턴 경기에서는 네트 넘어에 있는 상대방에게 정확히 스트로크를 하기 위해 정해진 거리에 위치해 있는 상자에 셔틀콕을 넣는 연습을 함. 바로 처음에는 정확도가 떨어져 성공하지 못했지만 시간 끈기가 있게 연습하여 점구 자신의 목표를 이루어내는 향상심. 짧은 시간 내에 큰 전신운동 효과를 보고자 매 시간 일정 개수의 줄넘기를 함. 도중에 계속 줄이는 친구에게 줄의 리듬에 집중하라는 조언과 함께 줄넘는 자세를 기본처럼으로써 실력을 향상해 나가는 모습을 보임.

14

과목	세부능력 및 특기사항
	음악: 힙합 음악에서 자신이 좋아하는 영국의 대중가요를 암보하여 자신 있게 연주함. 미국과 영국의 대중가요, 특징들을 알아보고 다양한 문화권의 음악에 관심을 가짐. 다른 친구들의 연주에도 경청하며 친구들의 음악으로 소통하는 태도가 돋보임. 모둠원들과 바디 퍼커션에 어울리는 동작들을 협동하여 만들고 창의적인 아이디어를 제시함. 자신이 좋아하는 음악으로 연주할 수 있음. 가온 연주 기법을 바르게 이해고 베이스, 습괘, 고스트를 좋은 음색으로 연주할 수 있음 뿐 아니라 다양한 사람들과 재미있게 음악에 응용하여 연주를 잘 함. 재즈 음악에도 관심을 보이고 즉흥 연주 부분에서 자신이 가진 음악성과 표현력으로 수준 높은 연주를 함. 다양한 음악 활동에 즐겁게 참여하고 음악을 깊이 있게 이해하고 탐구하려는 자세가 인상적임.
	미술: 기존의 작품을 패러디 하는 수업 시 뭉크의 <절규> 작품 속 다리가 부서지고, 군인들의 모습을 넣어 '전쟁의 참혹함'에 대한 주제로 재창작 하여 표현함. 또한 입체 가면으로 자신을 표현하는 수업 주제를 이해하여 개성을 담아 작품을 제작함. 화폐에 관련된 구성요소와 필요성을 이해하고 이를 반영하여 자신만의 개성 넘치는 작품을 제작하였으며 문자를 이용하여 재료와 표현기법의 변화로 화면을 구성함 발상이 참신함. 팝업북을 만들기를 통해 다양한 설계기능을 활용한 미술 표현이 특징이 자신의 지식으로 만들고자 하는 비 판성을 보임. 특징이 잘 드러나는 간결한 이미지 표현과 주제를 강조하기 위한 화면의 전체적으로 복합적인 이동 기법의 활용 아이디어가 좋음.

[2학년]

학기	교과	과목	단위수	원점수/과목평균 (표준편차)	성취도 (수강자수)	석차등급	비고
1	국어	문학	4				
	수학	수학 I	4				
	영어	영어 I	4				
	사회(역사/도덕 포함)	한국지리	3				
	과학	지구과학 I	3				
	기술·가정/제2외국어/한문/교양	일본어 I	2				
2	국어	독서	4				
	수학	수학 II	4				
	영어	영어 II	4				
	사회(역사/도덕 포함)	한국지리	3				공통, 타기관
	사회(역사/도덕 포함)	정치	3				
	과학	지구과학 I	3				
	기술·가정/제2외국어/한문/교양	일본어 I	2				
이수단위의 합계			43				

과목	세부능력및특기사항

독서: 독서 목적과 관심사에 맞는 책으로 이름이 길이 트리비전(검독심)을 선택하여 탐독함. 같은 책을 읽은 친구들과 대화하며 저자의 생각과 자신의 배경 지식을 연관 지어 다양한 의견을 나눔. 독서 일지 작성과 더불어 모든 책 대화를 바탕으로 책 서평을 작성함. 저자가 사회 역할에 관해 쓰게 된 동기를 역사적, 논리적으로 주도 하며 시작하는 도입부가 매우 인상적임. 체에서 제시하는 사례, 관련된 최근의 이슈, 경제학 및 사회학 이론을 접목하여 연관지어 논증함으로써 통일성과 설득력을 모두 갖춘 서평을 완성함. 체계적인 구성과 맥락에 더 놓치지 않음을 갖고 토론함. 결론에서 자신의 견해를 요약하면서도 체에서 주로 논증 방식을 충분히 이해하고 있음을 확인하되, 문제와 어휘 면이면서도 시선을 잃지 않는 매력을 모두 담아냄. 수준 높은 독서를 통해 평소 사회 문제와 관련 분야에 대해 폭넓은 관심을 기울이고 심화 탐구에 관심을 가울이는 모습을 통해 잠재력이 뛰어남을 엿볼 수 있음.

문학: 자신의 관심사를 바탕으로 문화 작품을 선정하여 깊이 있게 감상함. 문화 연결 지어 주체적으로 감상한 내용을 발표 자료로 재구조화하고, 적절한 반언어적·비언어적 표현을 활용하여 청자를 고려한 전달력이 높은 발표를 함. 문화의 인지적·윤리적·미적 기능을 중심으로 삶을 위한 문화의 효용과 가치를 깊이 있게 탐구하고자 함. 소설 멋진 신세계를 읽고 부체 인간관이 감을 토체 생물 윤리가 고려되지 않았을 때 야기될 사회적 문제에 대해 고민함. 기술이 발전함에 따라 인간에 대한 이해, 공감 능력, 인간성과 같은 인문학적 감성과 윤리성을 확보해야 함을 발표함. 또한 관심사가 다른 친구들이 심오함 수 있는 체 주제에 대해 충분히 가질 수 있도록 친구들이 모르는 것을 질문할 때마다 이를 보충적으로 설명해 주거나, 친구들에게 질문을 환기하는 등 청자를 고려하여 발표하는 모습을 통해 의사소통 역량이 뛰어남을 엿볼 수 있음.

수학 I: 모든 단원에서 심화된 개념까지도 정확하게 이해하고 있으며 이전에 배운 개념이나 이전에 배운 다른 단원의 개념들도 서로 연결하여 과정에 적절하게 적용하는 모습을 보임. 발표에 적극적으로 참여하며, 특히 어렵거나 풀이과정을 설명하기 어려워서 친구들이 발표하기 꺼려하는 문제들에서 항상 앞장서고 명료함과 정확한 정확한 풀이를 적용하는 모습을 보임. 수업시간 문제를 가리지 않고 적극적으로 문제 해결을 위한 보조적인 요소를 찾는 능력을 가지고 있어서 복잡한 조건의 주어진 문제인 전체적인 상황을 먼저 설명한 후 문제 풀이에 수업 문제에서 조건을 찾기 힘든 경우에도 수열의 근본적인 근본적인 구성성을 이용해서 숨겨진 조건들을 찾아냄.

독서 포트폴리오 활동으로 '경제학경영수학'[Edward T. Dowling]'을 읽고, 경제학에서의 수학 모델링에서 수학 시간에 배운 내용이 어떻게 사용되는지를 탐구하는 활동을 하여 보고서를 작성함. 원금에 대한 수익률과 채권의 할인율을 구하는 과정에서 수비수열의 기본 개념이 포함되어 있어서 계권의 가격에 반비례한다는 명제를 간단한 수식으로 이해함으로써, 뉴디포르스 생산함수를 활용하는 과정에서 선형함수 모습을 만들 수 있어서 계방정 계차적 분석이 유용하다는 것을 알 수 있다고 함.

수학 II: 수업의 모든 시간에 집중하며 참여하며, 수업시간 주어진 모든 학습지를 성실하게 작성함. 개념에 대해 정확한 이해를 하고 있어서 수업시간에 다른 모든 문제를 정확하게 풀어냄으로써, 특히 여러 개념들을 자신만의 방식으로 체계화하고 문제에 적용하는 모습을 보임. 수업시간 문제를 가리지 않고 체계 풀이에 적극적으로 문제 해결을 위한 보조적인 요소를 찾는 능력을 가지고 있어서 다음을 찾아나가는 풀이를 하며 친구들의 이해를 도움. 미분계수의 개념을 자신만의 방식으로 적용함. 미분계수와 적분의 관계에 대한 기초 지식을 완벽하게 이해하고 있으며, 이를 식이나 그래프로 관련지을 수 있음. 수업 중 개념 이해에 필요한 기초 지식을 알려주고, 기본 유형의 문제를 해결할 수 있도록 도움. 문제를 해결함에 있어서 기본 개념과 벤다이어그램을 간단한 수식으로 이해할 수 있으며, 수업 외의 시간에도 지속적으로 관심을 가지고 활동을 이어가서 벤다이어그램에 대한 탐구의 성취도 향상의 기대함. 미적이 분석의 분석에 유용하다는 것을 알 수 있다고 함.

과목	세부능력특기사항

영어 I : 독해시 분석적이면서도 총체적 접근이 가능한 학생으로 다양한 분야의 글을 읽고 이해된 바를 설명할 때 타월한 통찰력이 인상적임. 작문 시 전지자의 관점과 유어서 사용 시 생기는 의미 변화를 빠르게 이미 변화를 빠르게 이미 섬세한 언어적 인지감의 섬세한 언어에 대한 명료한 인식을 보여줌. 미어티와 분석 쓰기 활동에서 2000년까지 우리나라의 높은 인구 변화 추이를 나타내는 그래프를 본 식함. 변화 추이를 5대 단위로 구분하여 설명함에, 급격한 변화가 일어나는 구간을 산업화와 도시화, 농촌 이탈 현상 등으로 인한 것임을 부연설명하여 수치 너머의 사회변화와 호름에 대한 통찰을 보여줌. 에세이 쓰기 및 프레젠테이션 활동에서 '제주도의 관광·산업사를 1960년대 정부에서 제주를 관광 단지로 개발한 이후에 각종 인프라를 구축하던 시절부터 현재 우리나라에서 가장 인기있는 관광지가 되기까지의 과정을 소개함. 이 때, '평로 이론'상의 개념을 바탕으로 발표하여 지리 경제학적 관점에서 발표하여 티당도를 높였으며, 발화의 막시 유창성이 매우 유창하며 말한 말할 수 있어 발표를 위해 사용이 다채로운 이해와 유창성의 준비를 다 준비한 내용을 전달하는 데에 막힘이 없어 많은 칭시를 받음.

영어 II : 영자신문 기사를 읽고 내용을 요약하는 과정에 흥미를 보이며 꾸준히 탐독함. 영자 시사 주간지 The Economist'의 기사를 다수 읽으며 시사 경제에 대한 꾸준한 관심을 드러냄. 일례로, 'Red sea, red alert', 'War and peace in the Red Sea' 등 예멘 후티 반군의 선박 공격으로 인한 서플라이 체인 이슈 관련 기사를 읽고 요어 후 도시화 하여 국제 정세를 읽는 눈을 키워감. 또 낯선 어휘는 영영풀이를 찾아 정리하여 기사에서 쓰인 상황을 꼼꼼하게 파악하여 의미를 꼼꼼하여 의미 파악에의 독해 과정에서 빈틈이 생기지 않도록 하는 모습이 인상적임. 인종차별의 역사와 차별에 대한 글을 읽고 미구 수정 헌법 제 1조에 대해 추가 조사하여 차별받은 것 3가지 다양한 이건을 발 변론과 보장되는 자유와 및 국가가 개인의 권리를 범하으로 보호하는 것이 중요성에 대한 이건을 피력함. 버지니스트와 관련 된 시각자료를 유창하고 자연스러운 태도로 묘사함. 버지니스트로 자신의 분야에서 하층상 받기를 신화하여 사진 수 상상 수여 식에서 상장을 받고 있는 남자와 꽃다발과 상금 들 사람의 모습을 구체적으로 설명하고 있는 모습을 이루기 위해 사고의 명료함을 키우고 영어의 유창성을 기르도록 노력한 것임을 관계미쳐상정서 전시시르를 사용한 북로 맞 수준 있는 어휘를 활용하며 서술함.

한국지리 : 한국지리 학습 능력과 적합한 탐구 설치를 세워 문제 해결 방법을 찾아내는 역량이 탁월함. 교과수에서 수도권과 비 수도권 격차 원인을 '경부축 중심 경제 개발 계획'이라 제시한 근거를 찾기 위해 도시의 열심(마이클 포터)을 읽고, 발전한 내 용을 생각·성장 기록지에 작성함. 방대한 자료 중 필요 내용을 추려내는 능력이 우수함. 지역 격차에 대한 문제의식을 확장하여 '세상 속 지리 현상 분석하기' 활동에서 지방 대도시와 수도권 공업 도시의 액세된 아파트 지가 평균 변화율을 전국 평균 수치와 비교·분석함. 사회 현안인 부동산 양극화 또한 수도권 집중화가 원인이라고 생각하여, 접근성이 높아져 가격 상승이 예상되는 두 지역의 아파트값 변화를 비교하고 조사 동기를 발표함. 자료 수집 범위 등 통계 범위와 견월 건설의 의 가격 상승의 외부 요인 등 조사 한계점을 활동지에 명시함. 조사의 신뢰도를 높이기 위해 깊게 고민한 점이 참 드러남. 발표 담미에 아파트 가격의 수도권에서 훨씬 더 큰 상승폭을 보이다는 결론을 도출하고, 수도권과 지방의 주거 불평등 문제, 경 제 양극화 문제로 심화될 것을 우려함. 조사 결론에 대하여 실거주 수요와 투자 수요의 차이 때문을 것이라는 나름의 해석을 덧붙인 점이 인상적임.

[연계2 - 지리경제학] 영어 교과에서 자유 주제 탐구 기회가 생겼을 때, 지리경제학 이론을 활용하고 있습니다.

[주목] 영문기사에서 시의성 있는 자료를 찾는 과정에서 시사 경제에 대한 개인적 관심사를 자연스럽게 녹여 냈습니다.

[연계2 - 지리경제학] 지리경제학에 대한 관심을 토대로 정치, 윤리 과목 대신 한국지리를 선택했습니다. 교과 내 진행한 탐구 활동에서도 지리경제학의 주제와 이론이 활용되고 있습니다.

과목	세부능력및특기사항

경제: 심화 경제 개념에 대한 이해가 우수한 학생으로 평소 관련 기사나 도서 등을 스스로 찾아 읽었으며 정부의 시장 개입, 특히 노동 시장에서 가격 하한선의 설정이 한계 하한선에게 미치는 영향에 대해 구체적으로 설명할 수 있음. 코로나19, 러시아와 우크라이나의 전쟁, 미국의 금리 인상 기조 등 전체의 경제에 고용을 안기는 일이 연이어 터지고 있어 지난 3년 간의 국제 경제 상황에 대한 이해를 위해 2023 글로벌경제 상식사전(신동current)을 읽음. 주요 금융위기 이후 화폐 불가능할 것 같았던 그리스 경제가 다시 코로나 시기 시행한 화폐 재정 금융 정책으로 인한 유동성의 확대는 실로 엄청나 현재까지 계속 영향을 주고 있다는 내용을 소개한 뒤, 주변 인물 중 공적 투자계의 화폐 진구는 자신을 싫을 가능성이 크기에 자신에 투자가 필요하다고 조언한 뒤, 고정 TDF상품을 추천함. 경제 개념을 심화 주제를 한 뒤, 세계 경제를 주제로 제도에 대해 발표함. 고정 환율 제도이 금 본위 제도가 전기에 제대로 작동할 수 없었던 이유에 대해 무역 상태국간 비maintained정 통화정책의 으로 인한 금의 이동, 가축 통화의 prom드화의 불안정성, 미하연 중아운행의 역할로 인한 혼란 등으로 설명함.

지구과학1: 수업에 대한 집중도가 탁월하며 내용 이해도 우수한 학업 성취도를 보임. 학기 말 자율 주제 발표 시간을 통해 지구온난화 해결 방안이라는 주제로 기후 변화의 인과, 자연적 원인을 구분하고, 현재이 기후 위기가는 분명하게 인간의 활동에 의한 인위적인 점으로 바꾸고 EGS경영 및 차 소비를 통해 기후 위기를 극복해야 한다는 점을 발표로 보충. 지구 내부의 다양한 장소에서 생성되는 마그마의 종류와 생성 원리를 심화하게 이해하고 이와 관련된 화성암의 종류와 특징을 분류하여 이를 설명할 수 있는 수준의 과학적 의사소통 능력을 나타냄. 제주도의 콘텐츠 지구과학 현상 찾아보기 탐구 과제에서 제주도의 토양이 생성 과정과 조건, 동일 생성으로 관계를 지정하여, 지리적 관점에서 탐구 결과물을 작성하고 발표함. 화산지역에서의 토양 생성에 대한 합리적 의심을 바탕으로 논리를 전개해 나가는 점이 매우 우수함. 지도 태평양 유역의 수온 변화 경향을 분석하여 엘니뇨와 라니냐 시기를 구분하고, 이를 막기 운동과 연관 지어 해석하고 설명하는 등 과학적 탐구 능력과 결과를 탐구과정과 결과물로 우수함.

일본어1: 성실하게 수업에 임하고 집중을 매우 잘하며, 적극적으로 참여하는 태도가 다른 학생의 모범이 됨. 일본어와 일본 문화에 관하는 스스로 학습하는 태도가 매우 뛰어남. 자기 이사나 정보를 매우 유창하고 이해하기 쉽게 표현할 수 있음. 일본 문화 발표 시간에 일본 경제를 조사함. 일본의 거품경제를 과거와는 과 계 이해하기 쉽게 설명함. 일본 국내 환경뿐만 아니라 주요국의 세계 시장 동향까지 조사한 점이 인상적임. 정제 분야에 관심이 많고, 관련 지식이 풍부한 학생임. 타코야키 만들기 체험을 통해, 일본 음식문화의 특징을 깊이 보았으며, 다른 나라의 문화를 문화상대주의적 관점에서 이해하는 자세가 뛰어남. 유카타 입어보기 체험을 통해 일본 전통 의복의 차이와 특징을 조사하며, 인native과 비교하는 과 계 이해하기 쉽게 설명함. 일본 문화 소개를 기반으로 하는 부스를 운영로 오미쿠지 만들기 체험을 통해, 일본의 표현을 쓰고 읽고 말할 수 있음. 오미쿠지 만들기 체험에서 설명을 순서를 잘 따르고 모둠원에게 쉽게 설명함. 다른 내용을 경청함을 읽고 방법을 익혀가며 도움을 줌.

[연계3 - 통화공급정책] 학생는 이미 독서를 통해 경제학에 대한 지식을 착실하게 쌓아둔 상태였습니다. 그래서 지식 습득을 위해 경제 교과를 듣는 대신 교과서에 나온 내용을 배경지식과 연결해 이해도를 높이려고 했습니다. 또 경제 교과의 세특을 '실물 경제에 대한 관심을 드러내는 공간'으로 활용했습니다.

[주목] 지리에 대한 관심사를 바탕으로 주제를 선정했습니다. 자연지리의 경우 지구과학과 겹치는 부분이 존재하기 때문에 이 둘을 연결하는 것은 어렵지 않습니다.

[주목] 일본의 거품경제는 탐구 주제입니다. 주제 자체는 진부할 수 있지만 문제의 원인과 과정을 구체적으로 설명하면 좋은 탐구 주제가 될 수 있습니다.

〈진로 선택 과목〉

학기	교과	과목	단위수	원점수/과목평균(표준편차)	성취도 (수강자수)	석차등급	비고
1	수학	경제수학	2				공동, 타기관
	영어	영어권 문화 I	3				
	사회(역사/도덕 포함)	고전과 윤리	3				
	예술	음악 감상과 비평	1				
2	영어	영어문학읽기	3				
	사회(역사/도덕 포함)	고전과 윤리	3				
	예술	음악 감상과 비평	4				
이수단위 합계			16				

[주목] '수학적 모델링'에 구체적인 관심과 목표를 가지고 공동 교육과정에 참여했습니다.

[주목] 공동교육과정 수강을 선택한 구체적인 목표가 세부능력특기사항에 직접적으로 드러납니다.

[연계] 1학년 진로활동에서 수행한 활동을 연계하는 모습이 직접적으로 나타납니다.

과목 | 세부능력및특기사항

경제 수학: 경제학의 성장 배경에 수학적 모델링의 영향이 있었다는 것을 알게 된 후, 경제학에서 활용되는 수학 지식에 대한 이해도를 높이고자 공동교육과정을 공동 경제수학으로 수강함.

수업 시간에 배운 연속복리가 실제 금융 상품에 활용되는 것이 붙임(흥)미롭다고 생각하여 실물 경제에서 연속복리의 의미에 궁금증을 가지고 조사한 결과, 연속복리라는 이론적인 수익을 계산에서 정규분포 가정을 따르기 위한 도구라는 결론을 도출함. 세밀하게 적용하는 실물 경제에 적용하는 원리에 관해 탐구하는 모습이 인상적임.

여러 사회문제를 보건 청소년 교육 소외현상에 주목하여 이를 주제로 금융 상품 개발 수행평가를 함. 사회적 배제 개념을 중심으로 빈곤 청소년의 학교생활 적응력에 낮은 경향이 있음을 지적하고, 해결책으로 에듀코인을 제시하고, 에듀코인의 원화 가치를 제시하여 가상화폐 방식을 각 상황을 파악할 때 하나의 관점으로 치우치지 않고 경제학적인 관점을 들어내고자 노력하는 학생임.

영어권문화: 영어권 국가의 대표적인 명절이나 기념일을 비교·대조하여 발표하는 활동에서 미국의 독립기념일을 소개함. 미국은 7월, 인도는 8월에 독립을 기념하는 것으로 나뉘지만, 두 나라가 모두 영국으로부터 독립하고 베네이스과 각기 개양 등 비슷한 행사를 진행한다는 유사점이 있다는 것을 설명함 어휘와 음비를 운용을 사용하여 간결하고 정확하게 내용을 잘 전달함. 주제에 적절한 소제를 다른 학생들과 달리 미국과 인도를 선택하여 비교·대조하여 분석한 점이 새로운 점이 인상적임.

영어권 국가의 다양한 음식에 관한 자료를 읽고 요약하는 활동에서 캐나다의 푸틴에 대한 간단한 설명문을 작성함. 설명문을 작성하기 위해 영어권 국가의 음식 문화에 관한 정보를 효율적으로 수집하고 다양하고 적절한 어휘와 언어 형식을 활용하여 설명문을 작성함. 주제문과 밑...(이하 생략)

영미 문학 읽기: 'A Long Walk to Water(린다 수 박)'를 깊이 있게 읽고, 작품에서 다루는 문제와 이를 해결하기 위한 노력을 리딩 로그에 자세히 기록함. 또한, 작가가 사용한 언어와 이미지를 분석하여 작품의 주제를 이해하고, 작품의 주요 메시지와 테마를 파악함. 물 접수 캠페인에서도 '물'을 얼어낸 자, 미래를 구하자, 우리가 마시는 것은 이란이들의 미래다' 라는 영어 문장과 푸른 물의 이미지를 활용한 포스터를 디자인함. 직접 디자인한 포스터로 에코 배를 제작하고 사용하면서 캠페인의 의미를 되새김. 부티큐 활동에서는 아프리카의 물 문제 상황을 구체 정치 및 역사적 배경 등을 통해 다각적으로 분석하고 이를 해결하기 위해 전지하게 고장한 내용을 발표함. 발표 내용 중에 주인공 정바가 고장에 들어가 부족 협동체의 기반으로 가능한 방법을 위함 우물을 건설하는 노력에 깊이 공감한다고 밝히면서 우리 사회 협력의 필요성과 성과 그 방향에 대한 자신의 의견을 깊이 있게 파악한 점이 인상적임.

고전과 윤리: 지적인 목표 의식이 뚜렷하고 독서 수준과 사고력이 남답다 자기주도적 학습 역량이 탁월함. 고전 낯두나 해서, 고전일가 자성을 성실하게 참여하고 호의적으로 참여하며 학습 도우미 역할을 함. '생활과 대화' 활동에서 참관하며 학습 도우미 역할을 함. '생활과 대화' 활동에서 '물'이라는 것은 자신이 느린 물과 비교하여 요소를 밝혀보는 것 같다는고 함. 1학기와 2학기 주제 발표로 오스트리-리카베티라이즘에 대해 소개하고, 물스 이론을 비판적으로 고찰함. '정의론'을 읽고 오스트로 티캐비티라이즘의 문배정의론에 대해 정리한 후 오스트로 티캐비티라이즘을 관점에서 물스의 '정의론'을 비판하며 신가? '민주주의는 실제로 선가?' 을 읽고 오스트로 티캐비티라이즘의 문배정의론의 관점에서 비판한 내용을 생활화한 새로운 자유를 찾아서, '자유의 윤리', '민주주의는 실제로 선가?' 을 읽고 오스트로 티캐비티라이즘의 문배정의론의 관점에서 비판한 내용을 생활화한 점에서 물스의 '정의론'을 비판하면서 내용을 발표함. 16주의 소고와 발표원고를 매달 원고를 미리 작성하고 결론에서 자신활동을 주도했으나 긴 발표 내용을 이해시키는 어려움을 다시 느꼈다면서 보완하기 위해 노력하는 모습을 보이며 경제학과 윤리학의 접점을 찾음. 16주의 소고와 발표원고를 매달 원고를 미리 작성하고 발표와 공표를 받고 문제 정의와 자신 활동에 대해 일반 청소년들이 인지 수준을 알아보고 자신 활동 후 고차 방안에 대해 연구하고 싶다고 함.

음악 감상과 비평: 수렴 태도가 한결같이 바르며 매 시간 능동적 학습 요소를 빼놓고 정확하게 정화하게 잘 파악하고 이를 활동에 적용하고자 이름 연결하고 정황하게 잘 연결함. 주변 사람들에게 호감을 줄 수 있는 좋은 음색의 목소리를 가지고 있으며 매 이를 무엇과 연결하여 자신의 가진 강점을 음악적으로 잘 표현함. 순수 구어내과 퓨전 구어 음악을 듣고 분석하며 음악에 대한 자신의 의견을 소신 있게 발표함. 모든별 중심 활동에서 새로운 아이디어로 표현 방식에 대한 이견을 많이 제시하고 자신의 이건 뿐 아니라 다른 친구들의 이견도 존중하는 태도를 보임. 박자 감지가 뛰어나 합세으로 가득 '첫사랑'의 부분에서 체박자의 변화를 느끼며 감상 활동을 실천함. 페 수업 에 흥미 있게 참여하고 남의 의견도 존중하고 그 특징을 이해함. 다양한 문화권의 문화 예술에 관심을 보이며 자신의 삶에 유익하게 이런 감성을 알고 이를 생활화하고자 노력함. 시양 음악의 시대별 특징을 이해하며 어느덧 감상할 수 있음을 포부하게 가짐.

교육과정 자율주간 프로그램: 수업 태도가 한결같이 바르며 매 시간 능동적 학습 요소를 빼놓고 정확하게 정황하게 잘 파악하고 이를 활동에 적용하고자 이름 연결하고 정황하게 잘 연결함. 주변 사람들에게 호감을 줄 수 있는 좋은 음색의 목소리를 가지고 있으며 매 이를 무엇과 연결하여 자신의 가진 강점을 음악적으로 잘 표현함. '그린매트의' 개념을 알고 DMZ 환경 보존 및 개발의 중요성을 이해한 뒤, 롤스의 저서 '정의론' 관전을 발췌하여 읽었습니다. 마 칩내 스스로 오스트리안 문배 정의론을 탐구한 뒤 롤스의 주장을 비 판했습니다. 철학과 경제학을 넘 나드는 심화적이고 유의미한 탐 구활동을 수행했어요.

교육과정 자율주간 프로그램: '디지털 리터러시를 주제로 하여, 모의 토론 활동에 대화를 통한 비판적 사고를 향상, 외국어 습득에도 활용할 수 있었다는 의견을 제시함.

교육과정 자율주간 프로그램 '디지털 리터러시를 주제로 하여, 정보 사회에서 매체의 특징에 따라 정보가 구성되고 유통되는 방식에 참여함. 대화형 인공 지능 서비스를 이용해 본 아이디어 양성, 모의 토론 형태의 대화를 통한 비판적 사고의 향상, 외국어 습득에도 활용할 수 있었다는 의견을 제시함. 그 의견을 중합하는 적극성이 두드러지며, 그 의견을 이끌어나가는 적극성이 주장성이 우수성이 있는 화합이 눈에 의름.

[연계 - 오스트리아학파 경제학 이론] 윤리 교과에서도 오스트리아학파의 이론을 적극적으로 활용하는 모습을 보여줍니다.

[융합] '후생 경제학'과 '분배 정의'가 연결된다는 생각을 토대로 융합적인 탐구를 진행했습니다. 교과서 속 서술된 '롤스'에 대한 내용을 읽고 롤스의 저서 '정의론'을 쉽게 설명한 책으로 구조를 이해한 뒤, 롤스의 저서 '정의론' 원전을 발췌하여 읽었습니다. 마침내 스스로 오스트리안 분배 정의론을 탐구한 뒤 롤스의 주장을 비판했습니다. 철학과 경제학을 넘나드는 심화적이고 유의미한 탐구활동을 수행했어요.

〈체육·예술〉

학기	교과	과목	단위수	단위수	성취도	비고
1	체육	운동과 건강 미술	2			
	예술	운동과 건강	1			
2	체육	운동과 건강	2			
	예술	미술	1			
이수단위합계			6			

세부능력및특기사항

과목

운동과 건강: 체육활동 자세에 대한 흥미와 관심은 있으나 스포츠 활동 참여에 대한 적극성이 요구되는 학생임. 수행평가 종목인 배구와 배드민턴에서는 자신의 역할 수행에 최선을 다함.

미술: 담벼락의 배들이 빠져있는 공간을 자신의 내면세계로 채워가는 활동에 참여함. 폴더툰의 이야기 중 한 장면을 이용하여 담벼락과 그 나머지 세계에 대한 이야기를 간접하면서도 한눈에 들어오게 그림에 표현함이 좋음.

창작무용을 제작하는 활동에서 청소년들도 정치, 사회문제에 관심을 가지는 이미를 전달하고자 방송매체가 가지는 사회적 과장을 주제로 이번 역할을 맡아 배역을 잘 돋보이게 하는 이루와 움직임을 선보였으며 시나리오에 대한 높은 이해도를 바탕으로 흐름이 좋음을 주도하며 방향을 이끌어 감. 수업 시간에 배워 온 여러 요소를 자신의 음직임과 구에 반영하려는 자세에 노력이 매우 좋으며 복합적인 창작 활동에 대한 관심과 집중이 뛰어남. 특히 도움받 학생들의 활동을 배려하며 많은 도움을 주었으며 조장으로서 팀원들과 결과물을 만들어 가는 과정 활동 속에서 협동과 리더의 중요성이 왜 필요한지 제대로 배우게 되는 소중한 시간이 되었다고 이야기함.

자신들이 공연한 창작무 홍보 포스터 제작 활동을 통해 필요한 내용 전달에 필요한 필수 구성요소를 이해함. 즉 자체의 변화와 가면을 이용하여 인물이 가진 여러 가지 내면을 그림에 그려낸 아이디어가 돋보임.

21

[3학년]

학기	교과	과목	단위수	원점수/과목평균 (표준편차)	성취도 (수강자수)	석차등급	비고
1	국어	언어와 매체	3				
	수학	미적분	3				
	수학	확률과 통계	3				
	영어	영어 독해와 작문	3				
	사회(역사/도덕 포함)	세계지리	3				
	사회(역사/도덕 포함)	사회·문화	3				
	기술가정/제2외국어/한문/교양	실용경제	2				
	기술가정/제2외국어/한문/교양	논술	1				
2	국어	언어와 매체	3				
	수학	미적분	3				
	수학	확률과 통계	3				
	영어	영어 독해와 작문	3				
	사회(역사/도덕 포함)	세계지리	3				
	사회(역사/도덕 포함)	사회·문화	3				
	기술가정/제2외국어/한문/교양	논리학	2				
	기술가정/제2외국어/한문/교양	논술	1				
이수단위의 합계			42				

언어와 매체: 학습 내용에서 해석을 간과하는 능력에 매우 뛰어나고 미적인 주제를 파고드는 탐구심이 남다름. 예를 들어 음운 변동에서 근개가 예로 등장하자 많은 사례를 검토하며 겹받침일 때 자음군 단순화가 일어나는 환경에서 실제 체험에 근접한 자신의 전체 체계를 조망함. 이처럼 자료를 통한 능력과 비교적 시각에 뛰어나 특히 주제 탐구 활동에서 두각을 드러내며, 문법 지식을 활용한 글쓰기 방법론이라는 방법을 보여줌. 문법 지식을 활용해 '독서' 영역의 텍스트를 이해하는 데 구술의 방식으로 느끼냄. 독자가 세부 구절의 내용을 오독할 수 있는 지점을 나열하고 문법 지식의 역할을 서술함. 이를 보완할 수 있는 지식으로 삼아 있는 역량을 보여줌. 항상 자신의 활용하듯 고민하는 모습에서 성의와 사고 의역량이 장차의 발전으로 이어질 것으로 기대됨.

미적분: 변화를 탐구하는 파트에서라는 점을 확실히 이해하고 있는 학생으로 이해하고 있는 경우 미분법을 이용하여 dy/dx를 구할 수 있음을 확실하고 여러가지 요인들에 의해 결정되는 경우를 표현하는 한수를 어떻게 표현하고 분석해야 하는지 탐구함. 두 변수 중 하나를 고정하고 분석하여 경향성을 과악하거나 하나의 변수를 상수 취급하는 미분법을 이용하여 자신의 생각을 방향으로 두 상황의 예를 직접 금더시 발표에 활용함. 그에 대한 완성도를 계속 확장하여 여진 선에서 발생하는 현상들을 일반수 함수로 모델링하기에 무리가 있다고 생각하여 다변수 상황에서 함수를 해석하는 방법을 탐구 중 모습을 관찰함. 탐구 중 dx가 0일 수 있는지 이문을 가지고 라이프니츠가 사용했던 0에 가까워지지만 0이 아닌 무한소 개념을 이용하여 이를 해결할 수 있음을 알고 관련 내용을 정리하여 발표함. 수업태도가 항상 바르며 하나의 개념에 대하여 깊이 있는 사고를 하는 모습을 자주 관찰하였으며 이를 토대로 사고의 확장이 이루어질 수 있는 학생으로 판단됨.

확률과 통계: 수업시간에 수업내용을 빠짐없이 성실하게 기록하고 수행평가 및 과제들을 성실히 수행함. 문제들이 발표시간에 조건부 확률을 친구들이 이해할 수 있도록 설명함. 문제해결능력이 뛰어나며 자신이 알고 있는 풀이를 친구에게 친절히 설명하는 모습을 보임. 정규분포의 확률밀도함수의 도출과정까지 화를 게산을 위해 정적분값을 구하려 미적분에서 배운 내용을 토대로 계산을 시도하였으나, 어려움을 느껴 매체자료를 활용하여 찾아봄. 이는 초등함수를 표현함으로 불가능을 매 기하수적분을 이용하고자 정적분 값의 근사값을 계산함으로 변수변환을 통해 중적분을 이용하여 전체 넓이를 구함. 주제탐구활동으로 교과 융합 탐구를 통한 방식으로 기초지식을 이해하고자 '6'십의 정규분포 이차원 정규분포와 중심극한정리에 대하여 조사함. 다면에서 다루들 연결 되는 (x,y)확률을 통하여 수학의 하성이 수학의 범죄을 유도하게 반 방식으로 하것분포의 활용이도 함수를 유도해 냄. 모든 중심극한 정리와 정규분포와의 관계에 대하여 이해함. 중심극한정리와 근수의 범죄을 통계하여 양태산에익에 자신의 평원활용감능의 활용법을 설명함. 주부 모비율의 주장, 신뢰도, 최소 자수샘프 등 통계의 도구들에 대하여 하습하여 이를 피력함.

'Never Let Me Go(Kazuo Ishiguro)' 및 'How I Met My Husband(Alice Munro)'의 발췌된 내용을 9차시에 걸쳐 읽고, 매 차시 활동지에 자신의 생각과 이런 감상을 성실하게 정리함. 다양한 예시를 제시하는 공부한 상성능을 발휘하여 자신의 진로 탐색에 대한 세계 인식 선언 30개 조항을 분석하고, 이를 바탕으로 '세계 복제인간 권리 선언' 10개 조항을 적극적으로 작성함. 영어 에세이 작성 활동에서 복제인간의 사회적 지위, 장기기증의 당위성 부의, 정체성 혼란 등 여러 관점에서 분석하고 이를 종합적으로 연계하는 글을 안정성에 매우 비교하고, 이야기를 6것 영어 단락로 표현하면서 '개인의 당위' 논드적이면서도 '소비자 당가 상승' 등 다양한 주제에 대한 관점을 조사함. 특히, 당가 상승에 관한 기사를 읽고 난 뒤 국제 금융 체인을 추가로 조사해보고 있는 주제를 Husband(Alice Munro)' 소설 일부를 영어로 읽고, 다양한 생각과 이견을 하습주제에 대하여 긍정을 읽고 요어능 작성함. 어휘력이 탄탄하고 문장을 재구성하는 데에 어려움이 없어 해당 내용을 정화을 정화하고 진략함. 독서, 당가 상승에 관한 기사를 읽고 난 뒤 국제 금융 체인을 정상화되지 않는 이유, PPI 주의 등 추가로 조사해보고 있는 주제를 뿐만내 정리하며 독보는 시함을 드러냄.

[주목] 글을 읽는 능력 자체가 상당히 중요한 요소라는 생각했기에 문법 요소를 어떻게 배우고 활용하는가에 초점을 맞추었습니다. 이렇듯 자신의 진로와 직접적인 관련이 없더라도 교과가 요구하는 역량 자체에 집중하는 모습을 보여주는 것도 좋은 방법입니다.

[심화 - 수학 역량] 학생이는 수학 동아리에서 미적분을 활용한 탐구를 진행하려 계획했기 때문에 수학 교과 자체에 집중하고자 했습니다. 교과와 비교과 활동을 유기적으로 연결하려고 한 것이죠.

[심화 - 수학 역량]

과목

세부능력및특기사항

세계지리: 경제 분야에 탁월한 지식과 관심을 갖춘 학생으로, 세계지리에서도 해당 면모가 드러남. 지리 주제 발표 활동에서 《주택의 자산 가치 모형과 거시 경제 변수와의 관계》를 주제로 발표함. 발표를 위해 주요한 '부동산 경제학'(김경 환 외)을 참고했고, 다양한 신문 기사를 적극 도입하여 분석함. 미국, 뒤르기에, 한국, 일본의 지역성에 따른 구체적인 주택 가격 변화에서의 차이에 주목함. 주택 가격의 결정 모형, 내재 가치와 기준 성장과 요인을 강조했지만, 뒤르기에와 일본에서는 뱃지리 여파로 아기되는 불안 심리에 대해서 강조함. 지리 글쓰기 활동에서 '미국의 주거 문제 - 슬럼과 노숙 문제를 중심으로'라는 주제로 글을 씀. 근대의 역설(화성단), '뱃 바내거'의 21세기의 고시원이라 나타 지 않았고, '땅과 집값의 경제화(조시 라이언 외)'과 같은 문제들 단순히 지안 문제로만 다루지 않음. 슬럼 문제를 단순히 지안 문제로만 다루지 않고, 서브프라임 모기지 사태 등 역사적 사건을 바탕으로 경제적 분석을 수행하여, 주거 정책과 통화 정책의 실패를 논리적으로 설명한 점이 인상 적임. 통화 팽창 정책에 대한 회의론을 소개하며, 장기적인 관점에서 구조 개혁이 필요함을 강조한 점이 돋보임.

사회-문화: 사회 문화 현상의 연구 방법 단위 학습 후 양적 연구와 질적 연구 방법에 지대한 관심을 보이며, 관련 논 문을 조사 후 연구 방법이 후기 실증주의와 구성주의와 같은 철학적 기조에 의해 이루어졌는지 깊은 탐구를 한 점이 돋보임. 인문학적 소양이 높은 학생이며, 이를 바탕으로 '거시경제 변수가 주택 가격에 미치는 영향을 주제로 선정하 여 발표하기 위해, 문헌 연구법을 활용하여 부동산 가격 지수, 금리, 통화량, 매출 구체와 같은 통계자료를 수집 후 대출금리와 주택 가격 정도를 담보인정비율로 개념의 조작화 정의 후 주택 가격을 구하여 금리와 대출 과정에 대해서는 반비체, 통화량과 세계 지리 교과에서 가설을 세움. 미국, 금리에 비해 통화량 비해 직접적 도구를 활용하여 국가별 차이점이나 정리함을 도로 실습 과정에서 시장에서의 투자 심리와 변수 등 추가연구 가능성이 뛰어나며, 금리에 비해 통화량을 위해서는 양적 연구와 질적 연구의 단점이 보완 후 주제성을 극복한 혼합 연구의 필요성과 정확한 현상 분석을 위해서는 다안까지 제시하여 발표함 발표의 정도로도 교급 사고력이 뛰어난 학생임. 논대화: 논술이 담긴 글과 설명문을 구별하고 논증적 글에서 전체의 결로를 구별하는 활동에 참여함. 장인명제로 이루어진 타당성을 밴다이어그램으로 활용 증명하는 활동에서 신뢰를 앞에서 논증하는 과정을 보여주고 설명 함. 지적에도 구성된 문장을 귀납주리와 연역주리 논증으로 구분하고 언어폰리 기출문제를 분석하고 풀이하는 과 정에 진지한 자세로 임하였음. 삼단논법과 벤다이어그램을 주제로 발표자료를 제작하여, 실과에 직접 그리며 정의명 제로 구성된 논증을 설명함. 1학년 수확과목두에서 배웠던 집합 논리 개념을 상기기며 요일리기 그렸던 다이어그램 과 벤이 그린 다이어그램의 차이점을 비교해서 설명하고 직접 철판에 그려 수확에서의 대한 지적호기심과 과제집착력을 보임. 개념에 대한 정확한 이해로 보서넘을 바탕으로 언어논리 탈문함. 신정한 말투 와 정체로 표현방식으로 발표로서 돈보임. 명제논리의 진리함수표 내용을 빠르게 이해하고 오차없이 정확하게 작성함.

24

[연계2 - 지리경제화] 세계지리를 수강하면서 본격적으로 '농경제사 회학부모의 진학을 결심합니다. 이제 지금가지 수행했던 다양한 활동들을 읽는 작업에 주목합니다. '공간 경제'라는 기워드로 여러 활동들을 매듭짓고자 시도하는 모습이 활동 곳곳에서 나타납니다.

[연계2 - 지리경제화 & 연계3 - 통화공급정책] 그동안 공부해온 지리경제화과 통화공급정책이 만나는 지점이 세계지리 교과에서 나타 났습니다. 통화 정책이 영향을 주택 자산을 중심으로 설명보다고자 이와 같은 탐구를 수행했었지요. 이전 탐구의 모든 요소를 모이 탐구를 매듭지어가는 모습입니다.

[심화 - 연구 역량] 사회문화에서 진행한 연구방법론에 대한 탐구와 3년내 자율활동에서 수행한 협동 탐구가 거의 동시에 이루어졌으며 상호 간 영향을 주었다 평가합니다. <연구방법론>이라는 대화 교재 를 참고해서 탐구했습니다.

[연계2 - 지리경제화 & 연계3 - 통화공급정책] 이제것 열심히 수행 했던 두 갈래의 탐구 활동을 하나의 갈래로 매듭짓는 모습이 나타납 니다. 두 탐구 흐름이 접점을 교과 내 활동을 통해 자연스럽게 만들 어내고 있습니다.

[심화 - 연구 역량] 수학 지식과 이론에 대한 이해를 토대로 직접 통 계 분석을 진행했습니다. 이전에 진행한 분석에서 발전한 것일 것이죠.

과목 | 세부능력및특기사항

실용·경제: 저축과 투자 단원에서 생애 주기에 따른 합리적 자산 관리가 필요하다는 기본 원칙을 학습하고, 심화 탐구 활동으로 화폐 저축에 대해 발표함. 마르크화의 가치 하락으로 인한 바이마르 공화국 국민의 공포와 자산 관리 실패 원인을 분석하고 과거의 화폐 저축 개념을 활용하여 설명함. 특히 2022년 이후 인플레이션 상황을 고려하면, 기존에 배운 생애 주기의 측면과 더불어 화폐의 측면에서 저축과 투자의 개념과 필요성을 다시 살펴볼 필요가 있다고 생각하여 주제를 선정했다고 밝힘. '화폐 저자(여방 과서 지)'을 읽고 발표 자료를 구성함. 실물과 연금의 상태적 가치 및 국가 간 환율, 화폐와 실물의 유동성을 비교함을 통해 화폐 저자을 설명하고, 주식과 채권의 수익률과 위험성 관계 역시 안정적 자기 교육의 화폐가치가 전제되어야 성립될 수 있다고 설명함. 화폐 저자는 극복하기 위해서 실물·경제 과목을 통한 의식적인 자기 주의를 빼놓기 위해 주의해야 한다고 밝힘. 나아가 최근의 고물가 국면도 공급망 문제처럼 지속하기보다는 화폐적 차원에서 분석할 필요가 있다고 밝힘...

'수학적 원리를 이용한 카르토가 블록을 이용한 건축물 제작 활동을 통하여...' 쓰레기 로드 속 지역 간 불평등...

25

〈진로 선택 과목〉

학기	교과	과목	단위수	원점수/과목평균(표준편차)	성취도(수강자수)	석차등급	비고
1	사회(역사/도덕포함)	사회문제탐구	3				
	사회(역사/도덕포함)	국제정치	3				공통, 타기관
	사회(역사/도덕포함)	국제경제	3				공통, 타기관
	체육	스포츠생활	1				
	기술·가정/제2외국어/한문/교양	일본어Ⅱ	2				
2	국어	심화국어	3				
	사회(역사/도덕포함)	사회문제탐구	3				
	체육	스포츠생활	1				
	기술·가정/제2외국어/한문/교양	일본어Ⅱ	2				
	이수단위의 합계		21				

세부능력및특기사항

과목	

심화 국어: 다양한 분야의 짧은 글을 읽고 이에 대한 핵심 내용을 정확하게 파악하여 자신의 말로 정확하게 수행하였고, 이를 누적하여 자신의 활동 과정을 한 눈에 볼 수 있도록 성실하게 정리하였음. 글을 읽고 핵심의 우두와 주요내용을 찾아 이를 언어적 표현뿐만 아니라 도형과 화살표를 활용해 시각적으로 구조화하여 요약적으로 구조화하여 요약하는 것으로 정리하는 것으로 도식화하며 이해할 줄 알고 기본적 문해능력 갖춘 학생일 것으로. 특히 수업한 이론을 적용하는 문제 풀이 수행을 명료하게 전달함.

사회문제 탐구: 경제 현상에 전반적으로 관심이 많고 대체 사회문제의 현상을 파악하는 능력이 뛰어나 과제 수행 때마다 눈에 띄는 학습내용으로 교사를 감동시켰으며, 수업시간에 항상 호트러짐 없이 준비된 자세로 수업에 의해 금우들의 귀감이 됨. 경제학의 세부 분야에 대한 탐구도 활발히 한 편이라 토지 경제학에 대해 고민하며 주택매매가격지수와 '주거 불평등'을 주제로 발표를 얻고 성장과 적극적으로 소통하며 발표 효과의 실인과 발표 진행한 결과 금우들의 뽑으' 가장 기억에 남는 발표자로 선정됨. 도시 발전의 동력과 연결 지어 주거 불평등을 임금 격차와 자산 측면에서 자각 과목에서 PIR지수를 설명하며 우리 사회에 미치는 부정적 영향을 제구성해보고자 현대 사회에서 관련된 제도을 읽고 문헌인구에서 각 방법을 활용해 탐구하는 시간을 지에는 기존의 계층 이론을 사회와 측면에서 재구성해보고자 자신이 경제와 계급에 미치는 영향을 다양한 관점을 적용해 나가도록 해결함.

[연계] 수도권 부동산 가격과 이를 매개로 한 부의 불평등 문제를 다루셨습니다. 구체적으로, 부의 불평등 문제와 장기적인 원인을 '국토의 불균형 발전'이라는 공간 불평등 문제에서 찾으셨습니다. 수시 전형에 포함되는 마지막 학기인 3학년 1학기에 '공간 경제'라는 키워드를 강조하며 '공간 자신만의 관심사를 명확히 드러내고 있습니다.

과목	세부능력및특기사항
국제 정치	국제 정치에 흥미를 가지고 교사가 어떤 질문을 하던 막힘없이 이건을 논리적으로 제시하는 학생으로 가장 우수하고 심도있고 활동적인 성적으로 과정을 마침. 월러스틴의 세계 체제론에 관심을 가지고 중심부와 주변부의 부등가 교환이 의견을 조재하는 것은 사실이나 이를 중속 관계로 연결지을 중속 부족하다는 주장을 제기함. 세계 체제론의 이론적 오류는 사회적 상상력을 지나치게 발휘한 것에 있어보이며, 방법론적 개인주의를 역설한 미세스의 교환을 뒤제길 필요가 있다고 주장함. 자신이 생각한 내용을 검증하기 위해 '21세기 문명위기와 세계체제론'(임현진 외 진호)' 논문을 읽는 꼼꼼함 반이에서 새로운 다양한 형태로 발생함을 배우고 무역 보제와 신중상주의; 미국을 중심으로 무역 갈등이 격화되고, 한국도 경제의 타격이 클 것으로 예상함. 국제 정치가 역사, 경제와 밀접한 연관이 있음을 깨닫고 있다는 모습을 보여주는 요인이나 협정에서 발생하는 외부효과 요인에는 무엇이 있는지를 분석하는 모습에서 한생의 통합적 사고 논리와 문제 해결 능력을 확인함.
국제 경제	국제 최혜 금융의 무역 문제에 대한 관심을 가진 학생으로 수업 적극적으로 수업 활동에 임함. 관련 경제 용어를 별도 정리하는 등 세계적이 하는 능력을 보여 봄. 현율을 어떻게 움직이는가를 기울을 읽고 있고 동아시아 경제위기와 화폐 트릴레마의 관계를 바라는 등 흥미로는 주체에 대해 다방면의 독서를 통해 자신의 이건을 정리하는 습관을 가진 학생임. 나이가 금융위기의 문제점에도 당시 각 나라들이 해당 화폐 체제를 지향한 배경을 찾이본고 당시 사회, 경제, 국제 정치 상황에 맞춰 결정짓을 쉽게 될. 하나의 사안에 대해 맥락을 이해하려는 모습이 돋보임. 또 다른 교과에서 배운 내용을 접목해 사회 현상을 해석하려는 학구적인 태도를 가진 한생임. 국제정치 내용의 중속이론을 근거로 선진국과 개발도상국 사이의 무역 과정에 상기는 이면의 격차가 공고해지는 문제를 설명함. 해당 설명을 위해 경제 전문 기관의 하는 자료를 근거로 제시하는 등 논리정연한 모습을 보임.
스포츠 생활	건강에 대한 관심이 높으며, 건강, 체력 평가 시 자신의 신체능력의 문제점의 관계를 바라는 등 흥미로는 주체에 대한 정확한 정보를 얻고자 최선을 다해 측정에 임하는 모습을 보였으며, 결과에 대한 정보를 확인하고 개선해야 할 근력 및 근지구력에 대한 트레이닝 방법을 습득하는 실에 지속적으로 수행하여 더 나은 결과를 만들어 나가는 모습이 보임. 건강 체력 평가에 대한 이해도가 높으며, 영역별 측정 시 높은 이해도를 바탕으로 자신의 역동수 최선을 다해 발휘하여 측정에 임하는 태도가 우수함. 근대 및 실배기구기록 위하여 제시된 과제별 목표를 답성하려는 이치가 높음. 스포츠 활동에 대한 제회을 수립하고, 목적형 성취를 위해 체회을 따라 수행함. 자신의 체력이 향상되는 모습을 느끼고 이러한 모습이 동료들에게 미쳐 수업에 적극적으로 참여하는 모습에 아주 관심되며 활동성이 위험을 위해 체회을 따라 계획하여 실천함. 스포츠 활동에 대한 도전 체회을 구체적이며 체계적으로 수립하고, 스포츠 도전 상황에서 목적한 성취를 위해 계획에 따라 지속적으로 수행함.
인도네시아 Ⅱ	말하기 활동에서 정청, 제안, 권유 등의 의사소통 기본표현을 누수함이 없이 표현하는 경향을 가질 수 있음. 일본어 듣기 활동에서 타인과의 첫음의 차이를 구별하고, 항속사와 동사를 활용해 하기의 문장을 탈완하게 써내는 역량을 보이 신간인, 스이가, JR페스 등을 배우고 우리나라와 일본의 교통문화의 차이점에 대해 조사함. 일본문화탐구 발표수업에서 '일본과 한국의 경제 갈등'을 주체로 크게체비에서 작성하고 시청각 자료와 정보를 통해 발표를 하여 큰 호응을 얻음. 특히 발표를 일본과 한국의 경제 갈등을 원인, 배경, 전행 상황, 경제 갈등 이면의 문제, 새롭게 알게 된 일본어, 카드, 소감 등으로 나누어 설명하여 체계적으로 준비한 것이 돋보임. 한국과 일본의 경제 갈등 상황에 대해 뉴스 기사를 조사하고 여러 자료를 분석하여 그래프로 제시하여 후 현재 한국과 일본이 정제 갈등을 시각적으로 알기 쉽게 제시하였고 미래의 전망을 분석하는 수준 높은 발표 자료를 작성함. 신뢰성 있는 참고자료를 인용해 설명하면서 발표의 노력성과 체계성을 보여주였으며, 카드를 통해 발표를 완결하는 능력을 보이 신간의 자신이 알고 있는 일본어 자료를 제공하고 친절하게 설명함. 친구들에게 자신이 알고 있는 일본어 자료를 제공하고 친절하게 전달하는 일 돋음.

〈체육·예술〉

학기	교과	과목	단위수	성취도	비고
		이수단위합계			

과목	세부능력및특기사항
해당사항 없음	

7. 독서활동상황

학년	과목 또는 영역	독서활동상황
1		
2		
3		

8. 행동특성및종합의견

학년	행동특성및종합의견
1	2학기 학급회장으로서 교실 좌석 배치, 교우관계 증진, 관람 및 학급 문제해결 방안 마련 등의 노력을 하고 학교 행사에 학급 행사이 즐겁게 참여할 수 있도록 방안 모색하고 행동함. 학업에 어려움이 있거나 학급에 적응하지 못하는 친구들을 돕기 위해서 하급 임원들과 함께 학급 멘토링을 교사에게 제안하고 실행하는 등 함께 공부하고 보다 나은 학교생활을 하는데 기여함. 물질만능주의를 떠나 깨끗한 질서 상태 유지를 위해 항상 노력함. 날씨가 안 좋거나, 방학 직전 등 학습이고자 하는 마음이 들기 어려운 날에도 항상 변함없이 아건 자기 주도적 참여하고 학생 스스로의 목표를 위해 ... 친구들이 따라가고자 하는 학생임. ... 친구를 돕는 방법을 찾으려고 노력하며 방법을 찾으면 학급 내 순수부 학생들의 작용을 위해 배려하는 자리배치 노력과 친구가 없어 외로운 친구들 옆에 함께 있어주는 학생임. 조용하지만 주변 사람들에게 신뢰감을 주는 학생임. 자신이 해야할 일과 자신의 것, 단점을 알고 목표를 향해 꾸준히 노력하는 모습에서 이 사회의 큰 인재가 될 거라 기대가 되는 학생임.
2	온화한 얼굴로 누구에게나 친절하게 대하며 남을 배려하고 이해하는 심성을 가지고 있어서 친구들의 궂은 일에도 잘 받아줌. 학교 생활 전반에 진지하고 성실한 태도로 최선을 다함. 학급 부회장으로서 면밀하게 학급 회의를 조정하고 회의를 통해서 사안의 제대로 이해되는지 여부를 확인하고 생각나는 등 학급 매소를를 꼼꼼하게 점검함. 시험기간 과서배치를 할 때 목록이 부족할 때 친구들의 책상을 옮기거나 주변 정리를 하는 모습을 보였으며, 학급 매정스를 하는 경우에도 자신의 역할 뿐만 아니라 빈틈이 보이다 비틈이 보이는 곳에 가서 도와주는 모습을 보임. 학급 내 갈등이 생겨 다투는 친구들을 중재하고 관계를 회복할 수 있도록 매개를 조율하는 모습에서 공감하며 뜯어난 공감능력 바탕으로 사교대와 타인과의 소통능력이 관찰됨. 학급 내에서 주도적으로 자율적이나 스타디를 만들고 점심시간 비 교실을 이용해 꾸준하게 활동함. 교과 개념이나 문제해결정방법 뿐만 아니라 문제를 보는 자세와 방법에 대해서도 도움을 주서 우이미한 성과를 달성함. 학업이 열정을 가지고 보이는 학습 방법과 전략을 분석하여 자신이의 발전시기기 위하여 다양한 방법을 찾아 보고 자신에게 맞는 공부 방법을 정립하기 위해 노력함.
3	친절하며 웃음이 많은 자신이 아는 것을 친구들에게 알려주고 자신의 부족한 것을 친구들에게서 배움으로서 서로 도움을 주며 친구와의 관계가 돈독함. 용모가 단정하고 예의가 바르며 인사성이 좋아 인체도 먼저 다가가서 인사함. 학업에 대하여 체계적으로 목표를 세우며 목표를 달성하려고 노력함. 평소에도 공부시간이 쉬는시간을 분리해서 공부하며 지키는 등 자기관리가 뛰어나 함. 올바른 도덕성을 가지고 있으며 수행평가나 시험을 기한 내에 계출하기 위해 노력하는 모습이 보임. 조용하고 차분한 점으로 한 가지 일에 열심히 집중을 설함.

학생D

서울대학교
스마트시스템과학과
25학번

학생D는 '융합'의 정석을 보여주는 생기부를 만들어냈습니다. 일반고등학교의 이과생이라는 구조적 제약 속에서도 생명과학·화학·공학·인공지능을 유기적으로 엮어낸 연결고리가 특히 돋보입니다. 단 백 개 구조라는 하나의 기위드를 중심으로 세부 특기사항 전체를 설계한 점이 인상적입니다.

고등학교 1학년 때부터 생명과학에 꾸준한 관심을 보였고, 그중에서도 '단백질 구조'에 주목하며 탐구의 초점을 좁혀갔습니다. 효소의 구조와 작용 원리에 대한 학습을 출발점으로, 단백질의 접힘 방식과 구조 예측에 이르기까지 이문을 확장해 나갔습니다. 단순히 진로 탐색 차원을 넘어, 교교 3년간의 학습과 활동을 '단백질'이라는 주제로 관통시키며 깊이 있는 탐구 흐름을 설계한 사례입니다.

교과 활동에서는 특정 과목에만 국한되지 않고 다양한 수업을 유기적으로 연결해 자신의 관심사를 다각도로 탐색했습니다. 단백질이라는 하나의 기위드를 통해 [생명-화학-물리-공학-AI]를 아우르는 통합적 사고를 보여준 점은 진로 설계에 설득력 있는 서사를 제공합니다.

탐구 과정에서도 실험 장비를 직접 사용하며 실질적인 연구 태도를 드러냈습니다. 실험에 실패했을 때도 원인을 분석하고 재설계로 이어가는 과정이 생기부 전반에 잘 나타나 있는데요, 결과만 기록하는 것이 아니라 '왜 이런 결과가 나왔을까' 끝임없이 질문하며 사고를 이어가는 태도가 돋보입니다.

스마트시스템과학과처럼 융합형 인재를 선호하는 학과의 특성을 고려한다면 이 학생처럼 관심 분야를 중심으로 [단일 교과·용합 탐구·검증 실험·진로 연계·주축 탐구까지] 촘촘히 연결해보는 것이 특히 중요합니다. 연결은 곧 해석이며, 해석은 곧 나만의 시선입니다. 자신의 흥미와 작성을 비교적 이른 시기에 파악했다면 학생D처럼 하나의 기위드를 중심으로 깊이 있는 탐구 흐름을 설계해보세요. 연결을 설계하는 힘이 곧 진로를 구체화하는 첫걸음이 됩니다.

학교생활세부사항기록부

졸업대장번호				
구분 학년	학과	반	번호	담임성명
1				
2				
3				

1. 인적·학적사항

학생정보	성명 : 　　　　성별 : 　　　　주민등록번호 :
	주소 :
학적사항	
특기사항	

2. 출결상황

학년	수업일수	결석일수			지각			조퇴			결과			특기사항
		질병	미인정	기타	질병	미인정	기타	질병	미인정	기타	질병	미인정	기타	
1														
2														
3														

3. 수상경력

학년 (학기)	수상명	등급(위)	수상연월일	수여기관	참가대상(참가인원)
1					
2					
3					

4. 자격증 및 인증 취득상황

〈자격증 및 인증 취득상황〉

구분	명칭 또는 종류	번호 또는 내용	취득 연월일	발급기관

〈국가직무능력표준 이수상황〉

5. 창의적체험활동상황

학년	영역	시간	창의적체험활동상황 특기사항
1	자율활동	85	국화 분재 교육(2022.09.16.)간 순백류, 꽃나무 분재와 접목의 종류를 학습한 내용을 정리하여, 긴 시간 동안의 관리를 통한 국화 분재를 완성함. 오랜 기간에 수행을 하기 위해 하급 학생들에게 학습한 지식을 나눠하고 문제 관리를 위해 독려하며 이끌어 나가는 모습이 인상적임. 이도록 행배의 분재가 되지 못한 원인 문제 과정에서 겪는 주된 과정에서 겪는을 꾸준하여 발육을 촉진하는 적심 과정에서 겪는 발탕을 억제하는 옥신과 겪는 발탕을 촉진하는 사이토카인 등의 식물 생장호르몬이 농도 조절로 인하는 형태의 분재가 만들어질 것이라 분석하는 설명이 우수함.
			학교 특색활동-주남저수지 프로젝트(2022.11.23.) 주남저수지 주변의 고인돌 답사 후 고인돌과 관련된 한국사의 사전 지식을 활용하여 '고인돌의 과학'을 주제로 보고서를 작성함. 고인돌 주인인 지도자의 통치 시기나 매장 시기를 추정하는 방법인 방사성 탄소 연대 측정법 설명에 주력 내용임. 유기물의 탄소 교환을 이용하여, 방사성 붕괴로 인한 14-탄소가 점차로 변화되는 과정과 반감기의 개념을 설명하고, 변수에 따른 탄소 위원소 비율의 오차는 나무의 나이테를 측정하거나 방하코어 분석 등으로 조정할 수 있음을 설명하여 과학 개념 탐구의 우수한 이해 능력을 볼 수 있음.
	동아리활동	30	(필드스코프)(30시간) '생물 다양성을 주제로 주남저수지 생물 다양성 홍보를 위한 연구 활동으로 식용식물 조사배양 농장을 운영하는 강서들을 조성하여 조직 배양 이론과 실습 교육을 10차시 수료함. 'Sarracenia purpurea의 성장 및 대량증식에 필요한 BAP와 IBA, Sucrose 함량별 최적 배지 조건이 당 함량 및 최적 호르몬이라는 주제를 설정하고 다양한 농업을 설정하여 배지에 첨가해 자온 배양기에서 실험을 진행하고 보고서를 작성함. 용량을 설정하기 위해 MS 배지를 정량에 맞춰 제작하고 MBL 기기를 이용하여 최적의 pH를 맞추고, 오토클레이브, 클린벤치 등 실험 기구를 찾아 생장 과정을 기록하고 기록하고 사진을 찍어 있음. 동아리 시간 이외에도 실험실을 찾아 생장 결과를 비교해보고 회원들과 실험 결과를 공유하여 함께 보고서를 작성하면서 협동하는 모습을 보여줌. 수업 후에 당 함량 이외에도 효소를 이용하여 식물이 자리로에 최적화된 배지에 이용되는 원리를 느껴 Zymography 기술을 이용하여 조사하고 보고서를 작성하여 제출함.

[융합 - 역사+과학] 고등학교에서 첫 번째 활동입니다. '고인돌을 중심으로 마인드맵과 브레인스토밍 방식을 활용했고 고대의 지도자' 신원을 밝히는 과학적 방법' '방사성 동위원소 분석' 등으로 가지를 뻗어나갔습니다.

[심화 - 일반고에서 '실험' 제우기] 식물조직배양을 중심으로 실험하고 활동하는 동아리였기 때문에 관련 실험기기가 실험실에 많이 비치되어 있었습니다. 동아리를 선택할 때 실험 여건이나, 담당선생님의 관심 분야가 무엇인지 등을 고려하면 실제 활동과 생기부 작성에 도움이 됩니다.

[연계 - 생물 l 효소] 간단한 기술소개를 하는 것만으로 한 단계 더 나아가는 심화적인 활동을 했다고 보일 수 있는 노력입니다. 고등학교 시작을 어느 1학년 세트에서 이런 점은 확실히 차별점을 줄 수 있습니다.

학년	영역	시간	창의적체험활동상황 특기사항
1	진로 활동	67	진로독서(2022.06.03.)간 '멋진 신세계'(올더스 헉슬리)를 읽고 바이체로의 협의과 신소의 않을 조건하는 기술로 인간이 개급화된 소설 속 사회 모습을 보 후 과학기술을 통해 시화가 나아가야 하는 방향의 설계가 인권을 중심으로 이루어져야 한다고 제시한 보고서를 제출함. 직업인 초청특강(2022.11.04.)으로 화폐연구소를 방문하기 전 교사(가)를 뭄라모 교내교사 모임' 사전을 통해 사전 탐구함. 생명공학연구원과의 만남에서 그동안 탐구한 신문종 개발과 조재에양 실험 방법에 대해 적극적으로 질의하는 모습을 보임. 질의 과정에서 다양상과 회소성 등 시 개를 요구하는 신문종 개량, 육종효율 향상과 동시에 환경친화적인 중도 생산의 필요성에 대한 생각을 밝히고, 방문 후 보고서에 우전자 조작연구에 대한 환경영향평가와 환자의 관련 연구 하기 위한 기초 과학 학문 경험의 중요함을 강조하는 내용이 뛰어남. 진로전시체험전(2022.12.23.) 박구로 주동할 경우 수 있을까?'를 주제로 모든 탐구보고서를 제작하여 전시함. 박구로 추진력을 얻음 방법을 고민하여 박구를 구성하는 물질과 압력을 이용하는 방법을 각각 게시하여 모든 탐구를 주도함. 박구의 압력을 이용하는 방법을 도출하는 과정에서 물체 발사를 위해 승선 인원이 늘어나는 만큼 로켓의 질량 증가로 인해 더 많은 양의 박구로 얻어야 하는 연소 물질의 필요함을 로켓 방정식을 이매마 원리과 연관 지어 이해하는 수준은 적용계과 통섭적 능력을 보임. 방 구의 생화에 압력 등의 조건을 설정하고 사고실험을 논리적으로 설명하는 과정에서 화자의 연모를 잊 불 수 있음. 인턴 보며 우수에 보이는 질문에도 창의적인 질문과 과학탐구를 하는 자세가 귀엽이 됨.
2	자율 활동	73	백질 구조를 결정하는 화학결합에 대해 탐구한 내용이 뛰어남. 단백질의 변성이를 단백질 분리에 사용한다는 것을 알고 MEKC과 연계하여 이해함. SDS-폴리아크릴아마이드 겔 전기영동에서 SDS처리 이 전에 β-메르캅토에탄을을 처리하는 이유를 3차 단백질에 관여하는 결합종류를 조사하며 얻어냄. 수소결합, 이온상호작용 등의 약한 화학결합도 도메인 형성에 있어 나트륨 등의 음이온성 계면활성제로 파괴 가능하지만 이황화결합을 과채하지 못해 환원제가 쓰임을 제시함. 황을 지니는 메티오닌과 시스테인의 중 시스 테인만이 이황화결합이 가능하다는 점에서 아미노산의 구조가 곤 단백질 구조를 결정하는 것임을 이해함. 단백질의 구조 기반의 치료에 대한 이해, 단백질 구조 기반이 치료제 개발에 있음을 하습을 하습이 결 과 3차 구조에서 생기는 domain이 변형할 수 있다면 동일한 기능을 가지면서 여러 특성을 부여하는 결 합물을 만들 수 있는 치료제를 만들 수 있을 것이라 예측함. 어느 치료제의 사용 분야의 방향을 확장할 것이라는 기대를 나타내고, 생명현상의 이해를 바탕으로 독창적인 문제 해결 방안을 떠올리는 창의적인 해석이 인상적임.

학년	영역	시간	창의적체험활동상황
			특기사항
1	동아리 활동	32	(래퍼 비트로피)(32시간) 뛰어난 과학 탐구 능력과 권위한 성격을 바탕으로 실험 수행과 해석에 뛰어난 면모가 부각됨이 인상적임. 신화 환원 지시약의 산 염기 지시약의의 차이점, 이스스피션과 타이 레트로 타이 레트로 양성 실험에서 작동기들간의 유기 합성 반응에 대한 적극적인 이해 노력 등 다양한 실험에서 내용을 이해에 대한 우수함을 보여줌. 개인 가을 탐구실험에서 '염료 감응형 제작을 주제탐구로 수행함. 기존의 광전효과를 활용한 이론 설명과 태양전지와 차이점을 태양에너지의 흡수와 전하 이동 과정의 광전효과를 제시함으로 이론 설명과 태양전지와 DSSC의 작동원리를 설명하기 위해 HOMO에서 LUMO로 전자의 이동을 분자로 제시로 도표 그림 자료를 활용하여 설명을 제시한 내용이 돋보임. **최초 실험 실제**를 DNA 추출 실험에서 사용하고 남은 프로폴리를 실험한 것이 실제한 원인으로 보고, 열교가가 오는 조건을 중족 못해 제로 사용을 못한 분석하여 제안하고 시급자를 이용하여 다시 실험하여 실험을 성공시킴. 이어에도 사이클렉레이의 담수 반응 결과물을 확인하는 브로푸 첨가 반응, 가게인을 분별방법기를 이용하여 추출시킨 추 TLC을 이용하여 가게인의 표준물질과 비교하는 실험에 대한다 고찰 내용을 발표에서 드가습 보임.
2	진로 활동	49	대학 학과 체험활동에서 바디미스트 제작주, 유화제, 인계질, 콜로이드, 마이셀 구조에 대해 추가 학습함. 미셀 구조와 계면활성제의 특징을 단계로 후, 모세관르크로마토그래피(MEKC)의 단백질 분리에 대하여 더 알아봄. 음이온 계면활성제 보시는 증성분자는(미셀 배열 밖의 눈도가 다른 평형상태에 놓임. 중성분자서마다 평형상태의 눈도 밖으로 미셀이 크로마토그래피의 고정상 역할을 함을 이해함. 기존의 전기영동으로 음이온과 양이온을 띠는 물질만 분리가능하을해 중성분자를 분리하지 못했더라네, MEKC는 미셀로에 따른 눈도의 개연상체가 포한되어 인지질이 성질을 통해 전하를 따지 않는 단백질이나 스펙로이드성 호로몬 등을 분리할 수 있다는 점에서 전기영동이 가능성을 상용 얻게됨. SDS-PAGE에 경우 단백질의 비공유결합을 과고하여 단백질의 모양을 변성시키다는 점에서 단백질 구조 결정에 비공유 전자상이 영향을 준다는 점을 도출함. 인지질 이중층이 세포막을 이루고 있다는 배경지식을 통해 세로 표면인 인겨질이 머리 부분이리 불 어있을 수 있는지에 대한 궁금증이 생겨 세포연결과 중유와 메카니즘을 알아봄. 체 날로 먹는 분자세포 생물학(신이성)을 읽고 밀착 연접은 세포사이의 물질이 동을 제한하는 연합을 하는 동시에, 위장 내벽에서 나트륨-포도당 공수송 단백질과 포도당 순반체 단백질의 영역을 나누어 효율적 소화를 느는 사실을 알게됨. 밀착접이 수중적이 우상태 나타내는 밀착연접 유사세포의 합성 유사체 UAS037 밴성연접을 이해 하고, 통합과학 교과와 연계하는 내용을 모습을 보임. 또한 유로리티 A의 합성 유사체 밴성발생을 이해 강화한다는 연구를 통해 연접 소실로 발생하는 안인이나 치료방안에 응용함.

[주목 - 실패한 실험을 생기부에 실어도 될까요?] 당연히 대부분의 실험은 성공활동이 높지 않습니다. 그러니 실패에서 오히려 다행이라고 생각해 보세요. 실패 요인을 성공의 발판으로 삼고 더 노력한 모습을 보일 때 성장 경험을 더 명확히 보여줄 수 있습니다.

[심화 - 미셀구조 → MEKC 작동원리 → SDS → PAGE비교 → 단백질 구조로 이어지는 탄탄한 사고] 대학 학과 체험에서 바디미스트를 만든 경험을 토대로 고등 교과 수준에서 다루지 않는 심화 단계까지 나아갔습니다. '심화'는 처음부터 어려운 개념으로 시작해서 놀라운 결과물을 만들어내는 것이 아닙니다. 결과물을 찾아보고, 키워드를 알체하고, 학술자료를 열람하는 경험이 쌓여 심화 탐구를 완성합니다.

창의적체험활동상황

학년	영역	시간	특기사항
3	자율활동	84	어떠한 체험활동에서 학급 반장으로서 친구들의 고3 수험 과정에서 위로를 주고자 '죽음이 수용소(빅터 프랭클)을 읽고 빅터 프랭클의 의미 치료를 동료하여 발표함. 삶이가피나 삶의 이유를 잇는다면, 매 순간 의미를 부여하는 건 우리 자신이다'라는 구절을 응용하며 하루들을 응원하고 다독여나가는 우수한 생명과학과 화학 지식을 바탕으로 학급의 노빼상 과학 탐구 및 자기혁을 이끌어 나가는 모습이 모범적임. 학급 내 생명과학 탐구 분위를 없이 모든 탐구를 하고, 자기혁을 탐구 발표에서 평소 구조생물학에 대한 관심의 연장으로 'X선 결정법'을 탐구로 삼아 큰 내용을 자유로이 발표함. 잇스나 크러이 DNA의 이중나선 구조 규명에 사용된 X선 회절자료를 도입으로 하여 원자들의 이무능 묘, X선 과정과 결정원자 배열 간의 유사함을 근거로, 물질 분자의 과정이의 중요성을 연구함. 결자 구조 속 공간 그룹 내에으로 배열된 단백질 결정의 단가산단에 의한 회절 간섭 패턴을 분석하고, 무리에 변화을 통해 전자밀도를 계산하여 분자구조를 규명하는 과정을 설명하며 응합 탐구를 위한 목넘도 과학지식의 필요성을 갖추었음.
	동아리활동	32	대학 화과 체험활동에서 바디미스트 제조 후, 유화제, 인지질, 콜로이드, 마이셀 구조에 대해 추가 학습함. 미셀 구조와 개변활성제의 특성을 알게되 후, 미셀 동전기 모세관크로마토그래피(MEKC)의 단백질 분리에 대하여 더 알아봄. 음이온 개변활성제 분자는 ㅅㅅ로 소수성부가는 미셀 인과 밖의 누도기 다른 평형상태에 놓임. 중성분자마다 평형상수가 다르므로 미셀이 크로마토그래피와 고정상 역할을 함을 이해함. 기존의 전기영동은 음이온과 양이온을 띄는 물질의 분리가능에 중성분자를 분리하지 못했는데, MEKC는 임계미셀농도보다 높은 누도의 개변활성제가 포함되어 인가결의 성질을 통해 전하를 띠지 않는 단백질이나 스페로이드성 호르몬 등을 분리할 수 있다는 점에서 전기영동의 가능성을 더 넓음을 알게됨. SDS-PAGE의 경우 단백질의 비공유결합을 파괴하여 단백질의 모양을 변성시킨다는 점에서 단백질 구조 결정에 비공유전자상의 영향을 준다는 점을 도출함. 인가결 이중층이 세포막을 이루고 있다는 배경지식을 통해 세포 표면인 인지질이의 머리 부분까리 분어있을 수 있는지에 대한 궁금증이 생겨 세포 연접을 종류와 메카니즘을 알아봄. 해 '닐로 믿는 분자세포생물학(신이정)'을 읽고 밀차 연접이 세포사이의 물질이 통을 제한하는 역할을 하는 동시에, 위상내부에서 나트륨(포도당) 공수송 단백질과 포도당 운반체 단백질의 영역을 나누어 효율적 소화를 돕는다는 사실을 알게됨. 맡단백질의 유동성이 이동방지 때문에 구역을 나타낼는 밀착연접이 필수적임을 이해하고, 통합체와 교과에 연계하는 모습을 보임. 모한 유도리태A의 합성 유사체 UAS03가 밀착연접을 강화한다는 연구를 통해 점결 소실로 발생하는 안전이의 치료방법에 응용함.

[융합 - 생명, 물리, 화학] 2학년 화학에서 반도체에 대해 공부하다 엑시톤이 개념을 알게 된 뒤, 광합성과 양자 현상에 대한 조사 중 익숙한 단어인 '엑시톤'을 발견하고 융합 탐구를 진행했습니다. '기술이 매커니즘을 안다'라는 것은 결국 그 '과정에서의 이론을 이해한다'라는 의미이므로 융합 탐구를 진행하는 것은 당연한 일이었습니다.

창의적체험활동상황

학년	영역	시간	특기사항
			희망분야 / 경제연구원
3	진로활동	11	생명과학 분야의 소재 연구에 대한 관심을 바탕으로 심화 과학 소양을 위한 비.받.디. 활동에서 '양자 생물학을 통한 인공광합성'을 탐구하여 우수한 과학자료로 탐구 능력을 보여줌. '생물, 경제에 서다(김 알렉산드리)'를 짐고 고찰 여 광수집 복합체의 에너지 전달 속도를 구명하기 위한 공명 에너지 전달에 대한 개념과 식물이 빛을 받아 형성되 엑시톤이 양자 중첩과 죽스성으로 빠르고 죽스성이 전달되는 엑시톤의 죽스성이 일어나는 과정을 양자 현상으로 이해하고 설명함. 흡득한 지식을 바탕으로 '광전기화학적 인공광합성 시스템'을 이해하여 태양광을 통한 에너지는 광전극과 양극에서 과전압을 최소화하는 죽매 특성을 지녀야 됨을 이해함. 특히 과전압에 의한 에너지 손실로 광합성 과정에서의 물 분해 반응의 용이성을 위한 죽매의 개념과 관련 전극 에서 이산화 탄소와 수소 이온의 환원 경향으로 생성되는 탄소화합물 종류 조절을 위한 이산화탄소 환원 죽매 개념의 중요성을 설명함. 생.ON 활동으로 '6제 생장 기술 ; 바이오마커를 탐구하여 발표함. Brainbow로 얼룩진 뇌세포 염색기술에 대한 홍미로 시각된 탐구임을 밝히고, 조사하고자하는 세포 속 특정 단백질이 바이오 마커와 특이적으로 결합 하야 형광을 보이는 프로브나 결합하는 원리 설명하기 위해 그리 스트레이딩을 이용하여 반응물이 에너지를 높이는 SPAAC 등 클릭 화학의 개념을 학습함. 이후 공표로 현상의 단점을 보완시킨 이광자 현미경을 통한 생체 영 상화 과정을 설명함. 임재가 공조를 현미경으로 구현하지 못했던 고체상도의 깊은 조직 영상화가 가능하다고 실 아지는 동물 내에서의 생물학적 현상 규명의 용이성을 설명하여 분석 기기에 대한 높은 이해도를 엿볼 수 있음.

봉사활동실적

학년	일자또는기간	장소또는주관기관명	활동내용	시간	누계시간
1					
2					
3					

36

6. 교과학습발달상황

[1학년]

학기	교과	과목	단위수	원점수/과목평균 (표준편차)	성취도(수강자수)	석차등급	비고
1	국어	국어	4				
	수학	수학	4				
	영어	영어	4				
	한국사	한국사	3				
	사회(역사/도덕 포함)	통합사회	3				
	과학	통합과학	1				
	과학	과학탐구실험	2				
	기술·가정/제2외국어/한문/교양	일본어 I	4				
2	국어	국어	4				
	수학	수학	4				
	영어	영어	3				
	한국사	한국사	3				
	사회(역사/도덕 포함)	통합사회	3				
	과학	통합과학	4				
	과학	과학탐구실험	1				
	기술·가정/제2외국어/한문/교양	일본어 I	2				
이수단위 합계			48				

과목	세부능력및특기사항
	국어: 고전시가 '견회요(윤선도)'와 현대시 '길(윤동주)'을 학습할 때 작품을 분석하는 활동을 함으로써 운문 문학의 특성과 표현 양식, 시구의 의미 및 주제 의식 등을 깊이 탐색하였고, 추후활동으로 '통일'을 주제로 하여 두 작품에 대한 모방시 쓰기 활동을 함. '견회요'의 3장 6구 4음보 양식을 활용하여 분단으로 겪고 있는 다섯 가지 민족적 아픔을 현대시조로 형상화하였고, '길'의 자아 분열을 활용하여 분단의 무관심에 대한 성찰적 자세와 화해를 형상화하여 친구들에게 소개함. 배웠던 지식을 사회 문제와 연관시켜 확장하는 사고력이 돋보이며, 학습한 내용을 내면화하고 창의적으로 발산하는 능력이 우수함. 흥미로운 독서 지문을 학습한 후 소개하는 활동에서 DNA 손상반응을 소개한 독서 지문을 학습한 후, 관련 내용을 보충자료를 참고하여 정리하여 발표함. 특히 복구되지 못한 DNA가 암을 유발하고 노화를 촉진시킨다는 사실에 주목하여, 손상된 DNA의 인공적 복구반응 기술만 개발한다면 인간의 신체적 한계를 극복할 수 있다는 시사점을 제시하며 훗날 그러한 기술을 개발하겠다는 포부를 밝혀 친구들의 박수를 이끌어냄.
	수학: 1학기에 다항식의 연산에서 고난도 문제를 발표자료로 선정하여 문제의 주어진 조건을 6가지로 나누고 자신만의 언어로 정리 후 발표함. 이중 삼차식으로 나눈 나머지의 두 함숫값이 같다는 조건을 대입을 통한 연립방정식의 접근 방식과 이차방정식의 두 근으로 해석하여 근과 계수와의 관계를 활용한 두 가지 경우로 해석하였으며 이를 통해 2가지 풀이법을 제시함. 또한 타학생의 발표를 경청하며 문제에서 다른 해법을 발견하고 발표를 하는 등 수업에 적극적인 자세를 보임. 모둠별 수학 독서 발표에서 '자연의 기하학'을 읽고 자연에서 찾는 기하학적 규칙성을 주제로 피보나치 수열과 황금비의 관계에 관한 내용을 조사 및 정리하고 발표함. 황금비 적용 사례를 조사하던 중 황금비가 쓰인 것으로 유명한 사례들에는 사실 황금비가 없다는 것에 의문을 가지고 이를 계기로 '황금비율의 진실'을 추가 독서함. 수학적 개념을 실생활에 적용할 때는 사회적 파장을 고려해야 함을 발표를 통해 주장하여 학습 과정에서 비판적인 사고를 함. 개별탐구활동에서 시간에 따른 물질의 변화에 관심을 가져 '생체시계'에 대한 조사를 하며 미분의 중요성을 알게 되었고 관련 단원을 학습한 후 추가적으로 조사해보고 싶은 의사를 밝힘.
	영어: 자신의 동아리를 만드는 활동에서 영화는 나의 삶이란 동아리를 만들고 영화 속 감독의 숨은 의도를 찾고 휴식을 하는 데 목적을 둠. 동아리 규칙으로 다양한 장르의 영화를 감상하기, 모든 회원과 영화를 감상하기, 팝콘은 필수적임, 같은 세부 규칙을 만들고 발표함. 한국 전통문화 소개하기 시간에 한국 전통 음식 국밥에 대해서 발표함. 국밥은 김치와 국수를 더해서 먹으면 맵고 깔끔한 맛이 난다고 소개하고 단백질이 풍부하고 겨울에 몸을 따뜻하게 해주는 음식이라 발표함. 환경 보전 캠페인 활동에서 폐가전기기를 줄이기 위해서 오래된 휴대폰을 재활용하기, 플라스틱 쓰레기를 줄이기 위해서 시장바구니를 가지고 다니기, 수질 오염을 막기 위해서 남은 의약품은 약국에 가져가기 등의 구체적 사례를 발표하고 생명을 구하고 좀 더 나은 세상을 만들겠다는 자신의 다짐을 발표함. 영어 발음이 우수하고 독해 이해도가 높아 여러 급우들에게 잘 설명하는 학생임.

[심화 - 독서를 통해 수학과 삶을 연결하다] 수학과 실생활의 연결고리는 조금만 검색해도 쉽게 찾을 수 있습니다. 자신의 조사를 더 깊이, 색다르게 만드는 방법으로 학생D는 독서를 선택했습니다.

과목	세부능력및특기사항
한국사	한국사: 심화 탐구활동을 통해 우리 역사가 발전되어온 과정을 이해하고 역사적으로 사고하는 모습으로 사고하는 모습을 보여줌. 천연두와 지석영의 우두법을 주제로 한국사 발표 수업을 진행함. 역사 속 과학 인물로 우두 발명, 무료로 전염병 천연두 퇴치 '영국 에드워드 제너(박상태)', '우리 역사 두법 도입과 지석영의 우두·신설 등을 소개함. 천연두의 발병 과정과 퇴치 과정을, 앞서 개발·전파된 인두법과의 비교, 백신의 개발 과정과, 과거 인두법의 종류, 우두법, 인수공통감염병 등에 대한 인수공통감염병을 주의 깊게 생물학적 차이 등 생물학적·역사적 메커니즘에 중점을 두어 자신만의 차별점을 만들었어요. 생물로부터 유래한 현재의 코로나19와 같이 야생동물로부터 유래한다고 주장함. 자신의 관심 분야를 역사적 흐름 속에서 이해하고자 이해하고-고자 연표 만들기 활동을 수행함. '새로운 하나인 한국사를 꿈꾼 유완한(김도훈), '인류에게 필요한 117가지의 이야기(정승규)' 등을 참고하여 야욱흥립소 결심, 대중화된교, 조선학운동, 3.1운동, 서운 연통부 등을 연표상에 집어넣어 자신의 독립운동을 쉽게 될. 학생, 야사, 기업인 등의 독립운동을 함께하며 자신이 만든바 세상을 더하며 하는 삶을 실천하겠다고 다짐함.
통합사회	교과와 관련한 배경지식이 풍부하고 수업에 집중하여 이는 태도가 좋은 학생임. 인간과 자연의 바람직한 관계를 학습한 후 '배아와 복제에 따른 윤리적 문제와 사회적 문제'를 주제로 발표를 진행함. '바이오메디크롬로지'와 '생명윤리(유키)'를 참고하여 배아를 정의하고 배아를 생명체로 간주하는 시점과 줄기세포를 분리한 수정란을 폐기할 때 생명 윤리적인 영향을 발생할 수 있다고 주장함. 또한 배아 복제가 이식용·장기가 대량으로 만들어지더라도 어떤 차별과 제한 없이 소외 계층에게 배급되기는 사실상 불가능함으로 새로운 차별이 발생할 수 있다는 것과 보편 윤리의 입장에서 수정란인 배아는 생명체임으로 배아 복제는 윤리적이지 않다는 의견을 제시함. 하지만 모든 연구 활동을 중단하는 것보다는 인간의 존엄성을 존중하며 연구의 허용과 규제의 범위를 명확히 설정하는 것이 필요하다고 제언하며 이를 바탕으로 매우 인상 깊었음. 학습 포트폴리오를 작성하며 대부분의 제어 없는 지구 자원을 적극적으로 활용함으로써 지속 가능한 에너지를 적극적으로 활용하고 지구 자원을 대한 보존할 수 있는 구체적인 연대가 필요하다고 결론 내린 부분이 인상적임.
통합과학	교과와 관련한 배경지식이 풍부하고 수업에 집중하여 이는 태도가 좋은 학생임. 인간과 자연의 바람직한 관계를 학습한 후 '배아와 복제에 따른 윤리적 문제와 생명윤리(유키)'를 참고하여 배아를 정의하고 배아를 생명체로 간주하는 시점과 줄기세포를 분리한 수정란을 폐기할 때 생명 윤리적인 영향을 발생할 수 있다고 주장함. 또한 배아 복제가 이식용·장기가 대량으로 만들어지더라도 어떤 차별과 제한 없이 소외 계층에게 배급되기는 사실상 불가능함으로 새로운 차별이 발생할 수 있다는 것과 보편 윤리의 입장에서 수정란인 배아는 생명체임으로 배아 복제는 윤리적이지 않다는 의견을 제시함. 하지만 모든 연구 활동을 중단하는 것보다는 인간의 존엄성을 존중하며 연구의 허용과 규제의 범위를 명확히 설정하는 것이 필요하다고 제언하며 이를 바탕으로 매우 인상 깊었음. 학습 포트폴리오를 작성하며 대부분의 제어 없는 지구 자원을 적극적으로 활용함으로써 지속 가능한 에너지를 적극적으로 활용하고 지구 자원을 대한 보존할 수 있는 구체적인 연대가 필요하다고 결론 내린 부분이 인상적임.

[융합 - 역사, 진로] 천연두의 경우 한국사 세특으로 많이 쓰이는 소재입니다. 학생D는 백신, 인수공통감염병, 현대 전염병과의 차이 등 생물학적·역사적 메커니즘에 중점을 두어 자신만의 차별점을 만들었어요.

[융합 - 생명윤리] 학생D는 과학이 사회에 적용될 때 가장 중요한 지점은 '윤리'라고 생각했어요. 사회와 과학이 어떤 방향과 방식으로 서로에게 영향을 주고받는지 기록을 조합했습니다.
'세특으로 단순히 학습한 내용에서 나아가서, '내가' 어떻게 생각했는지를 포함해야 합니다. 세특이란 정보 요약본이 아니고 나를 보여주는 수단임을 기억하세요.

과목

세부능력및특기사항

과학탐구실험: 왜 '보이지 않는 침팬지들의 세계(신호실험 제)'를 읽은 후, 면역의 관점에서 본 나의 정의를 주제로 보고서를 작성함. 나와 남을 구분하는 것에 대한 중요성을 가장 잘 나타내는 분야가 장기기증을 떠올리고 자신의 궁금증을 테세우스의 배와 연관지어 궁극으로도 발달하는 과학기술을 맞닿은하기 위해서는 개제를 정의 설정이 필수적이라는 결론을 도출함. 새로 얻게 된 내용을 배경지식과 연결해 새로운 업무을 만들어내는 모습이 인상적이 하셨음. 선종기의 모티 자동 활성을 넣게의 구조를 그림으로 설명하고 선종기의 소음과 모티 업을 줄이 수 있는 방안을 넣어 있는지 확인하는 실험을 함께 할 때 모둠장으로서 모티 업을 줄이기 위해 이들이 변이 통제를 적절히 하고 마조실험을 일부에 수행해 연역적 탐구 방법으로 보고서를 작성함. 소화제 종류별 영양소 분해 정도를 확인하는 실험에서 영양소별 검출 방법을 알고 마조 실험을 설계할 수 있음. 엔벨레페의의 주기율표를 분석한 후 모둠원과의 역할을 나누어 원소의 특징을 조사하고 독창적인 주기율표를 만들어 냄.

일본어 I: 수업을 통해 일본어를 처음 접하는 학생임에도 많은 학생들이 어려워하는 일본어 문자 암기와 음운적 특징을 쉽게 이해하고 터득함. 감사, 인사 표현 등 쉽고 다운 이사소통 기본표현을 구사할 수 있으며 하습을 일상 생활 중에 사용함으로써 교과 성적을 위한 일본어가 아닌 생활 일본어로서 받아들이고자 노력함. 일본어 문자 읽기, 자기소개문을 일본어로 작성하고 말하기가 같은 활동에서 능숙하게 해내는 모습으로 보아 교과서 단어서 단어의 해심 요소를 바르게 이해하고 터득한 것으로 평가됨. 문제에 관련 수업이 진행됨에 따라 조금씩 어려워지는 중에도 포기하지 않고 조금이라도 이해하고자 수업에 참여하는 하습 태도가 인상적임. 자유탐구도 일본의 저출산 문제에 대해 탐구를 실시하고 한국도 일본과 같이 젊은층 노동 인구가 감소됨에 따라 마지 마지 않아 외국의 노동력에 의존하는 사회가 됨기 될 우려를 느끼며, 일본과 만으 즐기게와 같은 기술도 노화를 지료하며 점으의 노동력을 일시적으로 회복할 수 있으나 저출산 문제는 근구국의로 해결할 수 없어 많으로 계속 고민해봐야 할 과제임을 발표함. 언어 감각을 갖추고 있어 일본어를 지속적으로 점하고 공부한다면 어려운 문법도 충분히 이해가 가능할 것으로 평가됨.

아미노산의 시럽에 따른 단백질 구조가 특징을 하습함을 하습한 후 다양한 관점에서 단백질의 특성 탐구 및 자기심화하습을 수행함. 결과물을 정리하여 보고서로 제출함. 효소와 호르몬 등 단백질 형성되는 메커니즘을 이해함. 아미노산을 분자의 구성 요소와 산성과 염기성, 방향족으로 분류하여 비교 탐구하의의 화환의의 관점에서 단백질 특징을 조사한 내용으로 동보됨. 또한 단백질 구조를 예측하는 인공지능인 알파폴드에 대해 깊이 되어 단백질 구조 예측의 중요성을 인식하고, 이미 밝혀진 단백질 구조와 아미노산의 배열을 하습한 후 이 데이타를 바탕으로 새로운 단백질을 예측하는 인공지능의 능력도 인공지능의 배열을 교과에서 배운 머신러닝 종류 중 지도하습의 일종임을 확장하여 설명하여 수학함. 인공지능을 이해한기로는 인공지능을 위한 활용하여 효율적으로 생명과학 기능 개발 방도를 추구해야한다고 제안함. 또한, 보고서를 작성하기 위해 올바른 연구설계와 수행을 위한 지식을 쌓고자 '과학윤리학특강(이상우)'을 읽고 보고서 수행과 탐구과정에 체계화하는 모습이 인상적임.

[심화 - 학생의 독특한 시선] 태세우스의 배라는 이미 알고 있는 지식과, 한국사의 면역·통합사회에서 장기 기증을 생함. 나와 남을 구분하는 것에 대한 중요성을 가장 잘 나타내는 분야가 장기기증이요, 자신의 궁금증을 테세우스의 배와 연관지어 궁극으로 발달하는 과학기술을 맞닿은하기 위해서는 개제를 정의 설정이 필수적이라는 결론을 도출함. 새로 얻게 된 내용을 배경지식과 연결해, 새로운 지식을 창조함으로써 독특한 시선을 보여주었습니다.

[연계 - 생명 / 단백질] 단백질 구조가 생기부 전반의 키워드였던 만큼, 개세특에도 해당 키워드가 녹아들어 있었습니다.

40

〈진로 선택 과목〉

학기	교과	과목	단위수	단위수	성취도	비고
1	기술·가정/제2외국어/한문/교양	인공지능기초	1			
2	기술·가정/제2외국어/한문/교양	인공지능기초	1			
이수단위합계			2			

과목 세부능력및특기사항

인공지능 기초: 수업 중 배운 인공지능 코딩의 원리를 흥미를 느껴 관심 분야인 화학에 적용하여 산성, 염기성을 구별하는 인공지능 개발에 도전하여 성공함. 자료 조사과정을 통해 수업에 대한 높은 열정과 관심을 엿볼 수 있었고, 앱 시연을 통해 친구들의 관심을 불러일으킴. 향후 의학 분야에서 심도 있게 공부하여 편리함을 제공하는 인공지능을 사용하고 싶다는 의지를 밝힘. 인공지능 사회의 윤리적 쟁점을 분석하고 해결 방안 탐색하기 활동에서 의료 분야에서 사용되는 인공지능의 명암을 주제로 조사함. 베이징과 난징의 신체의 평향성을 없애기 위해 조사함. 인공지능의 편향성을 없애기 위해 다양한 인구계를 그대로 데이터를 관한 인공지능 기술의 중요성을 밝힘. 후속 활동으로 '인공지능 기술, 공의 기술인가, 악의 기술인가'에 대한 논제로 실시한 토론에서 긍정적인 인공지능 기술이 참여하는 인공지능 기술이 모든 분야에서 긍정적인 효과만을 기대할 수 없다는 점에서 자신의 주장을 논리적으로 펼쳐 나감. 특히 최근 인공지능 관련 범죄도 인간에게 부정적 효과를 미칠 수 있다는 전제하에 제시되었다는 주장을 꼬집어 매우 인상적이었음.

41

〈체육·예술〉

학기	교과	과목	단위수	단위수	성취도	비고
1	체육	체육	2			
1	예술	음악	3			
2	체육	체육	2			
2	예술	미술	3			
이수단위합계			10			

과목 세부능력및특기사항

(1학기) 체육: 건강의 소중함을 알고 자신의 체력 유지 및 증진을 위해 수업에 즐거운 마음으로 참여함. 턱구 경기의 기본동작이 포핸드 스트로크의 기본자세를 바르게 이해, 꾸준한 연습으로 좋은 성적을 올림. 자아든 연습 및 평가에서 이때 관절을 덜 사용하는 대신 손목관절을 더 많이 사용하고, 무릎을 살짝 구부렸다 펴는 힘을 실제 상태에 전달에 신체 중심의 움직임을 최소화하면서 안정적인 멌음을 함. 체력검사(Paps) 측정 종목인 서틀런 평가에서도 자신의 체력능력이 미흡하지만, 끝까지 최선을 다하는 모습이 돈보임. 평소 꾸준한 자기관리로 홈트레이닝 및 스트레칭을 꾸준히 함.

(2학기) 체육: 신체 해부학적 명칭에 대해 정확히 이해하고 근력 향상 및 협응력을 기르기 위해 적극적인 참여와 꾸준한 연습을 심사한 결과 수행 평가에서 자신의 설정한 목표 성취 수준을 달성함. 준비 운동 및 정리 운동에 따른 생리학적 효과에 대해 자신의 사례를 들어 발표하고 실제 생활에 적용함. 신체 능력과 동작 표현 능력이 우수하고 수업 태도가 바른 학생임.

음악: 산업혁명으로 인해 변화된 시대적 배경과 주제곡 감정 중시하게 된 낭만시대의 특정에 대해 연관 지어 발표함. 유려한 선율을 사용하여 개인의 주관적인 감정을 음악적으로 표현하고, 풍부한 화성으로 낭만주의의 정신을 표현함 음악적 특징에 대해 언급하며 낭만시대의 자유로운 형식과 구조에 대해 설명함. 낭만시대의 다양한 음악 장르와 특정에 대해 언급하며, 시대적 분위기와 음악의 발전을 효과적으로 발표하는 모습이 인상적임.

미술: '나를 나답게 만드는 것들(별 설티벤)'을 읽고 유전자의 위협에 대해 분석하며 나의 선택이 자유의지가 아닌 이미 정해져 있는 무언가의 지배에 의한 것에 대한 의문점을 본인의 지화상에 담아 제작함. 유전자를 어느 것을 나를 아는 것이기에 그로부터 오는 자신감의 의미를 4장의 가드에 보조받고 있는 양왕 체스 보드로 표현하여 유전자의 힘을 빛내에 담아 표현함. 앞사에게 지방받으 복용받을대로 받지 않는 것임을 강조하며 유전자의 본질적 의미로 나아감. 음을 마음으로 쥘디미거나 정확한 효과를 위해 캡슐을 분해하여 녹여내는 사례를 통분 복용법의 중요성을 인지하는 것이앙고 포스티담을 제작함. 음을 마음으로 쥘디미거나 이미와 연관된 엄격함을 알리는 이미와 앙맞는 포트를 선정하여 주제와 앙맞는 분위기를 을 분석하여 화면에 그대로 그려넣고 위험함을 강조함. 생명과 연관된 엄격함을 알리는 이미와 앙맞는 주제를 선정하여 분위기를 표현함.

[응합 - 미술, 과학철학] 학생D는 '미술을 자신의 삶의 모습을 드러내는 분야로 바라보았습니다. 자유의지와 생각의 본질에 대한 고민을 미술과 응합하여 세특으로 보여주었어요.

42

학기	교과	과목	단위수	원점수/과목평균 (표준편차)	성취도(수강자수)	석차등급	비고
1	국어	문학	4				
	수학	수학	4				
	수학	확률과 통계	4				
	영어	영어 I	4				
	과학	물리학	3				
	과학	화학 I	3				
	과학	생명과학 I	1				
	기술·가정/제2외국어/한문/교양	정보	4				
2	국어	독서	4				
	수학	수학 II	4				
	수학	확률과 통계	3				
	영어	영어 II	3				
	과학	물리학 I	3				
	과학	화학 I	4				
	과학	생명과학 I	1				
	기술·가정/제2외국어/한문/교양	정보	2				
이수단위 합계			52				

과목	세부능력및특기사항

독서: '예루살렘의 아이히만(한나 아렌트)'을 읽고 버트를로메는 개가 아니다(라헐 판 코이)와 '어머니의 한(限)생애 장제 정리를 비교발표함. 하나 아렌트는 악의 평범성이라는 개념을 제시하고 비판받는 사람도 약을 행할 수 있다고 주장하고 아돌프 아이히만의 죄는 타인의 입장에서 사유하지 않은 것이라고 비판함. 악의 평범성을 어떻게 생각하는지에 대해 평범성이라는 표현은, 그 당시 사유하지 않고 감정의 정체에 저항하지 않은 평범한 독일인들에게 한나 아렌트는 죄의식 없이 이론을 완성시키는 단어라고 반달함. 나치가 아이히만의 우월성을 증명하기 위해 다른 민족과 저격체에, 정신지체나 선천병을 가진 독일인을 말살한 사례를 비판하고 한생애 환자를 격리하고 불임 시술을 행하는 것과 '어머니의 한생애 장제를 다룸바 과 연동함을 나누고, 그들의 권리를 잊어가는 것은 당연하다는 것으로 해석되지 않다고 사술함.

문학: 윤흥길의 소설 '장마'를 읽고, 아들을 잊고 평화를 빨리고 저주를 내뱉는 외할머니의 모습을 보고 무력감과 안타까움을 느꼈다고 이야기하며, 작품을 반영론적 태도를 바탕으로 감상한 후 비교서를 제출함. 1인칭 관찰자 시점을 바탕으로 어린이 된 서술자가 자신의 과거를 회상하며 어린이의 이중적 시각으로 작품을 서술하는 형식적 특징에 주목함. 어린 아이의 시점으로 사건을 서술하여 이면의 의미를 벗어나 균형적 시각으로 사건을 바라보는 동시에 이면의 문제로 재관성을 보완하였다고 설명함. 반영론적 태도에서 작품을 감상하고, 남부 간의 이념 대립을 바탕으로 가족의 화합으로 전쟁의 폐해를 묘사한 동시에 샤만니즘적 소재인 '구렁이'를 바탕으로 한국의 민족적 정서의 합일을 해결함을 해결할 수 있다는 작가의 인식을 표현했다고 이야기함. 남부 북이 주관했던 금품, 신앙 등을 통해 남한과 북한이 하나의 민족이었다는 사실을 상기시키고, 외가와 친가 간 갈등을 이데올로기가 아닌 자식에 대한 친할머니와 외할머니의 사랑으로 제기있음을 들어 민족 문제 해결의 가능성을 제시함.

수학 I: 빛의 과장과 에너지 사이에서 반비례 관계가 성립함을 심갑함수의 주기와 관련지어 표현할 수 있는지에 대한 궁금증을 바탕으로 '삼각함수의 세계(뉴턴 코리아)'를 읽고 탐구 보고서를 작성함. 전자기 스펙트럼의 그래프를 사인함수로 표현하고 각의 주기에 비례하고 에너지에 반비례하는 것은 에너지에 반비례하는 식을 통해 설명함. 삼각 과정에서 각속도의 개념을 제시하고 단위 시간당 각도의 변화율을 각도와 호도법에서 다양하게 보식을 할 수 있음을 설명함. 관전하에 매스웰 방정식을 읽어내보고 그 이에 대한 신화 탐구 활동을 진행함.

수학 II: '미만이 들려주는 적분2 이야기(전현정)', '이토록 재미있는 수학이야기(리여우화)'를 통해 미분, 적분의 의미 정리와 그 부과의 적분을 궁금증을 가지고 탐구 보고서를 작성함. 0차원, 1차원, 2차원, 3차원, 4차원에 대한 정의와 예를 설명하고 조구의 초부피를 구하는 방법을 탐구함. 탐구 과정에서 반지름과 r의 4차원의 부피를 구하는 식을 제시하고 n=1, 2, 3의 경우에 대한 정적분을 통해 길이 및 넓이, 부피를 잊고 같은 방법으로 4차원의 초부피를 구할 수 있지만 고차원으로 차원을 더 볼 적이 없어 그 한계가 존재함을 설명함. 추가 활동으로 각속도의 미분과 적분을 기본과 미분과 적분을 탐구하는 과정에 그림을 제시하여 학생들이 이해할 도움.

[융합 - 생물학·통계학] 생명과학II 교과서에 등장하는 '포획재포획법'을 공부하는 과정에서 통계학이 생명과학이라는 학문을 연구하는 과정에서 생겨나는 과정인지, 통계학이 본질이란 어떤 것인지 생각하는 과정에서 통계학이 동물 연구 주제에 사용되는 포획재포획법의 과정과 유의점자체의 본질에 집중하는 시도를 적극 추천합니다.

활률과 통계: 수학의 지식과 기능을 토대로 세웠고 이미 있는 아이디어를 다양하고 풍부하고 신중하게 신중하여 문제를 해결할 수 있는 능력을 갖춘 학생으로 임의추출 시 표본 크기, 추출 횟수나 정확도와의 상관관계를 알아보고자 확률과 통계 수행평가에서 포획재포획법과 표본 크기의 설정을 주제로 탐구보고서를 작성하여 정확도와의 상관관계를 알아보며, 생태와 및 생명현상에서 동물 연구 주제에 사용되는 포획재포획법으로 해당 동물들이 포획되고 다시 방출되는 과정을 주장하는 포획재포획법의 과정과 유의점을 설명하고 학생들이 이해를 돕고자 가상의 포획재포획을 설정한 실험 자료를 제작하는데 심점함을 보임. 또한 두 변수 간의 관계를 설명하는 통계적 방법 중 하나로 두 변수가 함께 변화하는 경향이 있는지, 그 관계의 강도와 방향이 어떠한지를 파악하기 위해 사용하는 상관분석을 통하여 표본 크기와 실행 횟수가 정확도와 어떤 관련이 있는지를 설명함. 무작위 추출의 의미와 중요성, 올바른 표본추출이 모집단의 성질을 예측하는 기본 조건임을 강조하며 제품의 품질이나 수명 조사, 농산물의 크기나 당도 조사 등 실제적인 예시하며 표본조사의 필요성을 설명하는 등 통계의 유용성과 가치를 정확하게 인식하고 있는 모습을 보임.

영어 I: 영어로 자신의 롤 모델을 발표하는 시간에 영국의 생명화학자이고 노벨 수상자의 페드릭 상거를 DNA 기초 서열기술을 발견시키고 등등 인슐린의 아미노산 서열을 결정하는 연구를 하였음을 설명하고 자신도 그와 같은 연구를 하고 싶다는 포부를 밝혔으며, 생명과학과 관련된 전문용어를 영어로 표현하고 설명하고 있음. 친환경 물건 제작 및 설명하고 발표함. 이 과정에서 의료 융합 인체용품의 부족을 나열하고 환경오염 예방을 위해 재활용품으로 전환하는 점을 설명하고 발표함. 이 과정에서 의료 분야의 전문용어를 많이 소개하는 해박한 지식을 가지고 있음.

마인드를 조용한 양상의차에 비추, 청소년 마약 중독에 관한 원인과 대책을 영어로 잘 서술함. 비교급과 배수사를 사용하여 연도별 마약 중독 증가 실태를 잘 나타냈으며, 마약 중독이 원인을 비교와 대조의 표현 문장 구성 실험, 구두 설명 사용하여 신경학적 원인과 유전적인 원인으로 잘 설명했으며, 가정법 과거와 동사형, 접속어로써 페단닌 날 녹효과의이 향상성 유지를 위한 엔돌핀수용체 수감소의 인과관계를 잘 표현했으며, 수용체 감소 현상을 도로 수 감소에 비교하여 잘 나타냈으. 결론에서 청소년마약 중독 문제에 관해 해결책을 잘 설명함.

영어II: 우리나라 가요를 영문으로 변역하여 랩송을 만드는 활동에서 우리나라 전통 가치문화에 실린 가요 향의 숙미인특을 영문으로 변역하였으며, 이 방법 관련된 표현을 영어의 운율과 리듬을 살려 적절한 감탄문과 비유적 적절한 감탄문에 비추어 자신들이 자신의 이유를 이미로 사용되엇다고 발표함. 의사소통 내용으로 How를 이용한 다양한 표현과 감정과 감정을 어떤 상황에서 전달해야 하는지 설명하고 발표함. 남은 약을 약국에 다시 가져가도록 문구가 인간의 향상성 유지를 위한 방어인을 영어로 잘 작성함. 인간이 가진 적응을 내성으로 환의 적응을 자향상으로 구별하고, 내성의 발생 원인을 수용체 수 감소의 야물 대사 대사효소가, 저항성은 방태리아, 바이러스 등 항원의 적응을 저항성으로 설명함. 돌연변이로 인해 내성이 증가하는 과정과 자연의 순환을 통해 마구 버린 약품으로 작용 등의 강화되는 과정과 더 많은 야이 필요하다는 인과관계를 잘 나타냈으며, 작용을 조절하기 위한 방법들에 앞서 아무런반의 내성이 강화되는 과정과 더 많은 약이 필요하다는 인과관계를 잘 나타냈으며, 작용을 조절하기 위한 방법들에 앞서 아무런반의 실천의 우선함을 설명함.

물리학 I: 역학을 활용할 수 있는 시물레이션 프로그램을 이용하여 수업을 통해 배운 물리적 개념을 확인해 보게함. 스포츠 종목 중 걸림을 선정하여 운동량 보존 법칙의 적용법을 확인해 보게 하여 이해를 돕고, 정지장의 조건에 관한 조건을 구성함. 정기장의 조건(바닥 마찰력, 계임 등)을 조사하며 현대한 실제 걸림이 이루어지는 정기장과 유사하게 만들게 하게 노력함. 마음이 있는 경우와 없는 경우의 것이다 스톤이 움직이는 속력을 비교하며 마음력이 주는 영향력을 하슬음. 마찰력(의력)이 없을 경우 운동량이 보존될 것이다 예상하였으나 예상과 달리 보존되지 않는 시물레이션의 결과를 통해 그 원인을 찾아보게 한. 또한, 마찰계수를 0으로 설정한 시 물레이션에서 물체들이 증을 후 모두 등속운동할 것이라 예상하였으나 수렴이 일정하게 줄어드는 등가속도 운동을 하는 현상을 관찰함으로써 스톤이 외부에 일정하게 작용했음을 확인함. 실제 걸림에서는 스톤을 회전시켜 스톤의 진행 방향이 바뀔 수 있음을 알고, 이때 이용되는 'Curl'이라는 수학 연산을 하습하며 스톤의 미션 제도를 설명에 보려함. 원잉이 스톤의 속력뿐만 아니라 정기장의 환경, 공기 형성되는 반응시간, 공기 흐름 등 물리학의 복합적으로 응용되어 스포츠임을 알게함.

화학 I: 화학 결합을 하습한 후 수소결합과 표면장력처럼 추가로 하습함. 물은 비교약진자생에 의해 분자가 인데이 커 표면장력이 상태적으로 높음을 알고 '표면장력에 의한 엽배출량 조절에 따른 물방울 주제로 보고서를 작성함. 이에 표면에너지의 개념을 하습하고 표면장력과 관련하여 이해함. 왜해의 온도가 증가함수록 분자들이 운동임이 활발해져 그 인데이 감소해 표면장력이 감소하여 협벽의 접상이 감소됨을 도움을 이해함. 또한, 제오이 높은 상황에서 협분 속도가 빨라질 수 있도록 하여 협벽이 협방으로 빠르게 순환하여 열 방출을 도움을 이해하면서, 분자의 구조에 따른 특성이 인체에도 영향을 미친다는 사실을 도출하게함.

모든 물질은 인정해지고자 표면에너지에 대해 탐구함. Si, 이러듬 듬이 고체는 이와 같이 제배일을 통해 표면적을 줄이거나, 이분의 결함구들 줄여 표면에너지를 최소하하고 안정성을 증가시킬 수 있음을 하습. 회어라 원자의 결함이지 못한 부분이 broken bond에 원잉을 통하여 빛을 과정의 및 흡수하여 원잉 전달에 이용한다는 방식을 구성하게함.

생명과학 I: 물질대사 단원에서 소화에 대해 배워 하습 후, 소화기관도 소화될 수 있는 질문을 이끌어내었으나 소화되지 않는 이유를 궁 근해하며 추가 탐구하여 위장이 여장이 소화기관 중심으로 '위장보호막이 엽산의 영상의 작용과 조식 재생을 주세로 제도에 발표함. 위생 세포 표에서 분비되는 엽산은 위액의 하부에 당으면 직접적으로 이바들을 손상시킬 수 있으나 엽세포에서 분비되는 점액이 위산으로부터 위 벽을 보호함. 주세에는 평상시에 분별없이 소화효소를 분비하지 않은 상태로 존재하는 상태로 전환해 조직을 제생: 이때 p57이라는 단백질이 주세포 상태를 전환하는 스위치 역할을 함. 또한 해산과 아미노산 배사의 조효소 기능을 하는 바타민인 엽산은 직접 아신분비를 조절하지는 않지만 세포분열과 DNA 합성에 관여하여, 엽산 부족은 정막세포 재생을 지연시 킴. 또한 엽산은 줄기세포 분화를 촉진시키기고 줄분성 양의 엽산섬세는 위점막의 제생 속도를 촉진함. 이와 같은 방어체계가 무너져 위가 위산이 직접 노출이 되면서 자기소화가 일어나 소화성 개양이 발생하는 이렇게, 제산제 등으로 치료하게 됨 등을 설명함. 탐구를 통해 소화기관이 자신을 보호 유지하는 방법, 손상 시 복구 방법을 알게 되었다는 소감을 나타냄.

과목	세부능력및특기사항

정보: 코드 작성 과정에서 기존 하나의 실수로 결과나 결과나 오류 발생의 원인이 일어난다는 것을 알고 코드 라인을 하나씩 읽고 분석하는 세밀함을 가짐. 컴파일 오류나 에러가 발생하면 문제 해결을 다양한 수학적 방식으로 접근하고 친구들과 공유하고 협업하여 최적의 코드를 작성함. 값의 차이와 절댓값 등을 구하는 문제에서 내부 함수와 보인이 작성한 함수를 만들어 비교 설명하고 코딩의 효율성과 실행 속도를 높이는 방법을 제시함. 나아가 프로그래밍을 통해서 복잡한 수학 공식과 문제를 입고 리듬으로 접근하고 구현함. 코딩 발표 시간에 변수 선언 방법과 조기화의 중요성을 예로 보여주며, 변수의 범위를 방스로 무어가며 헷갈리며 헷갈리는 개념을 쉽게 친구들에게 설명함. 화학 공정의 수치해석에 조기심을 가지고, 화반성 유기화합물을 제시하기 위한 조근온 공정 수치해석에 대한 탐구를 진행함. 반응기 내의 유동 현상 및 온도 분포를 개선하여 열전달반응을 계산하는 등의 복잡한 네이티블 분석해야 한다는 점을 근거로 하여 수치해석의 중요성을 강조함.

협대의 과화용합탐구 팬데믹으로 인한 불안전한 협대수급을 인프협에을 이용한 해결 가능성 기사를 보고 파불화탄소 기반 산소 운반체의 가능성과 이용에 대해 조사함. 과불루오로 화합물이 생물체에 사용되기 위해 유화해야 하고, 유화제의 종류에 따른 입자의 크기가 산소 순반성을 결정하기에 안정한 유화공정이 필요함. PFCs 압대에 따른 부피의 변화가 거의 없으므로 기압이 변화하는 상황에서 사용될 수 있다고 예측함.

루메를 협은 반응에서 루메를 헤모글로빈의 철이 축매로 작용됨을 알고 하베법에 이용된 원리를 탐구함. 하베-보슈법과 그리나드 반응에 사용된 금속 축매는 분자를 해리적으로 흡착 후, 표면에서 반응하도록 한다는 점에서 금속의 표면에너지와의 관련성을 생각해냄. 함은 축매의 화화 반응 실시간 관찰 연구결과를 통해 금속-신화물 계면 나노구조가 축매의 반응성 향상을 돕는다는 사실을 이해함. 또한 배드 축매의 가성 문제를 해결함 그데메 축매의 성질을 교차시간 축매가 함습은 촉진오비탈과 분자구조의 관련성을 이해함. 탄소원자 하나가 세 개의 탄소와 결합하여 sp2혼성오비탈을 구성하고 나머지 한개의 최외각전자는 파이전자로 존재하기에 우수한 전기전도성을 지님.

47

〈진로 선택 과목〉

학기	교과	과목	단위수	단위수	성취도	비고
1	체육	체육 탐구	2			
	예술	음악 감상과 비평	2			
2	과학	융합과학 탐구	2			
	체육	체육 탐구	2			
	예술	음악 감상과 비평	2			
이수단위합계			10			

과목 | 세부능력및특기사항

융합과학 탐구: '일회용품 사용에 대한 정부의 규제는 정당하다'를 주제로 진행한 찬반 토론에 임장 배경 토론에 반대 입장으로 참여하여 신문 기사를 근거로 생활용품 사용에 대한 규제 효과의 미비함을 조리있게 전달함. 주제 활동으로 미세 플라스틱이 환경에 미치는 구체적 사례를 찾다가 '미세 플라스틱으로 인한 미생물 부식의 사회적 문제 보고서'라는 주제로 보고서를 작성하고 발표함. 미세 플라스틱의 특징과 분류를 설명하였고, 분자의 녹성과 무게를 이용해 유기 오염 물질이 소수성 플라스틱에 쉽게 흡수되고 크기가 작을수록 흡수되어 쉽고 생물 부식이 잘 일어난다는 것을 설명함. 생물 부식과정을 반데르발스 힘과 수소 결합으로써 확대하고 그 그림을 제시하여 설명함으로써 교과서에 서 학습한 내용을 정확히 이해할 수 있고, 정밀 측량을 요구하는 산업현장에서 새로 추가 공정이 필요해 경제적 수성을 잃으킬 수 있다고 예측함. 플라스틱의 사용을 적극적으로 줄여야 하며 미세플라스틱의 여과, 포집 기술이 발전해야함을 주장함. 사회 문제를 과학적으로 접근하는 사고의 확장이 탁월한 학생임.

체육 탐구: 밝고 쾌활한 성격으로 항상 적극적인 수업 분위기를 주도하는 학생임. 신체활동에 의욕적으로 참여하라는 이치가 있으며 부족한 부분은 스스로 연습하는 모습이 인상적임. 축구 수행 시 규칙 및 전술 등의 지식이 부족했으나 교사와 급우에게 적극적으로 질문하여 답변을 듣고, 이를 신체에 적용하여 실제 경기에서도 무리 없이 진행할 수 있음. 자신의 약점을 극복하고 항상 일정적으로 수업에 참여하는 능동적인 모습이 인상적인 학생임. 스포츠의 해심 미덕인 공정성을 지향하는 요인 중 하나인 도핑에 사용되는 금지약물의 여사와 질병분석과 협의검사 등의 검증 방법에 대해 추가 학습함. 기존의 입량분석기보다 정밀한 에네르고마토그래프-질량분석기(LC-MS)의 여성분석과 순차분석의 장단점과 분석대상 시료의 수성, 무누성에 따라 이용하는 방법이 다르다는 것을 알게됨. 또한 CRISPR-유전자 가위들을 이용한 유전자 도핑의 기능성과 유전자 도핑을 한 주의 부분이 유전자변형이 일어나 접별이 가능한지는 여부의 자신 또한 인류의 통념을 얻고, 자신 또한 인류의 건강에 기여하겠다고 다짐함.

과목	세부능력및특기사항
	음악 감상과 비평: 케이팝이 대중들에게 미칠 수 있는 긍정적인 영향을 2023년의 큰 이슈였던 SNS 챌린지 중 아이돌의 무대에 '독도는 우리 땅' 노래를 얹어 SNS에 게재하는 방식의 '독도는 우리 땅 챌린지'를 실행함. 해외 팬들에게 올바른 역사를 알리게 되었던 점을 긍정적으로 평가함. 또한 케이팝을 통해 음악과는 상관없는 획일화된 외모와 다소 높아진 식육에게 10대~20대 여성에게 부정적 영향을 끼칠 수 있다는 점을 비판함. 특히 가수들의 유행화와 식육에게 나빠야 남용의 원인을 케이팝으로 구성한다 한다는 설명으로 교과과목과 관련하여 이해하는 모습을 보임. 자랑스러운 케이팝을 세계적인 무대에 소개한다는 가정을 통해 유세하는 '지난 날'과 '운상'의 한점이 날의 시매적, 문화적 배경과 함께 설명하며 비평하는 태도를 보임. 특히 유세하을 한국형 챌린트의 모습 언 선구자로 평가하고 당시의 음악적 화병을 다양한 화성코드를 사용한 점, 순수음악과 구분되는 대중음악의 형식을 정립시킨 점, 클래식과 재즈를 대중가요에 접목시키는 점을 들어 평가하는 태도를 보임.

〈체육·예술〉

학기	교과	과목	단위수	성취도	비고
		이수단위합계			

과목	세부능력및특기사항
해당 사항 없음	

[3학년]

학기	교과	과목	단위수	성취도	비고
1	국어	언어와 매체	3		
	수학	미적분	3		
	기술·가정/제2외국어/한문/교양	환경	1		
2	국어	언어와 매체	3		
	수학	미적분	3		
	기술·가정/제2외국어/한문/교양	환경	1		
		이수단위합계	14		

과목	세부능력및특기사항

언어와 매체: 주제발표 시간에 '정보화 시대에 앞서가는 한글'이란 주제로 과학적으로 정보화 부모에서 확인할 수 있는 한글의 과학성을 발표함. 한글의 체계적인 음성 부호에 따라 조직되었음을 강조하고, 음절 모아쓰기 방식이기 때문에 컴퓨터나 음성 합성 분야나 자연어 처리를 통한 교차 검색에 유리함을 예시와 대조의 방식을 통해 설명함. 마지막 부분에서는 한글의 과학적 우수성으로 인해 지식 정보 사회에서 더욱 중요한 위치를 차지하게 될 것이라는 전망을 덧붙여 설명함. 수행평가에서는 '읽기의 봄을 읽고 서평쓰기' 활동을 함. 제목의 의미나 평가기준의 중요성은 현재의 생태계 파괴 과정이 얼마나 심각한지 스스로 축소하게 한 뿐이 아니라 그 중요성에서 벗어나 대안을 모색할 수 있도록 이끌어 준다는 점에서 크 의미가 있다고 강조함. 또한 제1차 대전에 상상용 화학물질을 연구하던 과정에서 상층제가 개발되었다는 점에서 결국 상층제는 본래 목적을 달성하게 되었다고 신랄하게 비판함. 그 과정에서 "죽근 듬어 붙이 아닐 부엌을 공중에서 상포하면 어떻겠느냐는 소리가 듣려오기 시작했다"고 시작했다고 말하는 모습에서는 뛰어난 공감능력도 확인할 수 있었음.

미적분: 수학에 대한 관심과 흥미가 다분하여 수업시간 문제를 만들고 논의하는 활동에 매우 적극적으로 참여함. 미적분이 화학 반응 속도론 해석에서 사용될 수 있음을 알고, 미가엘리스-멘텐 방정식을 유도해낼 뒤 미적분이 응용된 지점을 찾아 공부함. 유도 과정에서 반응속도를 시간에 따른 농도의 변화로 표현하는 미분방정식이 사용됨. 생명과학2 교과 시간에 학습한 효소에 따른 생성물 양 변화를 관찰함. 경향적 저해제는 효소와 경쟁적으로 결합하여 Km의 커지나 관계를 변화하지 않음. 이를 도함수를 이용하여 f'(1/S) ∝ Km ∞ [I](inhibitor)이라는 간단한 식을 제작하여 진화되어 기울기의 관계를 제시하게 됨이 도움 됨. 비경쟁적 저해제는 효소의 활성부위 구조를 변화시켜 반응 속도가 감소하지만, 기울이 진화되는 변화지 않음을 저해제의 성질과 관련하여 이해하기 쉽게 설명함. 수업 비록가 매우 좋으며 어려운 문제를 포기하지 않고 도전하는 성향을 지니고 있으며 이미 심화 수준이 매우 높은 학생임.

환경: 매일용 생산소비 사회와 환경 문제 단원에서 정제 활동의 모든 단계에서 환경 문제가 일어남을 이해하고, 자원 고갈을 해결할 방안을 모든 인과 적극적으로 토의함. 기사를 통해 접근한 리튬 이온 배터리의 자원 희귀성, 불안정성 등의 단점을 파악하고, 재로조합 과정에서 전자 전달계를 응용한 미생물 연료 전지(MFC)의 활용 가능성을 파악함. 유기체로 사용된다는 점에서 효소와 가장 간 상호작용을 나타내는 미가엘리스-멘텐 방정식이 사용됨. 유기체의 생성물 또한 온도와 pH에 따라 영향을 받을 것이라 예상하고, 효소 반응을 효율을 생산할 수 있는 미생물을 상하고, 미가엘리스-멘텐 반응 속도식을 적용할 수 있음. 바이오매스로 바이오 연료를 생산할 수 있음을 것이라 예상하고, MFC 효율을 중대에 표사용하면 에너지를 더 이상 에너지로써 생산하지 못하는 단계에서 또 다른 자원을 통한 인정적 미생물 흡착을 둔도 과정을 설명함. 효율 제어 이 개념을 표현 에너지 기술을 제어 기술을 통한 인정적 미생물 흡착을 둔는 구성을 설명함. 효율 좋이고 구체적이고 다양성적 발전을 위해 노력하는 세계시민의 자세가 드러남. 얼 적극성과 문제해결을 둔는 능을 확인할 수 있었음. 공학적 설계를 통해 이수 가능한 발전을 위해 노력하는 세계시민의 자세가 드러남.

[심화 - 교육과정 외 내용(대학 내용) 다루기]

학생의 '심화탐구'에서 완벽한 공부에 중점을 두었습니다. 특목고에 비해 교육과정이 넓지 않다는 일반고의 한계를 극복하고자 대학교 내용을 깊게 쪼개서 완벽히 이해하는 방안을 택한 것이지요. 난도 높은 공부를 시작으로 삼는 습관을 들여봅시다.

[연계 - 2학년 동아리/2학년 미적분 과목]

비슷한 내용이기 때문에 강조할 포인트를 다르게 잡고 연계 탐구를 진행했어요. 하나의 기억에서 여러 관점을 적용하는 것은 건강한 사고를 보여주는 방식입니다.

〈진로 선택 과목〉

학기	교과	과목	단위수	원점수/과목평균 (표준편차)	성취도 (수강자수)	석차등급	비고
1	국어	심화 국어	3				
	수학	기하	3				
	영어	영미 문학 읽기	3				
	사회 (역사/도덕포함)	세계 문제와 미래 사회	2				
	과학	화학 II	3				
	과학	생명과학 II	3				
	과학	화학 실험	2				
	과학	생명과학 실험	2				
	체육	<u>스포츠 생활</u>	1				
	기술·가정/제2외국어/한문/교양	공학 일반	2				
2	국어	심화 국어	3				
	수학	기하	3				
	영어	영미 문학 읽기	3				
	사회 (역사/도덕포함)	세계 문제와 미래 사회	2				
	과학	화학 II	3				
	과학	생명과학 II	3				
	과학	화학 실험	2				
	과학	생명과학 실험	2				
	체육	<u>스포츠 생활</u>	1				
	기술·가정/제2외국어/한문/교양	공학 일반	2				
이수단위 합계			46				

51

[융합 - 분자구조를 빛깔로 바라보기] 화학1에서 분자구조에 대한 큰 흥미를 바탕으로 기하와 연계한 융합탐구를 진행했습니다. 2학년 화학 세특에서도 분자구조와 결합을 중심으로 두 가지 주제를 다룬 것을 확인할 수 있습니다.

과목	세부능력및특기사항
심화 국어	교과 내용 중 환경 유인 담수를 함께를 읽고, 우주의 무중력 환경에 미치는 영향과 무중력 환경을 고려한 단백질 결정 제조에 대한 관심을 가짐. 전시 청수 장치를 이용한 단백질 미세중력 환경이 [제1호 유전자 발현에 관여한다는 것을 알고, 역학적 환경 조절을 통해 면역환을 개선하는 치료제 개발 연구인 가능적인 면역을 제시하며 미국에서 개발되고 우주 제조용 경을 안내바고 1호를 들어 무중력 환경에서는 따른, 심기 등의 현상이 없어 물결의 입자를 제어. 결정 구조를 정밀하게 설계할 수 있음을 파악하고 단백질 결정 성장을 유도하는 vapor diffusion과의 비교, 대조를 통해 설득력과 가독성 등을 높이는 등 기술 능력의 역량이 뛰어남. 지구에서의 무중력 환경 조성을 위해 다양한 환경을 가정하여 연구개회사를 작성하는 등 높은 학문적 의지를 보임. 수중에서 부력을 통해 중력을 상쇄하는 방법과 솔베노이드 코일을 이용하는 방법을 제시함. 연구를 진행하는 중 부력을 이용한 단백질 결정 제조 방식은 근본적 무중력 환경을 만들 수 없음을 알고 대류, 침강 등이 발생할 수 있기에 솔베노이드의 자기장을 이용하여 제조 환경을 이용하는 제조 환경을 설계하는 방식을 제안함.
기하	수학에 대한 큰 흥미와 사고 모두 높은 학생으로 하나씩 수업에 열정적으로 임함. 수업 시간 베타딘을 학습하고 N2H2의 cis, trans 이성질체의 극성을 베타딘을 이용하여 계산함. 수업 중 유무 판별과 분자 구조 예측에 활용될 수 있음을 알고 전자성 반발이론(VSEPR)을 공부함. 베타딘의 내적을 이용하여 분자의 결합각을 계산하는 방법을 알게 됨. 베테인과 같이 모든 결합각이 크기가 같다고 가정하고, 입체구가 5인 분자의 결합각을 계산하여 약 104.5도 마는 결과를 냄. 모든 결합각이 같고, 결합길이가 같다고 가정한 것과 달리, 실제 SN=5인 삼각쌍뿔 형 분자는 결합각이 90도와 120도로 존재하고 있고, 축 방향과 적도 방향에 따라 결합길이가 서로 다름을 알게 됨. 차이의 원인을 알아내기 위해 PF5의 sp3d 혼성화와 시그마 결합을 추가 탐구하고, 전자 쌍 간의 평균 거리가 분자의 에너지에 영향을 미친다는 배경지식을 바탕으로 삼각쌍뿔 형 분자의 에너지가 가장 낮게 나타날 것으로 예측함. 평균 결합각을 구하는 등의 간단한 계산으로 삼각쌍뿔이 에 따른 모형보다 안정한 구성임을 이해함. 적극적으로 모델을 가정하고 한다를 심화적으로 공부하며 틀린 부분을 알아가는 모습이 인상적임.
영미 문화 읽기	영미시 수업 중 우리의 정황시하는 다른 영시의 운율을 중심의 경향성에 관심을 갖고 '예술의 불평화 기능-셰익스피어 소네트 연구(춘추상)을 통해 르네상스 시대 이탈리아 이탈리아로 문화의 영향, 소네트의 구조적 특징 등에 대해 이해의 깊이를 더함. 이후 당신의 영향함을 주제로 하는 셰익스피어 소네트 18번을 집중 탐구하고 주요 내용을 간추려 발표함. 그 중에서 1행~8행에서는 '결합을 비포한 여름'을, 9행~14행에서는 '그대'의 영원한 여름을 각각 다루고 있어 이분되는 병렬적 내용상 페트라르카 소네트의 octave+sestet 전개방식을 차용하고 있다고 보고 분석한 점이 놀라움. 또한 3행에서 강조의 do를 삽입한 것과 3행에서 too hot을 도치 시킨 것을 라임의 관점에서 설명하고 6행에 대해서는 often을 도치하지 않았을 경우 And his gold complexion is often dimmed가 되어 Iambic Pentameter의 보격이 틀어져 시상의 흐름을 이해하는 점을 발견해 내는 소네트에 대한 전반적인 이해가 이루어진 것으로 보임. 해당 시에 대한 자신의 느낌을 'lovesick'으로 정리하고 각 철자를 시작으로 하는 8행의 acrostic poem을 지어 제출함. 수차례의 교정을 통해 시어를 세 배치하면서 영시의 시적 허용에 대한 개념을 정합하고 abab 다임을 정합하고 abab 다임을 반복 사용하여 리듬 감을 살려 내는 등 독서 시감각이 크게 향상됨.

과목	세부능력및특기사항

세계 문제와 미래 사회: 세계인의 건강에 기여하고자 세계 보건 기구 WTO에 대해 조사하던 중 '건강 불평등'은 구조적 폭력이다. '또는 기사를 읽고 건강 격차를 개인 책임으로 돌리는 사회 불평등이 일어나는 이유에 궁금증이 생겨 심화 탐구함. '건강 격차(마우트 마짓)'에서 개인의 건강을 보장할 수 없는 이유는 의료 시스템 부족 때문이 아니라 사람들을 병에 걸리게 만드는 사회의 여건 때문이라고 설명함 부족을 친구들과 공유하며 거시적 관점에서 건강 격차 원인에 따른 해결 방안을 구체적으로 필요가 있음을 주장함. 신체 생애 에너지를 활용한 사례를 찾아보는 활동에서 광촉매를 활용한 얼굴 감응 장비 때 양 전지 실용화가 성큼 다가왔다는 기사를 친구들에게 소개하며 신체생 에너지 생산량도 일정하지 않을 수 있기 때문에 에너지를 저장하여 필요할 때 사용할 수 있게 하고 에너지를 더욱 효율적으로 사용하는 기술과 방법을 도입하여 신체생 에너지의 활용도를 높이 있도록 노력해 나가야 한다는 의견을 밝힘.

화학II: 물질의 세 가지 상태에서 화학 퍼텐셜이 가장 작은 상이 가장 안정한 상임을 학습하고, 상 간의 전주의 화학적 퍼텐셜 기울기에 따라 1차, 2차 상전이를 구분하는 Ehrenfest의 상-전이 분류를 이해함. 상 전이가 일어날때 열용량이 무한대인지 여부로 1,2차로 구분되고, 특히 담단 전이는 열용량이 무한대로 발산하는 2차 상전이임을 설명함. 이를 통해 He의 초유체 전이에 대한 관심을 확장하며 He 액화로 나타나는 조건에서 액체로 일지 않는 조건에서 He의 양자역학적 현상에 대한 원인을 발표한 내용이 우수함. 가벼운 원소로서 He는 0K 근처에서도 작은 질량으로 인해 양자역학적인 영점 운동이 매우 커 헬륨 원자들을 제자리에 묶어둘 수 없어 양자 액체로 존재하는 현상을 이해하고, 온도를 낮추면서 헬륨-2로 상전이 되는 담단 운도에서 비열이 급격히 증가되는 그래프를 제시함. 또한 헬륨 4 원자의 스핀이 0임을 통해 보손 입자로서 나타나는 현상을 설명하여 양자화에 대한 담구를 적극적으로 수행하고 있지 않고 보스-아인슈타인 응축을 가져 조주체가 나타나는 현상을 설명함으로써 현상을 이해하고 이해하도록 노력해 이해하려는 모습이 돋보임.

생명과학II: 교과 활동 경험을 토대로 생체 재료에 대한 과학 신문을 제작함. 코끼리 관련 자료를 토대로 한국인의 맞는 생체 재료 개발 필요성 및 연구 개발 기업이 우점하고 있는 관련 업계의 현황을 분석하여 논리력으로 설득력 있게 주장함. 관련 사례로 분데트밴즈 및 오가노이드를 활용한 간 독성 연구를 담색하고 뒤 생체 재료의 가치를 사회적, 과학적 측면에서 제안을 담색하여 융합적 참여가 시고 수준이 높음. 이후 세개하라 시스템을 주제로 담구보고서를 완성하여 발표함. 그래핀 기반 바이오의 인체 기기 활용 범위를 연구한 자료 및 세포 생명의 미 크로 크로스모스 탐사기(남궁호)을 탐독한 뒤 그래핀의 표현 특성에 따른 세포 담구 활동 방향을 구분함. 표면이 친구성이며 세포 부착 및 생장에 장애 있어 소수성 생장용을 및 수소 결합을 하도록 세포 생장에 필요한 물질을 흡착시키고 표면에 일정 간격으로 유도단백질을 통합화함. 사이클린 사이클린 의존성 인산화효소(CDK)에 의한 조절과 중양 억제, DNA 손상 기능을 정확하게 설명함. 자신의 담구 자세를 돌아보며 여러 분야의 지식과 기술을 열린 마음으로 받아들이고 응용하는 유연함이 필요함을 소감으로 밝힘.

[주목 - 공동체 역량] 교과 내용을 사회정의와 거시적 관점에서 다시 한번 해석한 활동입니다. '건강불평등' 개념을 사회적 약자와 불평등 문제로 접근함으로써 공동체 역량과 탐구 역량을 함께 보여줬어요.

[응합 - 생명개념에서 공학특성, 사회적 가치까지] 생명과 관련한 학습을 시작으로 재료학과 사회 이슈에 대한 관심으로 확장했습니다. 교과 개념에서 시작해서 자신만의 시선을 보여주는 방식이 세특으로 유의미한 자료가 될 수 있습니다.

[심화 - 브뢴스테드-라우셔 반응] 교육과정 내에서 다루지 않는 키워드를 활용하고 싶다면 대학교 교재를 참고하는 것도 좋은 시도입니다. 해외 논문과 해외 유튜브를 구독하는 것도 많은 도움이 될 수 있어요.

과목	세부능력및특기사항

화학 실험: 모둠 별 공동적으로 수행한 시계반응을 통한 화학 반응 속도에 영향을 주는 요인 실험을 마친 후, 반응 속도의 관련된 개별 실험 결과를 과산화 수소, 아이오딘, 묽은산을 활용하여 브뢴스테드-라우셔 반응을 통해 화학 혼합물의 비선형 동역학을 탐구하여 실험보고서를 제출함. 까다로운 반응 조건을 맞춤한 실험이 수행되어 제출된 실제에도 온도, 반응을 농도를 조절하며 성공적인 수행을 이끄는 모습이 인상적임. 또한 일련의 반응 메커니즘 해석을 통해 다다단계 생성과 비다다단계 과정에서 생성된 13-3-4 녹밤의 최종에서 가벼 반응이 반복되어 나타나는 내용을 설명하는 내용이 돋보임. 추가 개별 탐구로 바나나 향료 합성, 타이레놀 합성 실험 정험을 바탕으로 유기합성 화학 탐구 내용의 관심으로 화학으로 실험탐구활동에서 일체의 진전 가성 첨가반응을 주체로 수행함. 유도효과와 하이퍼콘주게이션 효과를 통해 탄소 양이온의 안정도 서열을 탐구한 내용을 통해 2-methylpropene의 HX 첨가 시 1차 보다 3차 탄소 양이온이 생성되는 반응 경로를 가져 목표로 계속되 탐구를 이어나가는 모습이 우수함. 탄소 첨가시 non-Markovikov 구조에 있음을 추가 탐구하여 유기합성 경로에 대한 학습 학습 능력이 모두 우수함.

생명과학 실험: 삼투현상에 의한 세포 관찰실험을 설계하고 여러 농도별 세포의 모습을 농도 기울기로 설명함. 삼투, 확산, 능동 수송, 농도 기울기 등의 개념을 학습하고, 화학 삼투, 즉 전기화학적 기울기에 따른 양성자의 이동을 바탕으로 신화적 인산화의 ATP 합성 과정을 이해함. '발벨 생명과학' 도서를 읽고 양성자 농도의 기울기가 양성자 구동력을 발생시키고, 세포가 이를 하기 위한 에너지-작용물에는 ATP로 인해 기능에 전에다는 점에서, ATP가 생명 활동의 기본 차원이 된다고 이해함. 화산의 근본적 원인을 엔트로피 증가로 이해하고, 생체내 내 물질 합성을 엔탈피 제2 법칙에 위배되는가? 라는 궁금증을 해결하기 위해 '화학반응은 왜 일어나는가(우에노 케이호 케이)'를 읽고 관련 내용을 학습함. 화학반응이 일어나는 반응계를 그림, 폐쇄계, 개방계로 나누어 이해하고, 계의 밖에 설정에 따라 엔트로피가 감소할 수도 있다는 점, 태양의 핵융합과 행성은 엔탈피 합성과 같은 비교하면 접주 엔트로피는 증가하는 방향으로 진행한다고 발표함. 생물체는 개방계이므로 생물 내 물질 합성은 우해하지 제2 법칙을 위배하지 않는다는 결론을 내림. 세포의 삼투현상을 화분, 물리적으로 탐구하는 등 융합적 사고력이 뛰어한 과학도이고 자체를 과학도의 자체를 확인할 수 있었음.

스포츠 생활: 근력, 유연성, 순발력, 등 기초 체력 능력이 우수한 학생이며 paps 심폐지구력 측정 시 안정적인 자세로 동료 학생들에 비해 활동한 기록을 보였고마지막까지 최선을 다하기 위해 숨이 차는 상황에서도 끈기를 가지고 수행에 임했으며, 이를 통해 자기관리 및 스트레스 감내력이 뛰어난 학생임을 보여줌. 변형 배구 경기에서 특출난 기량을 보였으며 공격과 수비포지션 전체 해 이웃의 자신의 위치와 역할을 수행함. 책임감이 높은 학생으로 과제 수행을 위한 목표 차림을 달성하기 위해 주변이 방해에도 불구하고 자신의 과제를 마무리했으며 더 좋은 결과를 위해 추가적 수행방법을 찾아 지율적으로 연습하는 등 도전적이고 자가주도 가 뛰어난 성격을 가짐. 타인에 대한 포용력이 있는 학생으로 교내에서 실린 제로운마당에서 동료 학생들을 지도하는 모습을 통해 참된 리더십, 이타심 등을 볼 수 있었음. 다소 분재이 있을 경우가 많은 스포츠 운영에서 자신의 유불리를 따지지 않고 관심 하는 등 정의로, 사명감이 높은 학생임. 수업 등 과제 해결을 위해 동료 학생들과 토론을 하면서 자신의 의견을 정확하고 일관성 있게 주장했으며 타인의 이야기를 진지하게 듣고 대답하는 등 의사소통 능력이 우수한 학생임.

과목	세부능력및특기사항

공항 일반: 기후 변화의 원인과 해결 방안을 탐구하며 탄소 중립 전략에 대해 심도 있게 연구함. 다양한 아이디어를 창출하고 이를 실현 가능성, 비용 효율성, 환경적 영향, 사회적 수용성 측면에서 체계적으로 평가함. 그 결과 재생 가능 에너지 사용확대, 에너지 효율성 향상, 친환경 교통수단 도입을 최적의 해결 방안으로 선택함. 이와 관련하여 실행 계획을 수립하고, 태양광 및 풍력 발전소 건설, 전기차 인프라 확충 등 단계별 실행 방안을 제시함. 접근적으로, 문제 인식, 아이디어 창출, 평가, 선택, 실행의 단계를 거쳐 체계적인 접근과 평가를 통해 최적의 해결 방안을 도출하고 실행함으로써, 환경 보호와 지속 가능한 발전을 위한 공학적 접근의 중요성을 강조함. 이와 같은 접근은 독일의 사례와 같이 다른 지역에서도 탄소 중립 목표를 달성하는 데 중요한 참고자료가 될 수 있음을 시사함. 추가적으로 독일의 화학공학이 계수 처리와 재활용 과정 개선에 기여할 수 있음을 분석함. 또한 관련 한문을 공부하고자 하는 개인적 목표를 확립하고, 작은 실천이 모여 큰 변화를 일으킬 수 있다는 신념을 가지고 지속 가능한 미래를 위해 꾸준히 노력할 의지를 다짐.

[구조 기반 약물 설계(SBDD)]탐구: 약물 설계 및 탐구를 교과 간 융합을 통한 융합 프로젝트 수업으로 진행함. 문자 사용 설명서(근거환)를 읽은 후, SBDD의 목표는 표적 단백질과 약물이 3차원 구조를 구현하여 결합 부위에 도킹 포즈를 예측하는 것임을 이해하고, 표적 단백질의 결합부위 선택의 문제를 설명함. 약물과 결합부위 형태가 일치할 경우에 연습할 수 있는 결측 면적을 기와 안정성, 작용기 간의 이온 상호작용, 수소 결합 등을 통한 안정성을 설명하는 내용이 드러남. 또한 효소의 활성부위가 아닌 부위에 효과인자가 결합하여 가능을 조절하는 입로스테릭 제어를 통해 가능을 제어하는 역할을 등 경쟁적 저해제와의 차이점을 밝히며, SBDD의 중요성을 부각함. 탐구를 바탕으로 바이오리포터의 개념을 도입하여, 질병 발생 시 정상적 지체제구를 인식하여 리포터 유전자가 활성화되고, 스스로 합성에 맞는 약물단백질을 생산하는 바이오 리포터 개념을 고안함. 개발 과정에서의 SBDD의 필요성을 인식하고, 바이오 리포터가 세내의 질병을 자체적으로 해결하는 새로운 면역체계를 수립할 수 있음을 주장함. 이후 면역 체계, X선 결정법 화학 학습 등 관련 지식을 폭넓게 확장하는 등 연구를 위한 지속된 노력을 보임.

[연계 - 생명과학 전반에 대한 내용을 다룬 개세특] 1학년 과학탐구 실험과 자율활동, 단백질 구조를 다룬 실험을 중앙라하는 개세특입니다. 그 결과 학생D는 자신의 관심시가 무엇인지 뚜렷하게 드러내는 생기부를 만들어냈어요.

〈체육·예술〉

학기	교과	과목	단위수	성취도	비고
		이수단위합계			

과목	세부능력및특기사항
해당 사항 없음	

7. 독서활동상황

학년	과목 또는 영역	독서 활동 상황
1		
2		
3		

8. 행동특성 및 종합의견

학년	행동특성 및 종합의견
1	항상 쾌활하고 열정있는 모습으로 주변 친구들에게 긍정적인 기운을 전달하여 안정적인 학급 분위기를 조성하는데 기여함. 활동에서 소외되거나 참여도가 떨어지는 학생을 격려하여 자신의 역할을 맡아서 수행할 수 있게 도와주는 모습에서 책임감과 협동을 중요시하는 태도를 보임. 자발적으로 선생님과 함께 마무리 청소를 위하여 교실을 정리하는 등의 모습을 통해 배려심과 강한 실행력을 체계적으로 묵묵히 수행하며 '우리반 일정이'라는 필요한 작업을 자발적으로 수행함. 학급 회의에서 수업의 효율성을 고려하여 제출기한을 체크하거나 친구들의 긍정적인 반응을 조율하는 강단있는 모습을 통해 미래사회에 필수적인 리더의 자질을 충분히 갖추었다고 판단됨.
2	지속가능성을 위한 바이오에너지 설계 활동을 하며 미토콘드리아에서 만들어지는 ATP를 이용한 에너지공정을 설계해봄. 화학명은 어떻게 작동하는가(반응차)를 읽고 세포호흡 과정을 NADH가 운반하는 전자를 생성되는 신환원의 과정임을 이해함. 열에너지처럼 다시 일하는 과정으로 바뀌는 과정의 필요하기에 재배하에 ATP를 사용하는 것은 효율적이지 않다는 지적을 인정하고 이를 열역학 제2법칙을 통해 조원들에게 다시 설명함. 그러나 전기로 ATP를 만들 수 있다는 연구결과를 통해 ATP가 전환과 '에너지 저장고' 역할을 할 수 있다고 발표해 친구들의 박수를 받아냄. 활동을 통해 지속가능성에 생각하며 이 기대할 수 있다는 가능성을 제시함. 절못된 성 인식으로 촉발된 청소년 문제를 다 함께 해결할 것을 요구하고, 학급토의를 적극적으로 제안하고 문제해결을 위해 노력함. 공동생활에 따른 갈등 해결의 주체를 반 모두로 설정함으로써 공동 책임 의식을 강조하는 역할을 함. 부적절한 성 인식을 통해 발생된 문제인 만큼, 직접적 차별이 아닌 성인지교육을 통한 교화를 제안함으로써, 문제의 근본적인 원인을 분석하고 합리적인 성대를 내리는 문제해결력이 매우 뛰어남.
3	반장으로 임명되며 1년 동안 학급을 이끌어 나가는 리더십을 보여주는 사례들이 많음. 3학년이 되어도 학교 행사들에 솔선수범, 연말에 실시되는 전교전시체험전, 학교 축제 등의 활동에 적극적으로 봉사하고, 수능 후 야외체험활동으로 정신 없는 스케줄 속에서도 반 학생들을 챙겨나가는 모습을 통해 책임감 있고 리더십을 보이는 모습들이 인상적임. 또한 생명과학과 화학에 매진하는 탐구수업을 바탕으로 평소의 과학 탐구수업 과제를 수행하는 독려의 자신만의 성장의 기회로 쌓아나가는 듯한 모습을 보여준 모습이 돋보임. 단순히 생명과학과 화학 분야의 과학 문제에 대한 분야의 개념 지식 습득에만 국한 되지 않고, 사회 이슈 현상들에 대한 관심과 연결하여 사고능력과 과학적 탐구에 대한 탐구능력을 얻으려는 경향이 있음. 이런 면모는 평소 물리와 생명과학, 화학으로 구분지어지나하고 과학과 관련되 융합적인 내용을 제각 가까이 한 결과로 인공 광합성을 주제로 하여 최근 관심이 높은 합성 생물학에서 탐구지적이니하고 중요한 개념 탐구 활동을 전개하며 과학자로서의 남다른 인재가 될 자질은 능하고 보임. 이런 탐구 신중들을 과학서의 지독한탐구활동을 주체적으로 나타내고 보이며, 이를 통해 향후 우수한 과학 인재가 될 자질은 매우 높다고 보임.

카테고리로 정리하는 생활기록부

지금부터는 생활기록부 내에서 활동이 연계되고 융합되는 과정을 카테고리로 묶어 더 쉽게 확인하고자 합니다.

생기부를 더욱 알차게 구성하기 위해서는 생활기록부 속에 기재된 활동을 연결할 수 있는 카테고리를 만들고, 그 범위 안에서 학생이 수행한 활동을 맥락에 맞게 나열하는 과정이 필요합니다. 실제로 많은 수험생이 자신의 탐구 활동을 분석하고 앞으로의 방향을 고민할 때, 이렇게 생활기록부를 일정한 기준에 따라 재구성하는 작업을 아주 유용하게 활용합니다.

서울대학교 의예과에 합격한 학생의 생기부는 크게 세 개의 카테고리로 나눌 수 있습니다.

첫 번째 카테고리는 메디컬 계열에서 중요하게 생각하는 공동체 역량을 보여줄 수 있는 활동입니다. 1학년에 진행했음에 따라 어떠한 활동을 통해 공동체 역량을 드러냈는지 살펴보세요.

두 번째 카테고리는 다양한 분야로 확장해 진행한 탐구활동입니다. 의료윤리와 생명정보까지 다양한 분야로 확장한 탐구를 어떻게 진행했는지 확인해 보세요.

마지막 세 번째 카테고리는 심화 탐구입니다. 학생는 교과목을 무리하게 진로와 연결짓기보다 의예과에서 중요한 과목인 수학 지식에 대한 탐구 역량을 명확히 드러내는 데 주목했어요.

이처럼 카테고리를 세분화해 생기부를 구분해가는 것도 나만의 매력적인 생기부를 작성할 수 있는 하나의 방법입니다.

학생 J

서울대학교
의예과
25학번

1. 공동체 역량

의예과·치의예과·수의예과·한의예과·약학과·간호학과 등 메디컬 계열과 사범대·교대·유아교육·특수교육·상담 등 교육계열의 경우 '공동체' 역량이 매우 중요합니다. 타인을 존중하고 약자를 배려하며 모두를 위해 헌신하는 자세는 해당 분야의 직업적으로 필수적으로 요구하는 자질이기 때문입니다.

이에 의예과 지망을 희망한 학생이 1학년 때부터 본인의 생활기록부의 다양한 부분에서 공동체 역량을 드러냅니다.

1학년 [자율활동 세부능력 및 특기사항]

금우들이 영문 학술자료를 접할 수 있도록 부뢰혀, 죽음과 검사기, 줄기세포만으로 기운 귀 배아, RSV 유행 등 주 2~4개의 국내외 최신 의학 연구 동향 및 사건을 소개하는 The Weekly Medical을 제작하여 공유함. 탁월한 영어 실력을 바탕으로 영어 원문과 한국어 번역본으로 형태로 20주간 제작했고, 다양한 소재와 자세한 설명으로 지식 나눔을 실천함. 전문용어에 대한 설명이 필요하다는 이견을 반영해 용어 풀이를 포함하는 등 소통을 통해 개선하는 모습이 돋보임. 이미 과학과 의학 분야의 전문 지식에 대한 호기심을 바탕으로 지적 열정을 지속하였다는 모습을 타인에게 전문적 지식 열림을 지속하였다는 모습를 밝힘.

학생이 는 탐구 활동을 하는 과정에서 영문 자료를 활용하는 것이 매우 유용하다는 사실을 깨달았습니다. 영어로 자료를 검색했을 때 더 다양한 검색없을 얻을 수 있고 전문적인 주제를 발견할 수 있음을 알게 된 것이죠. 이러한 꿀팁을 같은 반 학우에게도 알리고자 무려 20주간 구준하게 하급 활동을 진행합니다.

이러한 '지식 나눔' 활동은 학생의 공동체 역량을 보여주기에 매우 적합해요. 더불어 이·과학 지식과 영어 실력까지 자연스럽게 노출할 수 있습니다.

1학년 개인별 세부능력 및 특기사항

수업량 유연화 교육과정 자율주간에 공정을 주제로 사회적 약자를 위한 기술에 관해 탐구하는 활동에 임함. 심혈관 질환 예방과 치료에 필요한 심전도 검사기를 사회적 소외계층이나 경제적 약자도 부담 없이 사용할 수 있도록 비용을 절감할 수 있는 방안에 관해 탐구함. 아두이노를 사용하여 심전도를 측정하고, 문제가 될 수 있는 잡음 처리는 최대한 소프트웨어적인 방법으로 해결하여 비용을 절감하고자 함. (중략) 또한 사회적 약자를 배려한 기술에 대해 관심 분야와 연접 지어 탐구하는 자세가 인상적임.

사회적 약자를 위한 기술을 탐구하게 된 계기가 무엇이냐는 질문에 학생 A는 '의료 기술은 환자의 경제적·사회경제적 배경과 무관하게 모두에게 동등한 질로 제공되어야 한다'라는 생각으로 소외계층을 대상으로 하는 기술을 고안했다고 답하였습니다. 이처럼 의료 기술이 '누구에게 적용되는가'를 생각해가며 공동체의 관점에서 의료 기술이 나아갈 방향성을 모색하는 활동은 공동체 역량을 보여주기에 매우 적합합니다.

2학년 동아리활동 세부능력 및 특기사항

(시그마2) (52시간) 동아리 부장으로서 동아리에 대한 자부심과 열정이 남다른 학생임. 다양한 진로를 가진 동아리원들이 의견을 최대한 반영하고자 노력하여 동아리원 한 명 한 명이 즐길 수 있는 시간이 되도록 노력하는 모습이 돋보였고 이를 위해 스마트모빌리티, 지속가능발전 프로젝트 등 다양한 활동을 유지함. 수학체험전과 학술제에서는 리더이자 팀의 일원으로서 준비과정에서부터 실제 행사까지 적극 참여하며 성공적 행사진행을 위해 동아리원과 교사간 원만한 소통을 이끄는 성실한 모습을 인상적인 학생임.

학생A는 3년간 동일한 동아리에서 꾸준히 활동합니다. 특히 동아리 부장으로서 동아리 활동을 이끌어 가는 모습이 두드러지는데요, 동아리 활동의 방향성을 혼자 결정하고 참여를 설득하는 강압적인 방식이 아닌, 다양한 진로를 꿈꾸는 동아리 부원의 이견을 반영하고자 노력하는 민주적인 리더십이 잘 나타납니다. 동아리 부원과 담당 선생님 사이의 이견 조율을 도맡는 의사소통 역량을 보여주기도 합니다.

3학년 [자율활동] 세부능력 및 특기사항

<mark>3학년 학생회 교과부장(2024.03.01.-2025.02.11.)으로서 선후배간의 멘토링을 기획하여 추진 및 참여함. 직접 멘토링 선발 오디션을 진행하고 홍보하여 많은 지원자들을 일일이 인터뷰하고 선정함. 선후배들이 진로와 흥미도를 기반으로 매칭 과정을 진행하고 스케줄표를 만들어 하습 장소까지 마련하며 부족한 활동 공간의 제약을 극복하기 위해 노력하였으며 기획한 프로그램이 원활하게 운영될 수 있도록 최선의 역량을 발휘함.</mark>

가장 바쁜 3학년 시기임에도 꾸준히 공동체 역량을 보여줍니다. 3학년은 대부분 내신이 선출되지 않는 진로선택과목으로 이루어진다는 점을 고려하여, 공동체 역량을 느끼내는 활동에 적극적으로 임한고 있습니다.

또 1~2학년 때 동아리 부장 외에 학급 임원으로 선출되거나, 하생회 활동에 참여하지 않은 점을 보완하고자 동아리를 넘어 학교 내에서의 역량을 받고자 했습니다. 하년 하생회의 교과부장으로서 공동체를 위한 활동을 직접 기획하고 진행했다는 점에서 능동적인 자세를 찾아볼 수 있습니다.

[1학년 행동특성 및 종합의견]

자기관리 능력이 우수한 학생으로 높은 집중력과 뛰어난 이해력을 바탕으로 자신의 꿈을 실현하기 위해 노력하는 모습이 주변에 긍정적인 영향을 끼치는 학생임. 학급 내에서 자신의 지식을 타인과 공유하고 학우가 모르는 내용을 스스로 찾아 일러주는 모습이 관찰됨. 또래멘토링을 실시하여 친구들이 수학 문제를 풀이에 대해 질문을 하였을 때 친절히 진정히 문제를 풀어주려는 모습을 보여주는 등 지식 나눔 활동을 적극적으로 수행하는 모습이 기특함. 각종 모둠별 활동 시에 적극적으로 참여하여 협동하였으며 본인이 모둠장을 맡은 때에는 모둠원의 역량과 진로를 고려하여 역할을 분배하며 원활한 모둠활동을 이끄는 리더십이 관찰되기도 함. (후략)

[2학년 행동특성 및 종합의견]

[1학년에 시작한 멘토링을 계속하여 학급 내의 학생의 멘토 역할을 맡음. 선후배간의 친교 활동 생활 안내하기에서도 신입생에게 학교생활의 노하우나 공부법 등을 공유하며 따뜻한 선배의 모습을 보였고 공식 기간 후에도 지발적으로 만나 도움을 주며 지속적으로 조언을 건네는 모습에서 뛰어난 리더십을 보임. (중략) 개인 탐구의 주제나 내용에 대해 학우들이 자주 질문하였으며 매번 본인의 지식을 바탕으로 자신의 활동인듯이 적극적으로 도움. 특히 학급 고전독서고 문제를 맡아 팀원들과 함께 주제를 선정하고 공지하고 급우들과 협력하여 모두가 참여할 수 있도록 토론을 운영함는 모습은 교사가 없이도 완벽하게 진행될 만큼 뛰어난 리더십이었음. (후략)]

[3학년 행동특성 및 종합의견]

학급에서 매월 모의평가 영어듣기평가 자기주도수업을 기회하고 진행한 학생으로 수업을 기회하고 스스럼 없이 본인이 노트북을 이용하여 학생들이 인원히 듣기를 연습할 수 있게 돕고 개인별 탐구활동을 진행하면서 다양한 자율, 진로의 주제 각의 활동에 도움을 주는 등 청소한생이자 학급 명에 학생을 선정되었음. 이런 따뜻하고 자기회생적이 모습에 학급의 모든 학생들이 동의하여 학급 6월 청소한생이자 학급 명에 학생으로 선정되었음. (중략) 누구보다 한자의 건강과 마음을 먼저 생각하고 그것을 우선시하는 모습에서 타고난 판단이 들었음.

행동특성 및 종합의견은 학생이 학업과 공동체 생활에 임하는 자세를 직접 관찰한 교사의 주관적인 평가가 여실히 드러나는 공간입니다. 학생은 평소 타인을 배려하고 자신이 가진 것을 기꺼이 나누는 헌신적인 태도를 3년 동안 일관되게 보여주고 있는데요, 이러한 학생 의 공동체 역량이 생생한 활동 이력과 함께 매우 구체적으로 서술되고 있습니다. 이러한 공동체 역량에 따른 긍정적인 평가는 매우 중요한 자료로 단기간에 걸친 몇 개의 활동을 수행하는 것으로는 얻을 수 없으니 하교 생활 전반에 걸쳐 꾸준히 실천해야 함을 명심하세요.

학생는 생명과학이나 의학에만 관심을 두지 않고 여러 하문 분야 탐구에 임하는 모습을 보여줍니다. 그 계기를 묻는 질문에 학생이 답은 다음과 같습니다.

"이때를 지원하는 학생은 모두 의학 관련 내용을 기반으로 생기부를 작성하는데 고등학생 수준에서 할 수 있는 의학 관련 활동은 한계가 있고, 당연히 차별성을 두기 어려웠습니다. 고민 끝에 다른 분야에도 깊 은 관심을 보이고 이미 있는 활동을 하는 것이 나만의 생기부를 꾸릴 수 있는 방법이라 생각했어요. 의학 관련 심화활동을 조금 포기하더라도 다양한 분야에서 깊은 고민의 과정을 보여주는 것이 더 낫다고 판단 했습니다."

2. 다양한 분야로 확장하는 탐구

[연계 1 - 의료윤리]

학생는 의학이라는 하문을 과학이나 공학의 관점을 넘어 '사회적 그리고 윤리적으로 바라보려고 노력 했습니다. 1하년 때 의료윤리에 관한 토론을 시작으로, 문학에서는 의료인으로서 가져야 할 윤리적인 관점을 파악하고, 사회문제탐구에서는 의료 관련 시사에 대해 탐구하는 등 의학을 인문·사회적으로 바라보는 모습이 잘 드러납니다. 의학은 사람을 대상으로 하기에 인문학적인 부분도 중요하다고 생각하여 이러한 탐구를 진행했어요.

1학년 [자율활동] 세부능력 및 특기사항

책 '부분과 전체'를 읽고 의학의 학문적 성격을 주제로 토론함. 의학 연구에서 의료 윤리라는 특수성을 고려하면 '절대적 진리에 대한 연구가 어려우므로 실용주의적인 성격을 가진다고 주론함. 이를 확장하여 제 '과학혁명'의 구조의 패러다임의 전환과 의학 지식에는 정상 과학이 존재하지만, 연속적인 지식의 성장이 일어남을 주장함.

2학년 [문학] 세부능력 및 특기사항

수업 시간에 문학이 인간과 세계에 대한 이해를 돕고, 삶의 의미를 깨닫게 하며 정서적, 미적으로 공감 또는 싫음 고양함을 이해하는 활동에 두각을 드러냄. 프란츠 카프카의 '변신'을 읽고 프로리에 대해 호기심을 가짐. '부조리한 삶을 우리는 어떻게 살아가야 할까'라는 탐구 주제를 설정하고 프란츠 카프카의 소설 『성』, 알베르 카뮈의 『이방인』, 『시지프 신화』, 『페스트』를 읽고 부조리의 의미와 이에 대해 배경 지식을 확장함. 이 과정에서 해당 작가들의 작품 속에서 제시한 부조리와 이에 대응하는 자세를 범주화하고 의사가 마주하는 궁극의 부조리인 안락사와 연명치료 중단과 연관지어 의미화함. 이를 통해 철학적인 개념이 부조리에 대한 세계 문항을 종합적으로 활용하여 이해하는 수준한 문화향유 역량을 확인함. 이후 주제 탐구를 통해 발전된 의학 확장하여 의료상황에서 의사는 부조리에 연명치료의 중단으로 표면적으로 부조리에 대한 저항이 아니더라도 의학의 특수한 상황을 고려한다면 결론을 내려야 한다는 수준한 현장적 사고를 확인함.

이예과를 지망하는 학생은 일반적으로 알베르토 카뮈의 작품 중 〈페스트〉를 읽고 합니다. 하지만 학생은 카뮈라는 작가의 철학 자체에 대한 이해를 위해 〈이방인〉과 〈시지프 신화〉를 선택했어요. 이를 통해

64

가뭄이 부조리 철학에 대해 이해하였었고, 카뮈가 왜 〈페스트〉라는 의료와 관련된 소재로 소설을 썼을지 고민합니다. 즉, 문학을 바라보는 시선이 작품 안에만 머무르는 것이 아니라, 자기의 철학과 시대적 맥락을 바탕으로 한 고차원적 주문의 영역까지 진출하고자 했어요.

학생은 카뮈의 '부조리' 개념을 토대로 자신의 진로 분야인 의학과 연관 지어 주제 탐구를 수행하는 모습을 보여줍니다. '삶과 죽음'이라는 문학적 소재를 통해 의료 윤리와 관련된 탐구를 이끌어내는 모습이 인상적입니다.

이 외에도 의학을 윤리적·사회적으로 바라본 활동을 생활기록부의 다양한 장면에서 확인할 수 있습니다.

2학년 개인별 세부능력 및 특기사항

2학기 교육과정 지향주간에 '의사 본인의 실수로 환자의 심각한 병을 늦게 발견했을 때 환자에게 알려야 한다'란 주제의 토론에서 찬성의 입장을 밝힘. 환자의 알 권리와 자기결정권은 근거로, 의료윤리의 4대 원칙 중 자율성 존중의 원칙과 '악행금지'의 원칙을 이반하는 중대한 문제라고 지적함. 또한 환자에게 정보를 공개하지 않았을 때, 상황과 이에 대한 정당한 근거를 활실히 기록해 두어 이것이 책임을 회피하는 행위가 되었다고 주장하며 이사로서 책임 간의 중요성을 강조함.

2학년 [데이터과학과 머신러닝 세부능력 및 특기사항]

머신러닝과 의료 윤리라는 주제로 탐구 보고서를 작성함. 머신러닝이 의료에 미칠 영향을 분석하고, 진료의 정확도를 높여주는 등의 긍정적 영향과 문제점을 탐구함. 기계 편향, 블랙박스 알고리즘, 개인정보 보호 등이 다양한 윤리적 문제점에 대해 조사하고 해결방안을 제시함.

3학년 [사회문제탐구 세부능력 및 특기사항]
수업에서 '의료의 민영화'를 주제로 토론한 후 앞으로 한국 의료가 나아가야 할 방향에 대한 미래 의료 정책의 방향성에 대한 제언을 주제로 탐구하여 의료의 접근 높이와 의료비를 최소화하는 것이 주요 과제라는 결론을 냄. 대학 공개 강의 자료와 경제협력 기구 통계자료를 분석하여 세계의 의료보험 방식 및 수가제에 대한 자료를 분석했지만 의료의 접근을 높이기 위해서는 의료비 상승이 수반될 수밖에 없다는 사실을 알게 됨. 이에 한국에서 자체를 낮출 수 있는 방안을 조사함. 한국의 의료비가 상승하는 원인 중 하나인 경우 환자의 생급병원 방문을 줄이다면 의료비를 낮출 수 있다는 결론을 내고 이에 대한 방안으로 의료전달체계 확립을 제언함. (후략)

[연계 2 - 생명정보학]

하생지는 생물정보학에 대해 꾸준한 관심과 함께 관련 탐구를 진행합니다. 이학과 밀접히 관련한 생명 과학을 '메이터라더는 관점에서 확장하는 창의적인 접근입니다.

2학년 [정보과학 세부능력 및 특기사항]
교과 부장으로서 수업 일정과 내용 등을 안내하는 역할을 도맡아 하루도 빠짐없이 자신의 역할에 임하는 성실한 모습을 보임. (중략) 교과서에서 서열 정렬 알고리즘을 접하고 전역 정렬과 국소 정렬에 대해 조사하고, 알고리즘의 원리를 이해하기 위해 레벤슈타인 거리와 동적 프로그래밍에 대해 탐구함. 이를 바탕으로 Needleman-Wunsch 알고리즘과 Smith-Waterman 알고리즘을 C언어로 구현함. 두 알고리즘에서 자신의 정렬을 탐색할 때 시간이 오래 걸리는 문제점을 발견하고, 동적 프로그래밍에 착안하여 코드를 변경하여 해결하는 문제에 해결해 결함을 보임.

정보과학 교과에서 융합적인 탐구를 수행하는 모습입니다. 생명과학의 DNA 정렬 알고리즘을 정보과 학의 'C 언어'로 구현해냈죠. 이처럼 생명과학의 다양한 소재를 정보과학의 방법론을 활용하여 풀이는데...

일명 '생물정보학' 관련한 탐구 활동은 전체 생명기록부에서 생명과학기록부에서 관찰되어 유기적으로 연계됩니다.

2학년 [진료활동] 세부능력 및 특기사항

정보과 과목에서 서열 정보를 탐구한 것을 바탕으로 생물정보학에 흥기심을 갖고 1인 1학술연구를 시작함. 병렬상동 유전자간의 다중서열정렬을 통해 유전자의 보존 정도를 수치화할수 있다는 것을 알게 되어 논문 'Ovarian Cancer Biomarker Performance in Prostate, Lung, Colorectal, and Ovarian Cancer Trial Specimens'에 제시된 바이오마커 32개 중 29개를 대상으로 민감도와 보존 지수간 관계에 대해 R을 활용하여 탐구함.

2학년 [데이터과학과 머신러닝] 세부능력 및 특기사항

공동교육과정에서 개설된 '데이터과학과 머신러닝' 과목을 이수함. 보건의료 분야의 머신러닝에 관심을 갖고 'MIT-BIH Arrhythmia Database' 데이터를 이용하여 로지스틱 회귀를 활용한 분류를 시행함. 분류가 잘 되지 않는 원인을 데이터의 낮은 품질로 보아 이를 개선하기 위해 R 언어를 심화 탐구하여 분류 모델을 논리적으로 구현함. PCA, 상관 계수 등을 이용하여 데이터의 전처리를 수행하고, 변수별 가중치를 부여하여 학습의 효율을 높여 데이터의 높은 불균형성을 극복하고 다양한 모델을 병렬적으로 모델을 학습시켜 허용시키고려면 AUC, 정확도, 정밀도, 재현율 등 모든 성능 지표에서 더 좋은 결과를 보이는 모델을 구현할 수 있는 컴퓨팅사고력 능력을 발휘함.

공동교육과정으로 '데이터과학과 머신러닝' 수업을 들었습니다. 당시 ChatGPT 등 여러 인공지능이 유행하며 머신러닝에 대한 관심을 갖게 되었는데요. 이를 바탕으로 심전도 데이터를 분류하는 과정에서 데이터 전처리가 주는 영향에 대해 탐구하였고, 데이터 전처리를 통해 더 우수한 모델을 얻을 수 있음을 보여주었습니다. '심전도라는 생명과 관련된 소재를 정보과학적으로 탐구하는 모습을 반복적으로 확인할 수 있어요.

3학년 [진로활동] 세부능력 및 특기사항

정보의학 및 분자의학 분야에 관심이 있어, 정확한 종류를 알지 못하는 마이크로바이옴의 미생물들을 어떻게 알 수 있는지에 대하여의 호기심을 가짐. 대표적인 시퀀싱 방법으로 16S RNA 앰플리콘 시퀀싱과 샷건 시퀀싱이 있음을 확인하고 각각의 원리와 장단점 등에 대해 조사함. 16S rRNA의 초가변 구역 V1-V9의 유사성을 통해 미지의 미생물을 분류할 수 있다는 점에 관심을 갖고 생물정보학적으로 탐구함.

3학년 개인별 세부능력 및 특기사항

교육과정 지원주기에 다중오믹스에 대해 발표함. 휴먼게놈 프로젝트의 비용이 전문학자이었던 이유를 생애 시퀀싱의 원리와 연관지어 설명하고, 자세대 시퀀싱 기술들이 성장할 수 있었음을 최근 20년간 'multi-omics'가 포함된 논문의 수를 보여주는 그래프를 활용하여 이야기함. 2, 3세대 시퀀싱 방법에 대해 탐구하여 Illumina, 이온 반도체, SMRT 및 나노포어 시퀀싱의 원리 및 멀티오믹스에서 사용되는 데이터의 종류를 분류하고 오믹스 분석에서 발생할 수 있는 문제점을 조사, 이 중 배치 효과의 문제점을 탐구함. 로셰 iris 데이터를 활용하여 서포트 벡터 머신을 학습함. 배치 효과가 늘어감에 따라 정확도가 0.98, 0.9, 0.8, 0.72, 0.62, 0.6으로 감소함을 발견, 학습 데이터세트를 두 개로 나누어 다른 배치 효과를 부여하였을 때 0.98, 0.94, 0.98, 0.86, 0.8, 0.7이라는 개선된 정확도를 확인, 표본의 크기가 중요하다고 주장함. (후략)

하생 gtc 의료정보하에서 연구 동향을 꾸준히 하습하며 당시 가장 주목받던 다중제한(multiomics)에 관한 탐구를 수행합니다. 유전체뿐만 아니라 단백질체, 후성유전체 등 다양한 요소를 함께 고려하는 과정에서 데이터를 따로 얻을 때 문제가 발생할 가능성을 제거하고, 그 효과와 완화 방안을을 시물레이션을 가쳐 제시하는 탐구 활동을 수행했었습니다. 이하과 관련된 다양한 분야 중에서도 '생물정보학'에 관심을 가지고 지속적으로 깊이 있는 탐구를 수행해나가는 모습이 인상적이지요, 특히 프로그래밍 언어에 대한 높은 이해도를 바탕으로 자신이 수행하고자 하는 주제를 자유롭게 탐구하고 있습니다.

68

이러한 심화 연계 탐구를 수행하는 팀으로 학생들은 '대학교 개론서를 활용하려고 이야기합니다. 대학교 개론서를 읽으며 마음에 드는 주제를 선택, 집중 탐구하는 것이지요. 만약 전공서적만으로 이해하기 어려운 부분이 있다면 선생님께 자문을 구하거나, 인터넷 검색, ChatGPT 등을 활용하면 어렵지 않게 심화탐구를 진행할 수 있습니다.

---

3. 심화 탐구

전공적합성보다 교과 역량이 더욱 중요해진 입시 흐름 속에서, 학생 스스로 교과를 통해 자신의 탐구 역량을 명확히 드러내고자 했습니다. 자신의 진로와 무리하게 연결하기보다, 수학 자체에 대한 흥미를 중심에 두고 진중한 태도로 학습을 이어온 점이 특징입니다.

[심화 - 수학 교과]

학생들은 고등학교 과정을 넘어서는 주제를 자발적으로 탐색하고, 이를 바탕으로 개념을 정리하거나 직접 증명하는 깊이 있는 사고 과정을 보여줍니다. 이때 수학의 개념을 보다 전문적으로 다루고 있는 각종 서적과 문헌을 적극적으로 참고했습니다.

특히, 수학을 다양한 분야와 연결하는 융합적인 태도도 주목해야 할 부분인데요, 과학·생명·컴퓨터와 확·정보이론 등 여러 영역을 넘나들며 개념을 응용하는 모습을 보여주며, 그 과정에서 진로에 대한 관심사가 매우 자연스럽게 드러냅니다. 이렇듯 자연스럽게 수단이 아닌 목적으로 심어 학습하는 모습은 교과역량 중심 평가에서 주목할 만한 부분입니다.

1학년 [동아리활동] 세부능력 및 특기사항

천공서적 탐구 활동으로 흥미를 갖고 있던 선형대수학을 자기주도적으로 학습한 후 개념을 정리하고, 지식의 내면화를 위해 Leslie 행렬 기반의 연령구조모델을 만드는 활동을 진행함. 모델의 단점을 보완하기 위해 행렬의 생존율과 생식률을 알 수 없을 때는 연도별 개체수 변화에서 간접적으로 추론하도록 방법을 모색함. 이를 사고의 확장을 통해 가중치 결정 문제로 해석하고, Gradient Descent와 Wiener Solution을 응용해 초기 가중치를 보존할 수 있는 가중치 최적화 알고리즘을 만듦.

1학년 [수학] 세부능력 및 특기사항

수학을 어려워하는 친구에게 친절히 설명하며 도움을 주는 등 배움 나누기를 실천하는 모범적인 학생임. 문제 만들기 활동에서 유전과 관련된 하디-바인베르크 법칙을 소재로 하여 해결해야 하는 사차방정식 문제를 만들었으며 조립제법과 판별식에 대한 올바른 이해를 바탕으로 문제를 바르게 해결함. 수함, 세계시를 만나다(이광연)'을 읽고 이차방정식의 근의 공식을 증명할 때, 정각일의 원을 그리고 피타고라스 정리를 이용하는 등 다양한 방법으로 해결 전 부분을 찾아가는 수학적 용통성이 돋보임. 발견한 수학제(좌정담)을 읽고 집합의 엄밀한 정의에 관해 탐구했으며 러셀의 역설 및 ZFC 공리계에 대해 조사하고 집합을 깊이 이해하는 모습을 보임. 마인드맵을 통한 탐구 활동에서 함수 단원에서 배운 내용을 일목요연하게 정리한 마인드맵을 작성했으며 제내 약물 농도, 이온화 상수 계산에 쓰이는 유리함수를 조사하고 발표함. 병원에서 환자 치료를 위해 사용되는 범주에 대해 추가로 탐구함. 집합을 이용하여 환자의 종류를 범주화하고 진단을 세세화하는 범을 조사했으며 질환의 종류, 질병 발견의 방식으로 구분되는 집합을 벤다이어그램으로 표현하며 정리하는 등 관심 분야와 연결 지어 탐구하는 모습이 훌륭함.

2학년 [동아리활동] 세부능력 및 특기사항

함수의 극한에 대한 엽실로-델타 논법에 대해 알게 된 후 이러한 정의가 이루어질 수 있는 배경에 대해 지적호기심을 갖고 탐구함. 해석학에 대해 학습하고 제 곡미, 순서 공리와 완비성공리를 바탕으로 한 십수체의 구성에 대해 얻어보고 완비순서체의 유일성과 단조수렴정리, 축소구간정리, 볼차노-바이어슈트라스 정리 및 하이네-보렐 정리에 보 레벨 정리와 완비성 공리 간의 동치성에 대한 증명을 탐구함.

교사뿐 아니라 친구들에게도 겸손한 모습으로 성실히 참여하여 친구들에게 인내심을 갖고 도움을 주는 모습이 인상적임. 이학분야에 관심을 가지고 있으며 크기와 방향성을 많은 학습량을 소화해내는 모습이 인상적임. 수학적 의문을 통한 융합탐구에서 푸리에 급수 활용과 삼각함수를 이용한 주기함수 표현을 주제로 선형대수학에서 가져와 내적공간을 설명하고, 주기함수가 삼각함수로 표현이 가능한 이유를 수학적으로 확장에 대해 탐구하여 디테일하게 조건과 푸리에 변환에 대해 설명함. 철저한 준비로 짜임새 있는 발표를 이뤄냈으며 떨림없이 안정적이 모습을 보이며 남다른 자신감을 보임. 독서 포트폴리오에서 체계를 바꾼 17가지 방정식을 읽고, 생물학적 다양성을 나타내는 섀넌 엔트로피에 대해 탐구하고, 정보 엔트로피에서 로그가 사용되는 이유를 수학적으로 유도함. 후속 연구로 정보 엔트로피와 물리학적 엔트로피의 관계를 분석하고, 열역학적 엔트로피가 섀넌 엔트로피에 대한 호기심을 수학, 컴퓨터 과학 및 물리학으로 확장하는 뛰어난 융합 사고력을 보임.

독서 포트폴리오 시간에 「미적분의 쓸모(한화택)」를 읽고 핵심 내용과 함께 자신의 수학적 견해를 정리함. SIR 모델을 통해 질병에 대해 어떠한 사람들이 질병을 얻어낼 수 있는지 호기심을 갖고 이를 분석할 방법에 대해 모색함을 넘어 SIR 모델이 가지고 있는 단점 등을 생각해보는 등 관련 활동에는 적극적으로 임하는 모습이 인상적임. 수학적 의문을 통한 융합 탐구 시간을 이용하여 함수의 발산 속도라는 개념을 엄밀히 이해하고자 하는 모습을 보여줌. 점근표기법에 대해 탐구를 구하며 함수의 증가 주세를 표현하기 위한 다양한 점근적 사고 능력을 보여줌. 컴퓨터과학의 시간 복잡도와 탐구를 확장하는 등 다양한 학문에서 융합적 사고와 스털링 근사거에 대해 조사하고 이를 활용해 계승과 지수함수 간의 증가 주세 차이를 증명함. 식을 증명하는 과정에서 감마함수를 활용한 계승의 해석적 확장과 비일반전계, 이상적분 등의 활용에서 수학적 깊이를 엿볼 수 있었음. 수업 중 한때도 나태한 적이 없었으며 다 알고있는 내용이라 할지라도 최선을 다하여 수업에 임하는 모습은 주변 친구들에게 많은 귀감이 되고 있음.

2학년 [미적분] 세부능력 및 특기사항

하나의 수학 교과 역량이 뛰어난 학생으로 해당 교과의 핵심 개념에 대한 이해도가 매우 중요함. 도서『e: The Story of a Number』를 읽고 상수 e에 대한 다양한 정의 방법에 대해 정리하였으며, 계승의 역수 급수가 e로 수렴함을 이항 정리와 이항수렴정리를 활용하여 증명함. 교과서 속, 확률이 e의 역수가 되는 상황을 제시한 것을 확인하여 통계적 방법으로 e를 계산하는 방법에 대해 탐구함. 줄 세우기 경우의 수에서 발상을 얻어 실수의 완비성을 활용하여 무한히 많은 서로 다른 실수를 임의의 순서로 나열하였을 때 첫 숫자로부터 오름차순으로 나열되는 수의 기댓값이 e-1임을 증명하고 몬테카를로 방법으로 상수를 근사함. 새로운 방법을 시도하여 수학을 이해하고 적용하려는 노력에서 독보적인 독창성이 보였음. 또한, 수열의 합과 극한의 순서를 바꿀 수 있다는 것을 수업 시간에 수렴과 관련하여 이를 의 순서 교환에 대해 호기심을 갖고 이중급수의 수렴을 조사함. 이 내용이 함수열의 수렴에 대해 학급 내에서 선보임. 지속적인 멘토링 활동을 통해 진 바탕으로 무리의 급수의 점부근접의 조건에 대한 증명을 학급 내에서 구들에게 지식을 나누며 학습에 도움을 주는 꾸준한 모습도 매우 인상적임.

2학년 [확률과 통계] 세부능력 및 특기사항

적극적으로 수업에 참여하였으며 자신이 계획한 바는 철저하게 지키는 성격으로 무슨 일이 있더라도 지기는 성적으로 흔들리지 않으며 묵묵히 자신의 일을 수행해 나는 장점을 가짐. 이후 분야에 관심을 가지고 이를 탐구하는 모습을 지속적으로 보였으며 특정한 연속 확률변수에서 데이터를 연상할 때 이에 대한 확률밀도함수를 추정하는 방법을 주제로 커널 밀도 추정에 대해 탐구하였고 Epanechnikov 커널을 다변수 확률변수에 대해 일반화 함. 뛰어난 문제해결력으로 다변수 적분을 단일 변수 적분으로 해석할 수 있음을 발견하게 간단하게 풀어내는 모습을 보임. 추가적으로 커널 밀도 추정을 응용하여 두 변수가 상호정보량을 측정하여 상관계수의 한계를 극복할 수 있다고 발표함. 베이즈 통계학에 대한 도서를 읽고 베이지안 추론에 대해 빈도주의 추론에 비해 베이즈 추정이 갖고 있는 장단점에 대해 탐구하고, 이후분야의 임상연구에서 베이즈 정리가 중요하다고 정리가 중요하다고 주장할 수 있다고 주장하고 논문『A Bayesian Analysis for Change Point Problems』를 참고하여 교과서에 제시되어 있다고 주장하고 제시된 정답과 다른 결과를 도출함.

72

2학년 개인별 세부능력 및 특기사항

1학기 교육과정 자율주간에 스팀페스티벌 수학체험전에 참가하여 수학의 시각화를 목표로 이전에 탐구하였던 깁다일의 원의 일반화를 조사함. 고차방정식의 풀이를 시각화하는 Lill's method에 대해 알게 되어 이를 조사하고, 원리에 대한 증명을 찾을 수 없어 직접 증명을 시도해보는 도전적인 자세가 인상적이었음. 삼각함수와 수열 등 수업 시간에 배운 내용을 활용하며 4장에 걸쳐 증명에 성공하는 뛰어난 수학적 사고력을 확인할 수 있었음. 증명을 바탕으로 수학적 원리를 팀원들과 함께 학습하는 시간을 가짐. 부스 신청자 학생들의 눈높이에 맞춰 기하학적으로 고차방정식의 해법의 원리를 공유하며 나누는 친절함을 보임.

3학년 [기하] 세부능력 및 특기사항

생명과학실험과목에서 진화의 개념으로 설명을 자연 선택을 고려하여 일반화할 수 있는지에 호기심을 가지고 기하와 접목시켜 종합적 사고로 이를 이룸. 이에 세대함수 곡선을 만들에서 모습에서 창의력을 확인함. 개미의 문제와 가우스 이론의 관점에서 이를 증명하는 과정을 부단히 지속하며, 탐구가 1회성으로 그치는 것이 아니라 꼬리를 무는 지속성을 관찰함. 스스로 도출한 식이 복제자 동화 식에 일괄겨 있다는 사실을 찾고 프로그램을 통해 변화하여 있을 때 시스템의 경향성이 어떻게 바뀌는지를 주목함. 베티공간에서 복제자 동화는 내부 고정점 집합 F(A)가 A에 의해 결정되는 평면에 의해 생성됨을 유도함. 해당 평면과 F(A) 및 초기 조건에 따른 경로들을 시각화하는 프로그램을 작성함. 이 과정에서 장사역, 법선벡터 등 기하적 개념을 프로그래밍에 활용하는 능력이 탁월하였음. 특히, 문제를 해결하는 과정에서 주변 어떠한 상황에도 흔들리지 않고 평정심을 유지하는 학업태도를 구성함.

[심화 - 생명과학 교과]

학생 ∧는 생명과학 교과에서 개념을 받아들이는 수준에 그치지 않고, 자신의 관점에서 해석하고 확장하려는 태도를 지속적으로 보여줍니다. 이예과를 지향하는 학생에게 생명과학 교과는 매우 중요하기에, 보다 열정적인 태도와 창의적인 접근 방식으로 교과 내 탐구 활동에 임하는 모습이 관찰됩니다.

특히 교과 내용을 깊이 있게 이해하는 동시에, 다양한 과학적 지식과 연결 지어 사고의 폭을 넓히려는 모습이 인상적입니다. 과학적 탐구 과정에서 수학적 사고력과 논리력을 함께 발휘, 복합적 사고가 요구되는 이과 분야에 적합한 융합적 역량을 보여주는 것이지요. 또한 그 과정에서 전공 지식을 담고 있는 여러 학술 자료를 활용하는 능력이 두드러집니다.

2학년 [생명과학 Ⅱ] 세부능력 및 특기사항

생명과학에 대한 배경지식이 풍부하며 교과 내용과 연계한 깊이 있는 탐구를 통해 누구보다도 우수한 학업 성취를 보여준 학생임. 지적 호기심을 해결하기 위한 질문의 수준이 매우 높으며 자기 주도적으로 탐구하는 모습에서 무한한 발전 가능성을 확인함. 생명의 기본 단위인 세포의 미토콘드리아가 의학적으로 가지는 의미에 대한 탐구를 위해 「미토콘드리아(닉 레인)」 원서를 읽고 미토콘드리아가 비정상적인 세포호흡을 교정하기 위해 사용하는 코드 네 체계인 약행 반응 기작을 요약 정리함. 약행 반응의 경로를 따라 불필요한 아포토시스를 막는다면 노화의 속도를 줄일 수 있을 것이라는 의견을 제시하며 아포토시스 연구의 선구자인 '로버트 호비츠' 박사의 연구를 참고하여 둥축체 Bcl-2의 세포예정사 조절 작용의 기작에 대한 탐구를 전개함. 아포토시스 조절을 통한 노화 방지는 내부적 및 외부적 경로를 모두 고려해야 한다는 결론을 내리며 논리적 사고력과 탐구력을 뽑아낸 탐구력을 느끼며. 우리 몸이 방어 작용에 관심을 가지고 면역계에 관한 추가 탐구를 진행함. 항원 인체의 해결 방안으로 머신러닝모델을 활용한 변이 예측을 수행하며 해당 조건 삼염을 제시하는 등 사고의 독창성을 확인할 수 있었음.

74

2학년 [생명과학실험] 세부능력 및 특기사항

생명과학 실험에 대한 기본적인 지식이 풍부한 한 학생으로 실험 장비와 도구를 다루는 능력이 우수함. 마이크로피펫을 활용한 세포 크기 측정, 효소 활성 변화 실험, 백혈구 감별 계산 등 조별로 진행한 실험에서 타월한 리더십을 발휘하며 실험을 주도적으로 이끎어 나감.

1학년에 탐구한 리포플라빈의 흡수 스펙트럼을 실험적으로 검증한 선행 연구를 참고하여 직접 실험을 통해 백색광과 청색광의 소모 성능이 같음을 보이고 DPPH를 활용하여 항산화성을 검증함. 결과를 바탕으로 파장이 긴 가시광선을 청색광이나 자외선으로 변환하여 흡수 중인의 효율을 높이는 기술이 응용 가능성을 탐구함.

낫모양 적혈구 빈혈증 유전자(HbS)의 빈도 변화에 대한 모의실험을 진행하고 이론적 관점에서 탐구하여 정상과 HbS 대립유전자의 빈도가 청소년기까지의 양단되어로 인한 사망률에 따라 평형 다형을 이룬다는 사실을 유도함. 사망률과 HbS의 빈도 간의 관계식을 미분을 활용하여 수하격으로 도출하고, 논문에서 중앙아프리카의 HbS 보유 비율을 약 9%로 주장한 것을 보고 관계식에 대입하여 실제 사망률과 거의 비슷한 4.7%를 얻어냄.

3학년 [생명과학 II] 세부능력 및 특기사항

능동적인 학습 태도로 교과 내용에 대한 지속적인 질문을 통해 구급한 점을 해결하려고 많음없이 노력하며 비판적 사고력을 바탕으로 다양한 분야의 지식을 갖추려는 열정을 보임. 배운 나누기에 주도적으로 참여하며 급우와 함께 하습하는 과정이 가치를 실험함. 문저의학에 대한 관심을 바탕으로 리보드 로베노, 필립 알레 사르의 첨단 유전자 연구를 조사하며 DNA 혼성화와 R-loop 실험에 대해 탐구함. R-loop가 가닥으로 발생한다는 점과 프라이머의 유사성을 바탕으로 R-loop로 인한 전사가 일어날 수 있지 않을까라는 본인의 가설을 세우고 사실임을 증명함. 예손에서 GC-함량이 더 높은 이유를 결합력이 관점에서 접근하여 있는 결합력이 높아야 전사, 번역에 유리하지만 R-loop가 GC-함량이 높은 서열에서 반전되기 때문에 R-loop를 방지하고자 GC-함량이 낮은 인트론이 생겨났을 것이라 추론함. 교과서에 간탄하게 제시된 전자전달계에 대해 탐구하여 구체적인 원리에 대해 조사함. 산소의 전자 친화도가 가장 높기에 ROS가 생성되는 점이 TTA-UC의 ROS 생성 문제와 비슷함을 이해하고, 생체모방을 통해 SOD와 카탈레이스를 활용하여 리소좀 내 ROS를 제거하는 아이디어를 제안한 점에서 높은 수준의 창의적인 탐구 역량을 확인함.

3학년 [고급 생명과학] 세부능력 및 특기사항

세포의 신호 전달에 대한 깊은 호기심을 바탕으로 화학적 시냅스에서의 신호전달 과정과 EPSP, IPSP의 전위 기중에 대해 체계적으로 조사함. 식물에서도 활동전위가 발생할 수 있다는 점을 인식하며 미모사의 잎 접힘 현상을 탐구함. 미모사의 잎이 반복적인 자극에 습관화될 수 있다는 점에 주목하여 동물 세포의 장기강화증강(LTP)과의 유사성을 추론함. 실험을 통해 습관화가 손상된 앞에서 실제 나타나는 본인의 가설을 확인하며 손상을 가했을 때 차이가 발생할 수 있다는 문제를 해결하기 위해 통계적으로 유의미한 결과를 도출할 수 있는 정량적 실험을 설계함. 면역 반응에서의 T세포의 기능에 관심을 갖고 T세포 탐진 현상과 이를 극복하기 위한 CAR-T 세포 기술을 탐구함. T세포 탐진이 T세포의 음성 피드백으로 인해 발생하며 이로 인해 면역 기능이 저하됨을 설명함. CAR-T 세포가 TCR이 아닌 scFv를 사용하는 이유를 분석하고 scFv가 항원에 직접 결합할 수 있는 특성을 기반으로 CD19와 같은 항원을 인식하는 데 유리함을 추론함.